Elas
ocuparam as redações

organizadoras
ALZIRA ALVES DE ABREU
DORA ROCHA

Elas
ocuparam as redações

Depoimentos ao CPDOC

ISBN 85-225-0538-1

Copyright © Centro de Pesquisa e Documentação de História Contemporânea do Brasil — CPDOC

Direitos desta edição reservados à
EDITORA FGV
Praia de Botafogo, 190 — 14º andar
22250-900 — Rio de Janeiro, RJ — Brasil
Tels.: 0800-21-7777 — 21-2559-5543
Fax: 21-2559-5532
e-mail: editora@fgv.br — pedidoseditora@fgv.br
web site: www.editora.fgv.br

Impresso no Brasil / Printed in Brazil

Os depoimentos fielmente reproduzidos neste livro são da responsabilidade direta e exclusiva das entrevistadas, cuja autoria é protegida pela Lei nº 9.610, de 19 de fevereiro de 1998, que rege os direitos autorais.

1ª edição — 2006

Editoração eletrônica: FA Editoração Eletrônica

Revisão: Aleidis de Beltran e Mauro Pinto de Faria

Capa: aspecto:design

Foto de capa: © IT Stock

Ficha catalográfica elaborada pela Biblioteca
Mario Henrique Simonsen/FGV

Elas ocuparam as redações: depoimentos ao CPDOC / Organizadoras: Alzira Alves de Abreu, Dora Rocha. — Rio de Janeiro : Editora FGV, 2006.
280p.

Índice onomástico.

1. Mulheres no jornalismo. 2. Mulheres jornalistas. I. Abreu, Alzira Alves de. II. Rocha, Dora. III. Fundação Getulio Vargas.

CDD — 301.412

SUMÁRIO

Elas ocuparam as redações	7
Mulheres nos jornais	15
Ana Arruda Callado	16
Eliane Cantanhêde	50
Míriam Leitão	78
Dora Kramer	106
Tereza Cruvinel	132
Cláudia Safatle	152
Eleonora de Lucena	178
Mulheres nos telejornais	201
Alice-Maria	202
Lillian Witte Fibe	228
Fátima Bernardes	248
Índice Onomástico	273

ELAS OCUPARAM AS REDAÇÕES

Entre 1997 e 2004 coordenei no CPDOC-FGV um estudo sobre a imprensa brasileira na fase de transição do regime autoritário para o regime democrático (1974-1985).[1] Nosso objetivo era identificar as estratégias e os recursos utilizados pelos jornalistas para acelerar o processo de democratização do país, e para isso trabalhamos, entre outras fontes, com biografias e histórias de vida, obtidas por meio de entrevistas.[2] Esse tipo de material, nos estudos de mudança social, implica sem dúvida uma valorização do papel do indivíduo na história.

A pesquisa realizada nos permitiu ir além da atuação da mídia na transição democrática. Pudemos observar as mudanças na estrutura das empresas de comunicação e na própria profissão de jornalista ocorridas nas últimas décadas, pudemos traçar o novo perfil profissional das redações e identificar os valores e princípios que hoje as orientam. Pudemos também constatar que o jornalismo está se tornando, cada vez mais, uma profissão feminina.

O tema da mulher nos meios de comunicação não é inédito. Tem encontrado espaço nos estudos de historiadores e cientistas sociais, que em geral se voltam, porém, para as publicações dirigidas às mulheres, para o tipo de discurso dessas publicações, para as características da imprensa feminina. Ainda são poucos os estudos que analisam o papel das mulheres jornalistas nos espaços antes ocupados pelos homens. E é justamente isto o que nos interessa. Afinal, as mu-

---

[1] Trata-se da pesquisa *Cultura e política no Brasil do final do século: a mídia,* parte integrante do projeto *Brasil em transição: um balanço do final do século XX*, que recebeu aprovação do Programa de Apoio a Núcleos de Excelência (Pronex), do Ministério da Ciência e Tecnologia.

[2] Fizemos 60 entrevistas com jornalistas que atuam no Rio de Janeiro, São Paulo, Brasília e Porto Alegre. Desse total, 14 são mulheres, ou seja, cerca de 22%.

lheres, raras na imprensa até a década de 1960, hoje representam em torno de 40% do total de profissionais nas redações dos jornais de maior circulação do Rio de Janeiro, São Paulo e Brasília. Em algumas redações, já atingem mais de 50% do contingente de jornalistas. Ocupam um espaço privilegiado como colunistas, tanto no jornalismo econômico como no político, e também estão presentes em cargos de direção.

O interesse das entrevistas que fizemos ao longo de nossa pesquisa nos despertou a vontade de compartilhá-las com o público leitor. Foi o que fizemos ao publicar *Eles mudaram a imprensa*,[3] com os depoimentos de jornalistas que tiveram uma participação fundamental nas mudanças produzidas na imprensa brasileira no final do século XX, e é o que fazemos agora, com *Elas ocuparam as redações*.

Este livro reúne os depoimentos de dez mulheres jornalistas que tiveram papel destacado nas últimas décadas e que ajudaram a criar a nova face que a imprensa tem hoje. São elas Ana Arruda Callado, repórter pioneira, que se destacou no jornalismo até deixar as redações para ensinar seu ofício na universidade; Eliane Cantanhêde, Míriam Leitão, Tereza Cruvinel e Dora Kramer, colunistas de grande sucesso, cujos textos podem ser lidos nas páginas da *Folha de S. Paulo*, *O Globo* e *O Estado de S. Paulo*; Cláudia Safatle e Eleonora de Lucena, respectivamente diretora-adjunta do *Valor Econômico* e editora-executiva da *Folha de S. Paulo*; Alice-Maria, pioneira do telejornalismo e hoje diretora executiva da Globo News; Lillian Witte Fibe e Fátima Bernardes, jornalistas e apresentadoras que ligaram suas carreiras principalmente à televisão.

Ao preparar o volume, tivemos que fazer escolhas. O critério que nos guiou na seleção dos depoimentos foi a representatividade das experiências, idéias e valores expressos pelas jornalistas. Como grande parte das entrevistas foi feita no período 1997/98, as informações foram atualizadas pelas entrevistadas. Para completar o quadro, fizemos três entrevistas novas, com Ana Arruda Callado, Alice-Maria e Fátima Bernardes. Gostaríamos de ter aqui o depoimento de Dorrit Harazim, apontada por seus pares como uma das mais importantes repórteres do país, mas não conseguimos convencê-la a trocar o papel de entrevistadora pelo de entrevistada.

Para acompanhar a trajetória profissional das jornalistas, seguimos nas entrevistas basicamente o mesmo roteiro. A primeira parte das perguntas ficou

---

[3] *Eles mudaram a imprensa: depoimentos ao CPDOC*. Org. Alzira Alves de Abreu, Fernando Lattman-Weltman, Dora Rocha (Rio de Janeiro, FGV, 2003).

circunscrita à sua origem social, formação educacional e carreira. A segunda procurou explorar sua percepção e sua participação nas transformações que ocorreram no jornalismo nas últimas décadas. Finalmente, procuramos captar a visão dessas mulheres sobre seu papel na sociedade e sua responsabilidade social. Temos certeza de que seus depoimentos irão contribuir para a construção da história recente do jornalismo no Brasil.

*

Vejamos alguns pontos dessa história. Em primeiro lugar, é importante ressaltar que a entrada de um grande número de mulheres nas redações a partir da década de 1970 não foi um fenômeno específico do meio jornalístico, mas acompanhou uma tendência geral observada em todo o país. Se fizermos um estudo de outras profissões, como medicina, arquitetura, direito, pesquisa científica, veremos que até 30 anos atrás elas também pertenciam ao mundo masculino. O aumento do número de mulheres na imprensa deve assim ser entendido dentro do quadro de profundas transformações que ocorreram na vida econômica brasileira e de suas repercussões na estrutura do emprego nas últimas décadas. A população urbana do país, que em 1950 era de 36,2% do total, passou em 1970 para 55,9%, e no ano 2000 atingiu 80%. Uma das conseqüências dessa rápida e intensa urbanização foi o aumento da participação das mulheres na força de trabalho, o que determinou sua entrada em profissões até então consideradas masculinas, como o jornalismo. Se, pelo Censo de 1950, as mulheres representavam 15,6% da população economicamente ativa, em 2002, de acordo com os dados do Pnad, esse percentual atingiu 43%.[4]

O nível de escolaridade das mulheres é superior ao dos homens, o que é um outro dado importante para a explicação do aumento da participação feminina no jornalismo. Em 1999, 23% da população masculina tinham completado os graus médio e universitário, enquanto a população feminina com o mesmo grau de escolaridade atingia 27%. Se observarmos o ingresso na universidade por sexo, veremos que, no ano de 1998, 55,1% das vagas foram ocupadas por mulheres, e no ano de 2002 esse percentual atingiu 55,8%.[5]

---

[4] Dados IBGE. Censo Demográfico. RJ, 1956; 1960; 1970; IBGE/PNAD, v. 13, 1989 e v. 21, 1999; Fundação Carlos Chagas. Mulheres no Mercado de Trabalho. www.fcc.org.br/servlets/mulher/series.

[5] MEC/INEP/SEEC. Censos do Ensino Superior. Brasil 1995-2002.

No universo de nossa pesquisa, 82% das mulheres jornalistas entrevistadas pertencem à geração nascida na década de 1950, e todas têm formação universitária. Cerca de 72% têm curso de jornalismo ou comunicação, 18% freqüentaram curso de história e 10% curso de pedagogia. Isso significa que elas se beneficiaram da abertura de um maior número de vagas nas universidades nos anos 70. Convém lembrar que a regulamentação da profissão de jornalista ocorreu em 1969, quando passou a ser exigido o diploma universitário de jornalismo/comunicação para o exercício da profissão. A partir daí, surgiu uma grande quantidade de faculdades voltadas para a formação desses profissionais. A lei que regulamentou a profissão permitiu que todos os que estivessem exercendo o jornalismo na época obtivessem o registro profissional mesmo sem o curso universitário. Naquele momento havia um maior número de homens nas redações, e muitos não tinham curso de jornalismo. Essa situação deu uma vantagem às mulheres, que hoje, comparativamente aos homens da mesma geração, apresentam maior qualificação do ponto de vista da formação.

O ingresso na profissão de jornalista, tanto para os homens quanto para as mulheres que entrevistamos, em geral está relacionado a uma escolha deliberada, a uma vocação ou a uma necessidade de atuação. Mas é possível também encontrar entradas devidas a outras circunstâncias, ao acaso, ou a uma imposição familiar. Gostar de escrever, saber escrever, ter talento para escrever, gostar de ler, são algumas das justificativas que aparecem como determinantes na escolha da profissão – entre nossas entrevistadas, em 64% dos casos.

O jornalismo também é apontado como uma profissão que correspondia aos anseios de uma intervenção social e de uma participação política. De fato, no início da carreira, um número significativo das jornalistas de nossa amostra (40%) tinha envolvimento com organizações políticas. Na verdade, a natureza do papel que era atribuído à imprensa e ao jornalismo nos anos 70 pode ser vista como um elemento fundamental na explicação da escolha da profissão. O desejo de participação política parece ter sido o motivo pelo qual muitas mulheres escolheram o jornalismo, o que não exclui a motivação do saber ou gostar de escrever e de ler. A imprensa era, para muitos jovens, um caminho para divulgar suas posições ideológicas, uma forma de exercer um engajamento político.

Houve também, a partir dos anos 70, um aumento do prestígio da profissão de jornalista. O *status* de jornalista é considerado elevado em relação a outras profissões, como a de professor, por exemplo. Esse prestígio está relacionado, em grande parte, ao jornalismo de televisão, que inclusive deu às mulheres maior visibilidade.

Se tomarmos o discurso das próprias jornalistas para entender sua posição atual nas redações, poderemos identificar algumas características. Primeiro, elas acham que hoje não sofrem discriminação ao entrar nas empresas. Mas até os anos 60 as mulheres entravam nas redações confirmando o seu papel feminino, ocupando espaço nos cadernos ou nas revistas femininas, nas seções de moda, de receitas culinárias, de conselhos sobre educação infantil e comportamento familiar, ou escrevendo crônicas e contos voltados para o público feminino. Os assuntos "sérios" eram reservados aos homens. Essa situação era mais visível no jornalismo econômico, ao qual as mulheres não tinham acesso. Ainda assim, podemos observar a rebeldia de algumas mulheres que não aceitaram o papel que lhes era reservado nas páginas femininas. Devemos lembrar Albeniza Garcia, que no início dos anos 50 entrou para a reportagem policial do jornal *O Globo* e depois passou para *O Dia*. Na política, Adalgisa Nery destacou-se na *Última Hora* com a coluna "Retrato sem retoque", publicada de 1954 a 1966.

O que aconteceu nas últimas décadas, paralelamente à entrada das mulheres nas redações, foi que o público leitor também mudou. As páginas de política, de assuntos internacionais, de economia e de esportes em geral não eram lidas pelas mulheres. Quando liam os jornais, elas se interessavam pelas páginas femininas, pelos folhetins, receitas, conselhos, moda. Hoje o público feminino se interessa por todos os temas, e as mulheres são assíduas leitoras das páginas de política e economia.

Se antes a barreira que as mulheres enfrentavam nos jornais era para entrar, não há dúvida de que esse obstáculo foi vencido. A partir dos anos 70, elas se qualificaram com o diploma universitário de jornalismo ou comunicação e com isso tiveram acesso ao emprego. Hoje, algumas são secretárias de redação, chefes de sucursal e responsáveis por colunas de prestígio. No entanto, até hoje são raras as mulheres que participam do conselho editorial das empresas jornalísticas e que chegam ao posto de editora-chefe. Em geral não passam do nível de gerência média.

Essa situação é idêntica ao que acontece em outras profissões. Com a obrigatoriedade do concurso para o ingresso no serviço público determinada pela Constituição de 1988, a desigualdade salarial entre os sexos nos cargos públicos caiu 15 pontos percentuais em dez anos, de acordo com pesquisa de Jorge Arbache. No setor privado, segundo a mesma pesquisa, houve um aumento da participação das mulheres no mercado de trabalho decorrente do processo de abertura comercial e de modernização da economia iniciado na década de 1990. A diferença salarial a favor dos homens caiu de 46,77% para 31,48%. Mas, segundo a mesma pesquisa, no preenchimento dos cargos de confiança e de chefia, os homens têm preferência: em cada dez nomeados, seis são do sexo masculino.[6]

A forte presença de mulheres no jornalismo político e econômico é explicada por algumas jornalistas pelo fato de que elas são mais hábeis na abordagem de determinados temas e têm mais credibilidade. As mulheres seriam mais determinadas, mais sistemáticas. Por outro lado, não parece existir uma relação direta entre o número elevado de mulheres nas redações e mudanças radicais nos critérios de valorização e seleção da informação. O que chama a atenção é o fato de que, nas situações em que as mulheres respondem pela definição da pauta, em geral elas não privilegiam temas femininos ou de interesse mais específico das mulheres. Márcio Moreira Alves, por exemplo, no depoimento que nos concedeu, afirma que é difícil perceber diferenças na cobertura do debate que houve na Câmara dos Deputados sobre a descriminação do aborto: "Um deputado queria transformar em crime aquilo que o Código Penal prevê como possível desde 1943, ou seja, o aborto decorrente de uma gravidez produzida por estupro. Isso provocou um grande debate na Câmara, mas não teve reflexos na imprensa pautada por mulheres".[7] A explicação para essa atitude pode estar no fato de que as mulheres que estão no comando das pautas tendem a se comportar da maneira como pensam que os homens se comportariam. Uma de nossas entrevistadas, ao lhe ser colocada a questão, considerou que tomar uma posição nesse caso seria uma atitude corporativa ou militante. A seu ver, as jornalistas mulheres não devem tomar partido, e sim buscar a imparcialidade, ouvir os dois lados, atuar profissionalmente. Podem defender as causas ou participar dos movimentos feministas, mas só depois de encerrar sua atividade no jornal.

Embora as jornalistas mulheres dêem hoje pouca ênfase à discriminação no exercício da profissão, os relatos referentes a poucas décadas atrás mencionam os problemas enfrentados, o preconceito e o espanto com que eram recebidas aquelas que se aventuravam por um universo até então predominantemente masculino. O depoimento de Ana Arruda Callado, ao narrar sua relação com fontes e com jornalistas homens no início dos anos 60, é esclarecedor nesse sentido. Também a repórter Leda Flora Veiga de Lemos, em seminário promovido pelo Comitê de Imprensa do Senado em 1977, acusou os políticos brasileiros de discriminar

---

[6] *O Globo*, 15 ago. 2004, p. 38.

[7] Márcio Moreira Alves. Entrevista à autora e a Fernando Lattman-Weltman. Rio de Janeiro, 02/05/1997.

a mulher jornalista. Segundo ela, alguns políticos, "quando vêem jornalista mulher, fazem gracinhas e gostam de conversar sobre sexo".[8] Concetta Castigliola, em depoimento publicado em 1978, lembrava que "há 14 anos, quando comecei como repórter num tradicional e hoje extinto matutino carioca, o *Diário de Notícias*, percebi imediatamente a discriminação em relação ao trabalho da mulher, tanto na redação como junto às próprias fontes. Discriminação resultante talvez do fato de na época ainda não ser expressivo, como hoje, o número de mulheres que trabalhavam em jornal".[9] No jornalismo econômico, continua Concetta, "quando vou entrevistar alguém pela primeira vez, noto as mais diferentes reações: compenetração do entrevistado, ar de quem sabe tudo e de quem vai apontar as grandes soluções para os problemas do país, e até um certo desapontamento, talvez porque esperasse outro tipo de entrevistador. (...) Às vezes, as entrevistas são interrompidas por piadas, risos e fatos pitorescos, muitos dos quais dariam para escrever um livro". Ainda em 1978, Sônia Rezende, então repórter do *Jornal do Commercio*, declarava sentir "discriminação por parte das fontes de informação, patrões e colegas", ainda que cada vez com menos intensidade. E continuava: "Curiosamente, na área de mercado de capitais parece-me que os empresários estão mais evoluídos, pois é onde sinto menos preconceitos. Em quatro anos de profissão, já cobri vários setores, dos quais destaco o de siderurgia/mineração como um dos mais preconceituosos. Exemplo: certo dia tentei falar com um dirigente do Sindicato do Carvão; não fui recebida. Imediatamente, um colega de *O Globo*, que estava do meu lado, foi atendido com o melhor dos sorrisos. Fato idêntico já aconteceu em relação a um diretor de uma empresa siderúrgica".[10]

À medida que a presença das mulheres nas redações se tornou rotineira, a surpresa e a desconfiança forçosamente diminuíram. Se a rotina acabou com o espanto, o que a cada dia derruba o preconceito e a discriminação é a competência e a garra das mulheres em seu trabalho, de que os depoimentos que se seguem dão expressivo testemunho.

*

---

[8] Há discriminação à mulher no jornalismo econômico? *Boletim AJEF*, Rio de Janeiro, n. 6, set. 1978.

[9] Concetta Castigliola, id. ibid.

[10] Sônia Rezende, id. ibid. É evidente que pode haver também discriminação em relação ao jornal, e não só ao jornalista, e Sônia Rezende levanta essa possibilidade.

Para finalizar, algumas explicações precisam ser dadas. As entrevistas foram feitas por mim, e algumas tiveram a participação de Fernando Lattman-Weltman, Christiane Jalles de Paula, José Márcio Batista Rangel e Thiago Hostenheiter. Foram editadas por Dora Rocha, que também redigiu as notas de pé de página,[11] e em seguida foram enviadas às entrevistadas para revisão e atualização.

Quero registrar e agradecer o apoio que nos foi dado por Ancelmo Gois, que atendeu às nossas inúmeras solicitações de ajuda nos contatos com jornalistas. Nosso reconhecimento ao trabalho de Marilda Mendes Mesquita e Marilia Krassiuss do Amparo, que colaboraram em todas as etapas do trabalho.

Este livro foi pensado e realizado a partir dos depoimentos de todas as jornalistas que se dispuseram a nos ajudar a entender o processo de mudança que ocorria nas empresas de comunicação e na sociedade no final do século XX. A todas, inclusive àquelas cujas entrevistas não estão aqui incluídas, o nosso reconhecimento.

Alzira Alves de Abreu

---

[11] A grande maioria das notas teve como fonte o *Dicionário histórico-biográfico brasileiro pós-1930 – DHBB* (2ª ed. revista e atualizada, coord. Alzira Alves de Abreu, Israel Beloch, Fernando Lattman-Weltman e Sérgio Tadeu de Niemeyer Lamarão. Rio de Janeiro, FGV/CPDOC, 2001).

MULHERES NOS JORNAIS

Ana Arruda Callado

Ana Arruda Callado

*Entrevista a Alzira Alves de Abreu e Thiago Hostenheiter
feita no Rio de Janeiro em 18 de maio de 2004.*

Repórter 1907

QUANDO E ONDE VOCÊ NASCEU, QUAL ERA A PROFISSÃO DE SEUS PAIS?

Nasci no dia 19 de maio de 1937, em Recife, Pernambuco, no bairro de Apipucos. Meu pai, José Arruda de Albuquerque, era engenheiro, mas um engenheiro muito especial. Primeiro, ele tinha sido atleta; quando estudante de engenharia, foi jogador de futebol, do Náutico e da seleção pernambucana, e remador, colega de remo do dr. Barbosa Lima Sobrinho. Depois de formado tornou-se engenheiro de estradas, mas com o tempo se apaixonou pelo cooperativismo. Gostava muito do interior, sempre teve fazenda, o pai dele era fazendeiro... Talvez isso explique. Quando me entendi por gente – quando, inclusive, a família se mudou para o Rio –, ele era diretor do Serviço de Economia Rural e estava exatamente organizando cooperativas rurais. Fundou o Banco de Crédito Cooperativo.

POR QUE A FAMÍLIA TROCOU RECIFE PELO RIO?

Meu pai, àquela altura, era funcionário do Ministério da Agricultura. Era muito amigo do Apolônio Sales, que era ministro da Agricultura aqui no Rio, e Apolônio de vez em quando lhe pedia para fazer um trabalho qualquer. Meu pai ficava vindo ao Rio e voltando, e aquilo começou a ficar complicado. Apolônio pressionava para que ele se mudasse, e meu pai, então, deu o grande argumento: "Apolônio, com o salário de funcionário do ministério, eu não posso ter família no Rio! Em Recife eu tenho uma casa, que há muito tempo é nossa, mas no Rio não tenho onde botar a minha família!" Apolônio resolveu isso lindamente – para mim, que tinha sete anos, foi um presente –, porque nós viemos morar numa casa do Ministério da Agricultura dentro do Jardim Botânico. Foi a minha primeira moradia no Rio de Janeiro.

SUA FAMÍLIA ERA GRANDE?

Meus pais tiveram e criaram – e bem, é fundamental dizer – 15 filhos. Sou a 12ª, tanto que quando nasci meu pai já tinha alguma idade. Mas até agora só falei do meu pai; vamos falar um pouco da minha mãe. Chamava-se Heloisa Araújo de Albuquerque, teve aquela clássica formação de professora, fez curso normal, mas não chegou a ensinar. Era filha de um médico da roça, de Timbaúba, e estudou francês, bordado, aquelas coisas. O extraordinário foi que meu avô mandou-a para o Rio, onde ela passou mais de um ano com parentes, para estudar pintura. Também estudou piano, com Magdalena Tagliaferro, porque queria ser pianista. Mas meu pai cortou essa carreira. Casaram-se, e ela ficou tocando piano só em casa.

AO CHEGAR AO RIO, ONDE VOCÊ FOI ESTUDAR?

Primeiro, em lugar nenhum. Não fiz curso primário – isso é uma coisa que eu adoro contar. Eu tinha feito uma espécie de pré-primário em Recife, mas quando viemos para cá não fui para o colégio; só minhas irmãs mais velhas. Moramos no Jardim Botânico menos de um ano, meu pai largou o ministério, ficou um tempo desempregado, teve um problema grave de doença, depois se recuperou, e aí a família se dividiu: os grandes – isto é, do ginásio para cima – ficaram no Rio com meu pai, e os menores – quatro irmãs, um irmão e eu – fomos morar numa fazenda em Araruama com minha mãe. E então foi contratada para nós uma professora, Eunice Vasconcelos, que, como descobri muito depois, tinha sido professora do Paulo Freire. Paulo Freire tem um artigo lindo chamado "Eunice, minha professora" – é a mesma. Eunice tinha alfabetizado meus irmãos mais velhos, estava já com certa idade, com problemas de saúde, e meu pai a trouxe para nos dar aulas. Minhas irmãs Maria da Graça e Zita estudavam com Eunice a sério, para se preparar para o exame de admissão ao ginásio, e eu ficava xeretando as aulas. Quando Graça e Zita passaram no admissão e Eunice foi embora, depois de dois anos na fazenda, fiquei num vazio maravilhoso, porque não tinha idade para fazer o admissão, mas, de certa maneira, já estava preparada. Toda sexta-feira meu pai trazia livros, eu subia nas goiabeiras, nas mangueiras, e ficava lendo. De vez em quando, minha mãe dizia: "Minha filhinha, você precisa estudar, vem aí o exame de admissão...". E me fazia um ditado, me mandava somar umas frações. Assim fiquei, até a hora de fazer o exame. Quer dizer, não tive colégio primário.

Afinal fiz o admissão para o Santo Amaro, colégio de freiras beneditinas em Botafogo, e lá fiz o ginásio. Um ginásio, que eu sei, bastante fraco. Mas, como na minha família todo mundo era estudioso, lia-se muito, trocava-se muito, havia um ambiente propício para compensar a fraqueza do colégio. No fim do ginásio fiz outro concurso, para o científico do Colégio de Aplicação da Faculdade Nacional de Filosofia da Universidade do Brasil, e aí sim, tive um *colégio*. Entrei para o CAp em 1952, e o colégio estava no seu melhor momento. Quando acabei o científico, estava numa grande confusão quanto ao que fazer. Na realidade, eu queria fazer jornalismo havia muito tempo, mas não sabia como.

POR QUE JORNALISMO?

Isso é um mistério. Já me perguntaram, e não sei responder. Na minha família não tem nenhum jornalista. Mas eu queria fazer jornalismo, tanto que eu fazia um jornalzinho em casa. Meu primeiro jornal foi o *Repórter 1907* – era o número do nosso apartamento na rua Senador Vergueiro –, um jornalzinho com as fofocas da família que eu escrevia toda semana, a mão. Alguma coisa me despertou para o jornalismo, mas não sei o que foi. Sei que, quando decidi que ia mesmo estudar jornalismo, duas pessoas protestaram muito, mas não liguei. Uma delas foi meu pai, que ficou *horrorizado*: "Minha filhinha, jornalismo!? Jornalista é quem não dá para mais nada...". Ele tinha muito orgulho das filhas mais velhas, que eram duas arquitetas, uma engenheira... Biblioteconomia era o mínimo que ele exigia das filhas – exigia, não; aliás, meu pai não exigia nada, incentivava. Tanto que nessa hora, quando eu disse que ia fazer jornalismo, ele fez cara triste, mas não interferiu; realmente, nos dava muita liberdade. O outro protesto foi da minha professora de matemática, Eleonora, esqueço o sobrenome dela, que teve um ataque histérico: "Você não tem o direito de fazer isso! Você é uma vocação matemática! Vai desperdiçar, com essa bobagem de jornalismo!?" Fiquei muito chocada com aquilo, mas não tive a menor dúvida e fui estudar jornalismo.

Fiz o vestibular na FNFi,[1] mas não me saí bem, o que foi um desgosto para mim, porque eu era *aquela* aluna exemplar, estava habituadíssima a ser boa aluna. Mas, realmente, ali, me atrapalhei muito. Nunca me esqueço da prova de história. O professor fazia perguntas que eu achava inteiramente incompreensí-

---

[1] O curso de jornalismo da Faculdade Nacional de Filosofia da Universidade do Brasil, origem da atual Escola de Comunicação (ECO) da UFRJ, foi fundado em 1948, por força do Decreto-Lei nº 5.840, de 13 de maio de 1947, que instituiu o curso de jornalismo como parte do sistema de ensino superior. Ver http://www.eco.ufrj.br.

veis; o que eu tinha estudado não era nada daquilo. Enfim, foi penoso. Mas passei e entrei, em 1955. O curso era de três anos, e a turma era pequena. Acho que daquela turma só Mary Ventura e eu, que eu saiba, fizemos realmente jornalismo. O resto do pessoal era funcionário público, precisava do diploma para contar ponto, ninguém tinha interesse, mesmo, em jornal. Até, outro dia, na abertura de um seminário, estavam falando sobre a história dos cursos de jornalismo, e falei sobre o meu. Disse: "Não digo que meu curso foi ruim, digo que não foi um curso de jornalismo". Mas foi um curso maravilhoso. Porque nós tínhamos Victor Nunes Leal[2] dando teoria de Estado, tínhamos Simeão Leal[3] dando técnica de periódico... Na verdade, ele não dava nada disso, ficava falando daquelas publicações dele no Ministério da Educação, que eram ótimas – eu comprava e lia todas. Já Danton Jobim,[4] que seria *o* grande professor, foi uma decepção. Quem ia me ensinar jornalismo ali? Danton Jobim. Hoje eu não dou mais aula, mas quando dava, sempre dizia para os meus alunos: "Quem realmente estruturou toda essa técnica de jornalismo atual foi Danton Jobim". Mas foi um professor horroroso. Faltava às aulas, não dava a menor bola, achava aquilo uma bobagem. Deixava todo mundo passar. Pelo sistema da época, a gente tinha que ter média sete para não fazer prova oral, e então Danton fazia assim: pegava a pauta, na primeira prova botava oito e na segunda botava seis. Ou o inverso. Todo mundo tinha média sete! Isso é para dizer que realmente só aprendi o que Danton sabia muito tempo depois, quando comecei a dar aula e fui ler os livros dele. Não na faculdade. Mas foi um curso interessante. E, principalmente para mim, foi um tempo de amadurecimento. Eu era uma menina, tinha 17 anos, como é que eu ia ser jornalista? Não dava. Nesse ponto foi bom. E, mal ou bem, a gente ouvia falar em algumas coisas, tinha o mínimo. Não tínhamos nem máquina de escrever! Hoje,

---

[2] Advogado, professor de política da Faculdade Nacional de Filosofia a partir de 1943, publicou em 1948 o clássico estudo *Coronelismo, enxada e voto*. Foi ainda chefe da Casa Civil da Presidência da República (1956-1959), consultor-geral da República (1960) e ministro do Supremo Tribunal Federal (1960-1969). Ver *DHBB*.

[3] Criador na década de 1950 dos *Cadernos de Cultura* publicados pelo MEC, foi posteriormente diretor da ECO-UFRJ.

[4] Jornalista a partir de 1923, trabalhou em vários jornais até se transferir em 1932 para o *Diário Carioca*, onde permaneceria 33 anos, até o jornal fechar. Foi diretor da *Última Hora*, após a cassação de Samuel Wainer em 1965. Foi também fundador e professor do curso de jornalismo da FNFi-UB, vice-diretor da ECO-UFRJ, presidente da Associação Brasileira de Imprensa e senador. Ver *DHBB*.

quando ouço os meninos dizerem "porque a nossa ilha de edição é um horror", como dizem os meninos da PUC, penso: ai, meu Deus!...

Você tinha atuação política dentro da faculdade?

Tinha. Eu era da Ação Católica,[5] e naquele tempo o assistente da JUC, Juventude Universitária Católica, aqui no Rio, era frei Lucas Moreira Neves, dominicano, foi arcebispo depois. Frei Lucas era muito careta, muito conservador. Eu me lembro que um dia tivemos uma reunião com ele e alguém disse: "Frei Lucas, as melhores pessoas do diretório são os comunistas, são eles que estão levantando as bandeiras certas". Ele: "Mas vocês não podem se aliar a eles." Nós: "Mas frei Lucas, a gente não pode votar com eles nas coisas que a gente acha certas?" Ele: "Não! Vocês são católicos, não podem votar com os comunistas!" Muito tempo depois, uma amiga minha, Guguta Brandão, me disse: "Ana, na faculdade eu tinha ódio de você. Nas assembléias a gente armava tudo, decidia que ia fazer assim ou assado, que ia tirar tal conclusão, mas quando você entrava, a gente já sabia que não ia dar certo, porque você levantava e dizia: 'Espera aí! Não é bem assim, não!' E melava toda a nossa articulação". Quer dizer, eu participava, ia às assembléias, fazia as coisas, mas com essa divisão. A Ação Católica naquele tempo não era a direita, mas tinha essa coisa: comunista, não! Pelo menos combater a extrema-direita, que agia muito, a gente podia.

Quem dominava o diretório acadêmico na época era o Partido Comunista.

Totalmente. O diretório acadêmico, o Diretório Central dos Estudantes, tudo. Nós sabíamos que as posições de esquerda é que eram as boas, mas nos sentíamos impedidos de nos aliar ao pessoal do PC. Foi daí, aliás, que nasceu a AP, desse nosso drama, do desespero das pessoas, que criaram sua própria organização. Mas naquele tempo a briga era essa, JUC e PC. Eu participava, estava ali, firme, mas ainda não tinha definições políticas muito claras, ia conforme o tema. Agora, do que eu gostava muito era da parte cultural. Por exemplo, cineclube:

---

[5] A Ação Católica Brasileira (ACB) foi uma associação civil criada em 1935 pelo cardeal dom Sebastião Leme para organizar o laicato católico. Desde o início a ACB compreendeu os ramos da Juventude Estudantil Católica (JEC), para os estudantes secundaristas, e da Juventude Universitária Católica (JUC). O conflito entre conservadores e progressistas em seu interior levou estes últimos a formar, em 1962, a Ação Popular (AP). Quatro anos depois, em 1966, a ACB desapareceu. Ver *DHBB*.

que maravilha! O cineclube da UME,[6] o jornal da UME, essas coisas é que realmente me encantavam no tempo da faculdade. E também descobrir uma literatura mais politizada. Desde o colégio eu já tinha descoberto a chamada grande literatura, mas só então comecei a ler livros políticos. A faculdade foi um tempo muito, muito bom. Aprendi de tudo no curso de jornalismo, menos jornalismo...

DE TODA FORMA, QUANDO SAIU DA FACULDADE, VOCÊ FOI TRABALHAR EM JORNAL. COMO FOI ESSE COMEÇO?

Trabalhar em jornal era só o que eu queria na vida. Enquanto eu estava na faculdade, tive uma chance muito interessante, que foi a seguinte. Uma das minhas irmãs mais velhas tinha uma amiga que trabalhava na *Tribuna da Imprensa*.[7] Umbelina Sena Canguçu, o nome mais extraordinário do mundo. Um dia, Umbelina disse para a minha irmã: "Sua irmã estuda jornalismo? Carlos Lacerda vai dar um curso para o pessoal do jornal. Vou saber se ela pode ir". Lacerda tinha aqueles rompantes e de vez em quando dizia: "Não quero mais saber de política! Agora vou me dedicar só ao jornal!" Passava três meses no jornal, largava tudo e voltava para a política. Estava num desses bons rompantes, resolveu dar um curso, e fui assistir.

Assisti a umas cinco, seis aulas de Carlos Lacerda que valeram pelo curso de jornalismo inteiro! Eu me lembro que um dia ele perguntou: "Você quer mesmo ser jornalista?" Respondi: "Quero". Com uma cara de filha de Maria, como disse uma vez Wilson Figueiredo, cara de menina mesmo. Ele: "Então vou lhe dar uma leitura fundamental". Pegou o *Diário Oficial* e me entregou. Eu disse comigo: esse homem está rindo de mim... Ele: "Vá lendo aí. Você vai ver aí casos que podem dar reportagens sensacionais. Ninguém lê. Só bom repórter é que lê o *Diário Oficial*". Coisas assim. "Já leu João do Rio? Compre amanhã. *A alma encantadora das ruas*." Obedeci e comprei. E ele dava aulas mesmo, aulas formidáveis. Só que os bons propósitos acabaram logo, e ele foi embora. Encerrou o curso pela metade. Mas eu tive um contato, pude ver um jornal por dentro.

---

[6] União Metropolitana de Estudantes.

[7] A *Tribuna da Imprensa* foi criada por Carlos Lacerda em 1949 e notabilizou-se por seus ataques a Getúlio Vargas. Quando Lacerda foi eleito governador da Guanabara, em 1960, passou a direção a seu filho Sergio Lacerda. Em 1961 o jornal foi vendido a Manoel Francisco do Nascimento Brito, do *Jornal do Brasil*, que em 1962 o vendeu a Hélio Fernandes. Ver *DHBB*.

Mesmo antes disso, eu tinha tido outra experiência. Na Ação Católica, havia um jornalzinho chamado *Roteiro da Juventude*. Cícero Sandroni era o diretor, e a secretária era Laura Austregésilo de Athayde, os dois namorando ainda – sou amiga deles desde quando namoravam. Um dia, numa reunião, acho que não era nem da JUC, era da JEC, porque eu ainda estava no colégio, Cícero foi falar conosco e disse: "Nós temos um jornalzinho e precisamos de ajuda. Tem alguém aí que queira ajudar?" Fui trabalhar no *Roteiro da Juventude* e tive contato com Cícero, que já era jornalista, e bom, tive contato com a casa da Laura[8] e tudo mais. Aliás, o nome do jornal era de uma pretensão absoluta: *Roteiro da Juventude*. A gente acreditava mesmo que estava orientando a juventude...

Tive, assim, essas duas experiências, que foram rápidas, mas que solidificaram a idéia de trabalhar em jornal. Não só fazer o curso, trabalhar mesmo. Enquanto estava fazendo o curso, para ganhar um dinheirinho – porque minha família era gigantesca, todo mundo tinha que ganhar o seu dinheiro –, eu dava aulas particulares de matemática. Quando me formei, pensei: meu Deus, como vou arranjar um emprego em jornal se eu não conheço ninguém? Um dia, estou andando na rua e encontro o Cícero. "Ana, tudo bem? Você se formou? E agora?" Eu disse: "Estou doida para trabalhar, Cícero. Você não quer me ajudar?" Ele: "Tenho uma indicação fantástica para você. O *Jornal do Brasil* está começando uma reforma e está precisando de gente. Passei uns dias lá, mas saí porque..." Acho que porque foi trabalhar com o sogro, qualquer coisa assim. Continuou: "Vai lá e fala com o Wilson Figueiredo, que é o chefe de reportagem. Diz que fui eu que mandei". E eu fui. Com a cara e a coragem, bati lá: "Quero falar com seu Wilson Figueiredo. Seu Wilson, meu nome é Ana, e eu queria trabalhar aqui". Foi inesquecível.

Nunca me esqueci desse dia, nem das caras das pessoas. Wilson Figueiredo me olhou, fez um ar assim de espanto: "Você quer mesmo trabalhar em jornal? Mas por quê?" Eu disse: "Bem, eu fiz o curso de jornalismo. E sempre quis trabalhar em jornal. Então, eu acho que vocês podiam experimentar. Eu podia fazer um estágio aqui, alguma coisa". Ele disse: "Espera aí". Fiquei lá, sentada, nervosíssima, ele atravessou a redação e foi para o aquário, onde ficava Odylo Costa, filho, que era o chefe de redação. E ele e Odylo ficaram me examinando, como se dissessem: "O que que é isso?" Depois eles me disseram que foi a coisa mais extraordinária, aparecer aquela criatura, sem uma indicação, sem nada, di-

---

[8] Laura Austregésilo de Athayde Sandroni é filha de Austregésilo de Athayde, jornalista e escritor, presidente da Academia Brasileira de Letras de 1958 a 1993, quando faleceu.

zendo que queria trabalhar em jornal. Afinal Wilson voltou e disse: "Tudo bem, você vai fazer uma experiência aqui. Volte segunda-feira". Em casa ainda tive outro susto, porque cheguei anunciando: "Consegui um estágio no *Jornal do Brasil*." – eu estava numa felicidade louca. "Vou começar segunda-feira!" Uma das minhas irmãs disse assim: "Você sabe que dia é segunda-feira? Você não está percebendo que esses caras estão rindo de você?" Era 1º de abril, de 1958. Fui tremendo, achando que eles iam começar a rir. E comecei a trabalhar.

Prêmios no *JB*

COMO VOCÊ COMEÇOU NO *JB*, FAZENDO O QUÊ?

Comecei na reportagem, e foi muito bom, porque foi realmente um teste. Odylo foi muito importante nessa ocasião, porque Wilson é uma pessoa mais suave, mas Odylo adorava testar as pessoas. Para mim foi fundamental. Primeiro, cobri Semana Santa. Nunca me esqueço. Eles descobriram que eu sabia religião, coisa que ninguém sabia. Ninguém na redação distinguia bispo de cardeal, ou sabia o que era missa, o que era novena; então, lá fui eu cobrir Semana Santa. E fui indo, fui indo, até que realmente me firmei no jornal.

VOCÊ ERA A ÚNICA MULHER?

Na reportagem geral tinha a Sílvia Donato, que fazia a parte de polícia. Maria Ignez Duque Estrada, logo que entrei, ainda não estava lá, estava no *Diário Carioca*. Convivemos no *Jornal do Brasil*, fomos repórteres juntas, mas não em 58. Acho que ela só entrou no ano seguinte.

VOCÊ FOI TESTEMUNHA DE UMA COISA MUITO INTERESSANTE, PORQUE COMEÇOU A TRABALHAR NO AUGE DA FAMOSA "REFORMA DO *JB*".[9]

Realmente. Odylo ainda estava lá e tinha detonado a reforma, mas muito fragilmente. Logo depois houve a "rebelião cubana", como o pessoal chamava: Araújo Netto, Carlos Lemos e Jânio de Freitas foram juntos para Cuba quando Fidel entrou em Havana, em janeiro de 1959, e quando voltaram praticamente assumiram o poder no *JB*. Odylo tinha saído exatamente no fim de 1958. En-

---

[9] Para mais detalhes sobre a história do *Jornal do Brasil*, ver *DHBB*. Sobre a reforma, ver Marieta de Moraes Ferreira, A reforma do *Jornal do Brasil*, in Alzira Alves de Abreu (org.), *A imprensa em transição* (Rio de Janeiro, FGV, 1996).

quanto esteve no jornal, as coisas estavam começando. Foi quando, no esporte, Lemos e Jânio começaram a introduzir novidades.

VOCÊ ACOMPANHAVA ISSO, PERCEBIA O QUE ESTAVA HAVENDO?

Nos primeiros meses, não. Mas depois, sim. Por quê? Por causa do tipo de reportagem que fui fazer. Comecei fazendo Semana Santa, aquelas coisinhas, depois quis fazer reportagens maiores, de mais fôlego, de pesquisa, e o jornal não tinha espaço. Foi exatamente aí, em 1959, que eles começaram a abrir páginas. Outro dia, inclusive, eu tive uma emoção. Uma moça queria me entrevistar sobre o SAM, Serviço de Assistência ao Menor, e eu disse: "Minha filha, o que é que eu posso lhe dizer sobre o SAM?" Ela: "Ah, não, mas eu preciso falar com você". Apareceu com uma porção de reportagens minhas sobre criança abandonada, naquelas primeiras páginas inteiras, com foto grande, do Alberto Ferreira. Foi quando começaram a abrir as portas. Fiz umas quatro ou cinco reportagens em série sobre o SAM, de página inteira, depois fiz uma série sobre reforma agrária, outra sobre analfabetismo... Comecei a fazer um tipo de coisa que se tinha deixado de fazer – não que nunca se fez. Essa reportagem grande, de levantamento de problemas, existiu, mas naquela época, nos anos 50, tinha desaparecido.

Ao mesmo tempo, a Rádio Jornal do Brasil também estava se alterando. Fiquei logo amiga de Reynaldo Jardim e ia muito à rádio, assistir às coisas, conversar com ele. Quando Reynaldo criou o Caderno B, assisti a tudo e, com isso, realmente, fiquei muito dentro do processo. Embora não tenha participado em nada, não tenha ajudado em nada, porque eu era apenas uma repórter. Durante quatro anos fui só repórter.

QUE TIPO DE REPÓRTER VOCÊ ERA?

Chamava-se repórter geral. Eu fazia todo tipo de coisa, viajava muito. Comecei com a Conferência dos Bispos do Brasil. Não me lembro da data, mas me lembro da cena. Um dia, Odylo chega para mim e diz: "Ana Arruda, você é homem o bastante para ir amanhã a Brasília sozinha?" Eu digo: "Não, Odylo, eu não sou homem mesmo, mas vou". Ele gostava de fazer essas coisas. E fui. Gente! Era um desespero, precisava ter coragem. Hoje, quando as pessoas viajam, vão com tudo acertado, mas naquela época, não: me deram uma passagem e só. Cheguei a Goiânia e fui ao balcão do aeroporto perguntar onde é que eu podia me hospedar. O jornal não cuidava de nada! Não havia infra-estrutura nenhuma. Brasília ainda era só terra batida, só havia o Catetinho e a capela. E os bispos, encantados com a idéia de Brasília... Depois disso fiz a série sobre reforma agrária, e aí começaram a chover convites para eu ir à Amazônia, ir a não sei onde. Todo mundo que achava que estava fazendo uma experiência de reforma agrária me chamava. E o jornal me mandava. Aliás, outro dia me deu vontade de chorar, porque li uma matéria e pensei: ai, meu Deus, a minha reportagem podia ser publicada hoje! Só tinha que reescrever, porque o estilo vai envelhecendo. Mas o título podia ficar: "Reforma agrária: todo mundo fala e ninguém faz". Dá vontade de chorar, não dá? Que país! Não tem nada, ainda. Nada!

O *JB* foi, então, uma maravilha, durante quatro anos. Em 1961, fui ao Equador, fazer o curso do Ciespal – Centro Internacional de Estudios Superiores de Periodismo para América Latina. Fui a primeira pessoa do Brasil a fazer um curso do Ciespal. Os jornalistas brasileiros diziam: "Eu? Fazer curso no Equador, aquela terra de índio? Que coisa ridícula!" Ninguém queria ir. O representante da OEA no Rio era amigo do meu pai e comentou com ele que estava horrorizado, que havia dois anos a OEA reclamava, porque ia gente de todos os países fazer o curso do Ciespal, e não ia nenhum brasileiro. Perguntou se eu me interessaria, e meu pai disse: "Vou falar com ela". Adorei a idéia. Era um curso de dois meses, e eu tinha direito a um mês de férias. Pedi ao jornal um mês de licença, depois das férias, e disseram que não. Odylo já tinha saído, não me lembro bem quem era o chefe na época, mas ele disse: "Não, você não pode tirar licença. Tem que pedir demissão do jornal se for faltar mais um mês". Continuei insistindo, até que um dia Wilson veio me dizer: "Ana, boa notícia para você. Celso Sousa e Silva" – que era da diretoria – "soube da história e ficou horrorizado! Só faltou passar um carão no Brito. Disse: 'A moça quer se aperfeiçoar e vocês *não* vão dar licença *sem vencimento* para ela? Vocês estão doidos!'" Aí consegui. Fiquei dois meses no Equador e foi maravilhoso, porque descobri a América Latina. Eu não tinha idéia de nada. Morri de vergonha, porque eu via panamenho conversando com argentino, e eles sabiam os escritores uns dos outros; a moça da Guatemala, o cara do Uruguai, todo mundo se entendia, e eu era uma ET ali, não sabia nada de América espanhola. O curso foi razoável, nem um horror, nem uma maravilha. Mas o principal foi a vivência: dois meses em Quito, com uma rápida ida a Guayaquil, e essa convivência com gente da América Latina toda. Foi maravilhoso. Depois disso voltei, continuei no jornal, até que em 1962 houve o problema da greve e saí. Aí eu já estava acesíssima.

O QUE FOI ESSA GREVE DE 1962?

Nós fizemos uma campanha salarial, queríamos um aumento de 60%, os patrões disseram "negativo", e aí resolveu-se fazer uma greve. Fiquei empolgadíssima: eu ia fazer uma greve! Acontece que ao mesmo tempo era uma loucura, porque na época eu tinha virado uma espécie de vedete da reportagem do *Jornal do Brasil*. Tinha recebido um prêmio de não sei quê, e estava, vamos dizer, num excelente momento.[10] Os repórteres importantes no *JB* eram Carlos Alberto Tenório e Castejón, que faziam política, mas na geral, realmente, se eu não era a melhor, era das melhores. Entro na greve, empolgadíssima, vou para o sindicato, e os jornais param mesmo. Durante dois dias, o Rio ficou sem jornal. *O Globo* tentou sair, fizemos piquete na porta. No *Correio da Manhã*, no começo ainda houve jornalista indo para a oficina substituir gráfico – é importante dizer que a greve começou pelos gráficos –, mas depois, não, houve uma adesão bastante grande. No *Jornal do Brasil*, por exemplo, Jaime Negreiros, na época chefe de reportagem, foi para o sindicato ficar com os repórteres – Beatriz Bonfim, eu, Amauri Monteiro, Sérgio Cabral –, que estávamos todos lá. Estávamos nos sentindo verdadeiros heróis da revolução trabalhista...

Afinal acaba a greve, os jornais se juntam – Chagas Freitas era o presidente do sindicato patronal[11] – e resolvem o seguinte: demitir todo mundo. Foram 80 demissões ao todo no Rio de Janeiro, 14 ou 13 do *Jornal do Brasil*, inclusive eu. Os únicos jornais que não demitiram foram *Última Hora* e *Tribuna da Imprensa*. Wilson Figueiredo ainda tentou arranjar um jeito de eu ficar. Outro dia lembrei isso a ele, ele riu e disse que também se lembrava. Na ocasião ele me disse: "Ana, pelo amor de Deus, diz que você veio uma tarde aqui, que passou na redação, e o Brito revoga a sua demissão!" Eu disse: "Wilson, eu passei a semana inteira dentro do sindicato! Não posso fazer isso com os meus colegas, de jeito nenhum!" Fui demitida mesmo. E foi horrível. Nossa Senhora! Aquele sofrimento. E nós, tolamente, achando que íamos voltar. Porque tivemos uma audiência com o ministro do Trabalho, ou com um alto funcionário do ministério, que disse: "Não, claro, não-sei-quem já se entendeu com o presidente, Jango vai conversar com os patrões, e todo mundo vai voltar". Com essa burrice, ninguém fez nada. E os patrões foram geniais. Entraram com uma ação de abandono de trabalho. Uma ação que eles tinham certeza que iam perder, mas que até lá nos deixava de mãos

---

[10] Em 1959, Ana Arruda recebeu o Prêmio Herbert Moses, do Ministério da Agricultura, e a menção honrosa do Prêmio Esso, que na época era um prêmio único, não se desdobrava em categorias.

[11] Chagas Freitas, proprietário dos jornais *O Dia* e *A Notícia*, foi eleito presidente do Sindicato das Empresas Proprietárias de Jornais e Revistas do Distrito Federal em 1956, iniciando então uma gestão que se estenderia por 14 anos. Ver *DHBB*.

28 Elas ocuparam as redações

atadas: não podíamos reivindicar nada, nem volta ao trabalho, nem indenização, nada. A situação ficou assim uns quatro meses, até que a ação foi julgada – improcedente. Houve um acordo, mas absolutamente ridículo. Enfim, eles ganharam, e nós ficamos todos desempregados.

Fui, então, chamada pela *Tribuna da Imprensa*. Hélio Fernandes. Hélio tem dessas coisas fantásticas. Ficou contra o sindicato patronal – "Não entro num pacto desses!" – e me chamou. Quando entrei na *Tribuna*, foi aquele alívio. Fiquei lá um tempão. Fiz reportagem geral, fiz economia, fiz uma porção de coisas.

Ih! Uma mulher!

TINHA MULHER NA *TRIBUNA DA IMPRENSA*?

Tinha. Mary Ventura trabalhava lá; Estela Lachter trabalhava lá. Mulher em jornal já não era uma coisa extraordinária, mas éramos pouquíssimas. E evidentemente, nem pensar em chefia.

O FATO DE SER MULHER INTERFERIU EM SEU TRABALHO, DESDE O TEMPO DO *JORNAL DO BRASIL*?

Sempre havia aquela coisa de "Ih! Uma mulher!", nem tanto dentro da redação, mais até fora. Afonso Arinos, por exemplo, uma vez teve um ataque, quando fui entrevistá-lo. Ficou indignado! Cheguei ao jornal e disseram: "Afonso Arinos está pedindo alguém para dar uma entrevista" – porque era assim, o senador ia fazer alguma coisa que achava grandiosa, queria falar a respeito, ligava, e o jornal mandava o repórter. Lá fui eu. Entrei na sala dele e disse: "Senador, boa-tarde. Sou do *Jornal do Brasil...*". Ele virou-se: "Como é que é?!" Depois fiquei muito amiga dele, mas, na hora, foi duro: "Como é que é?! Eu peço ao *Jornal do Brasil* para me mandarem um jornalista, um repórter, e me mandam uma *menina estagiária*?! Que falta de respeito!" Ficou achando que era desfeita com ele me mandarem. Eu então disse: "Bem, senador, se o senhor não quer, eu aviso ao jornal, coisa e tal...". Quando eu estava dizendo isso, entra o Castejón, que trabalhava no gabinete dele e também era do *Jornal do Brasil*. Castejón disse assim: "Senador, Ana Arruda é a melhor repórter que o *Jornal do Brasil* tem. O jornal só mandou a Ana porque era o senhor". Aí ele voltou a ser aquele *gentleman* que era. Mas Nossa Senhora! Se Castejón não tivesse entrado, eu tinha voltado para o *JB*, porque ele não admitia dar entrevista para *uma menina estagiária*. Tinha dessas coisas.

QUANDO A GENTE PENSA QUE, HOJE, AS COLUNAS DE JORNAL MAIS IMPORTANTES ESTÃO NA MÃO DE MULHERES, AS EDITORIAS ESTÃO NA MÃO DE MULHERES, CONSTATA QUE REALMENTE HOUVE UMA EVOLUÇÃO ENORME, DESDE O TEMPO EM QUE VOCÊ COMEÇOU...

Comparando, já que falei da minha família, há outra história interessante. Quando minha irmã Graça estava para se formar em engenharia, meu pai, que era amigo de Joaquim Cardozo, o calculista, foi pedir a ele: "Joaquim, tenho uma filha que está se formando, e queria saber se você podia conseguir um estágio". Joaquim não registrou direito e disse: "Claro, Arruda. Manda. Como é o nome do rapaz?" Meu pai disse: "Não é rapaz, é minha filha". Joaquim: "Ah não, me desculpe, Arruda. Gosto muito de você, mas mulher aqui no meu escritório, não". Mais ou menos naquela época.

VIRADA DA DÉCADA DE 1950 PARA A DE 1960: É AÍ QUE A MULHER INVADE A UNIVERSIDADE E VAI COMEÇAR A ENTRAR EM TODAS AS PROFISSÕES, NÃO SÓ NO JORNALISMO.

É. Mas eu peguei uma fase ainda de muito, muito preconceito. Uma vez, eu estava em Belém do Pará para tentar vir na Caravana de Integração Nacional – afinal não consegui vir, mas consegui um furo de reportagem. Fui à prefeitura, e a prefeita disse: "Meu assessor de imprensa pode ajudar você". E o rapaz, gentilmente, foi me mostrar a cidade. De noite, ele ficou indignado, porque quis me agarrar à força, e eu disse: "Que é isso?" Ele: "Ah, pensa que eu engoli essa história de jornalista? Mulher viajando sozinha, eu sei bem o que é!" Coisa louca, não é? Era esse tempo.

MAS VOCÊ CONSEGUIU SE SAIR MUITO BEM, TANTO QUE DEPOIS DA *TRIBUNA DA IMPRENSA*, QUANDO FOI PARA O *DIÁRIO CARIOCA*,[12] JÁ FOI COMO CHEFE DE REPORTAGEM. COMO FOI ISSO?

Não me lembro bem da passagem, de como fui para o *Diário Carioca*. Sei que foi Zuenir Ventura quem me chamou. Eu tinha trabalhado com Zuenir na *Tribuna* e lembro que a uma certa altura ele foi chamado pelo Pompeu de Sou-

---

[12] O *Diário Carioca* foi fundado por José Eduardo de Macedo Soares em 1928 e a partir de janeiro de 1932 teve como diretor-presidente Horácio de Carvalho Jr. É considerado a grande escola de jornalismo no Brasil antes da instituição dos cursos universitários. Após um período de declínio, foi fechado em 1965. Ver *DHBB*.

za[13] para trabalhar em Brasília. Foi exatamente em 31 de março de 1964 que nós fomos a Brasília, Mary, Zuenir, Hélcio Martins e eu. Zuenir ia trabalhar com Pompeu e me disse: "Ana, você está chateada aqui no Rio, vamos para lá. Quem sabe você fica com a gente". Eu estava trabalhando no *Panfleto*, do Brizola,[14] quando fui para Brasília. E aí, na volta, exatamente, já depois do golpe, fomos para o *Diário Carioca*. Eles estavam tentando reerguer o jornal. Zuenir foi chamado pelo dr. Prudente de Moraes Neto para ser chefe de redação, e me chamou para ser chefe de reportagem. Na hora pensei que era por causa dos meus méritos, mas depois comecei a achar que era para fazer marketing. Uma mulher na chefia de reportagem! Um espanto, um assombro! Era assim que o jornal era anunciado. Fui a programas de televisão como se fosse uma mulher barbada, uma atração de circo.

E a reação do pessoal lá dentro? As únicas pessoas que gostavam de eu estar lá era o copidesque, que era meu amigo; gente mais velha, como Hélio Pólvora, Amilcar de Castro,[15] que também foi para lá dar uma ajuda; o dr. Prudente, que imediatamente ficou meu amigo, foi um contato ótimo; e os estagiários, entre os quais havia algumas moças, como Sônia Nolasco, por exemplo. Eles adoravam que fosse eu a chefe de reportagem. Agora, os repórteres que já trabalhavam lá ficaram com ódio, ficaram furiosos, de aparecer uma mulher como chefe.

ERA A PRIMEIRA VEZ QUE UMA MULHER ASSUMIA UMA CHEFIA EM JORNAL, NÃO?

Foi o que foi dito na ocasião, e não foi desmentido depois. Realmente, era uma audácia. Zuenir foi quem deu a idéia ao dr. Prudente, que achou fantástico, porque era uma forma de chamar a atenção para o *Diário Carioca* como um jornal renovado, sem preconceitos. O *Diário Carioca* queria voltar a ser aquele

---

[13] Pompeu de Souza trabalhou no *Diário Carioca* desde sua fundação até 1961, quando, no início do governo parlamentarista de João Goulart, passou a chefiar o Serviço de Imprensa do Conselho de Ministros em Brasília. Nessa cidade foi também diretor da *Veja*, fundador e professor da Universidade de Brasília e membro de diversos conselhos, além de senador (1987-1991). Ver *DHBB*.

[14] O *Panfleto* foi um jornal semanal lançado em fevereiro de 1964 pela Frente de Mobilização Popular, movimento nacionalista favorável às reformas de base liderado pelo então governador do Rio Grande do Sul, Leonel Brizola. Sua vida foi curta: após sete números, saiu de circulação devido ao golpe militar de 31 de março. Ver *DHBB*.

[15] Escultor e desenhista consagrado, Amilcar de Castro foi também diagramador, responsável pela reforma gráfica do *Jornal do Brasil* no fim da década de 1950.

jornal que tinha sido, aquele jornal muito bem escrito, que teve Danton, Pompeu, Paulistano,[16] todo aquele pessoal. A primeira grande escola de jornalismo no Brasil foi o *Diário Carioca*. O texto, no *Diário Carioca*, era fundamental. Como, depois, foi o copidesque no *Jornal do Brasil*, que era chefiado por Ferreira Gullar, tendo Nelson Pereira dos Santos, Décio Vieira Ottoni e outros. Era um copidesque absolutamente fantástico, o que eu peguei no *JB*.

VOCÊ DEVE TER CHEGADO AO *DIÁRIO CARIOCA* JÁ PERTO DO FIM, PORQUE AFINAL O JORNAL FECHOU EM 1965.

Sim. Fui para lá dentro de uma tentativa frustrada de fazer ressurgir o *Diário Carioca*. Nós fizemos um jornal bem engraçadinho, mas logo depois Horácio de Carvalho desistiu e passou o jornal para Mauritônio Meira. Aí Zuenir saiu, e acabou. O jornal do Mauritônio foi uma tragédia, foi o final mesmo.

ALGUMA COISA EM ESPECIAL MARCOU VOCÊ NO *DIÁRIO CARIOCA*?

Se você está interessada no fato de ser mulher, sim. Por quê? Porque havia coisas incríveis. Por exemplo, uma pessoa que todo mundo diz que era um amor e que, para mim, foi um terror, foi Deodato Maia. O divertimento principal do Deodato era cruzar a redação – ele era muito alto, ficava atravessado na redação – dizendo os palavrões mais horrorosos do mundo, porque eu ficava vermelha, e ele queria me *sacanear*, se me permite – agora eu já falo palavrão, mas antes eu não podia nem ouvir, quanto mais falar. Era um negócio violento contra mim. Eu precisava de todo dia renovar coragem para entrar ali, sentar e trabalhar. Tive uma vez que demitir um rapaz, porque percebi que eles tinham combinado me testar. Era uma turminha de uns três ou quatro, que já estava lá havia muito tempo. Peguei a pauta, passei a tarefa a esse rapaz e, quando ele chegou, perguntei: "Fulano, cadê a matéria?" Ele disse assim: "Tem, não". E virou as costas. Percebi que havia três ou quatro assistindo à cena, que era tudo armado. Disse: "Venha cá. Não tem, não, como?" Ele: "Não deu, ué! Não deu". Pegou o paletó e foi saindo. Eu disse: "Não deu por quê?" Ainda fiz uma tentativa. Ele não respondeu, saiu. Peguei o telefone: "Serviço de Pessoal? Quero demitir um repórter. Fulano de tal". O cara perguntou: "A senhora tem certeza? Olha, isso aqui é muito complicado". Eu disse: "Tenho. Estou mandando demitir. Ou o senhor me demite, ou

---

[16] Luiz Paulistano de Orleans Santana, durante muitos anos chefe de reportagem do *Diário Carioca*.

demite esse repórter, agora". Foi o único jeito de eu conseguir que nunca mais me fizessem um desaforo direto assim. Quer dizer, horrível, não é? Para mim era um sofrimento.

Eu me lembro também de um dia em que Zuenir precisou viajar. Ele disse: "Ana, vou sair com Mary uns dias, você fica aí segurando a redação, que o Milton Coelho da Graça fica na reportagem e lhe dá uma ajuda". Eu disse: "Claro, com Milton aí, não tem problema". Estavam lá Milton e Amilcar. E aí aconteceram duas coisas curiosas: uma, positivíssima, foi na primeira noite – eram duas noites – em que eu fechei o jornal. Amilcar me chamou e perguntou: "Ana, como é que você quer a primeira página?" Eu disse: "*Eu?*! *Você* é que vai dizer como vai ser a primeira página! Eu vou dizer a Amilcar de Castro como é que vai ser?" Ele continuou: "Você está enganada. Eu só risco. Mas o jornal tem a cara de quem comanda. É que você não reparou, mas o jornal está com a cara do Zuenir. Amanhã ele tem que ter a sua cara. Não pode ter a cara do Zuenir". Eu disse: "Mas eu não entendo nada de diagramação! A única coisa que eu *não* sei fazer em jornal é diagramação, Amilcar!" Ele: "Mas você não precisa saber. Eu sei. Você só diz o que quer". E foi muito curioso, porque pela primeira vez eu comecei a pensar nisso, em como o visual, como a distribuição não tem só a ver com a hierarquia das matérias ou com a qualidade das fotos, tem a ver também com quem faz. É uma coisa muito subjetiva. Era isso que Amilcar queria me dizer! Sei que no outro dia não achei o jornal nada diferente, mas ele disse que estava com a minha cara...

Essa foi uma experiência engraçada. E a outra, aterrorizante, foi na segunda noite. Quando o jornal estava fechando, recebo um telefonema dizendo que tinha caído um avião na baía de Guanabara, na saída do Santos Dumont. Quando eu olho, não tinha mais Milton Coelho da Graça, não tinha mais um bom repórter e, pior que tudo, não tinha um fotógrafo. "Cadê Alaor?" Era o chefe dos fotógrafos. "Já foi embora." Aí eu telefonei para o *JB*. "Alberto, você tem fotos?" Ele disse: "Tenho, Ana. Mas é complicado..." Eu digo: "Alberto, pelo amor de Deus, eu não tenho uma foto!" Foi um contínuo correndo buscar uma foto no *Jornal do Brasil*. É claro, veio uma foto com uma porção de barquinhos... Nós não demos, e eu me senti um fracasso absoluto. Nesse dia, eu disse: "Não posso ainda ser chefe de redação". Realmente, eu me senti inteiramente despreparada. Você não pode estar despreparada para uma eventualidade, e eu estava. Não tinha nem pensado nisso. E tinha que ter pensado: e se acontecer alguma coisa séria? Todo fim de noite acontece, as coisas sérias só acontecem na hora de o jornal fechar.

O Sol nas bancas de revista...

DEPOIS DO *DIÁRIO CARIOCA*, PARA ONDE VOCÊ FOI?

Reynaldo Jardim tinha feito um suplemento no *Jornal dos Sports*,[17] chamado Cultura JS, e me chamou. Fazíamos o suplemento na casa dele. Éramos ele, Oliveira Bastos, Gullar, Verinha Pedrosa e eu: nos reuníamos, inventávamos matérias, e era divertidíssimo. Era um suplemento absolutamente delicioso, muito engraçado. Verinha tinha muita imaginação para inventar assuntos. Reynaldo começou a se empolgar com aquilo e propôs ao jornal o Cartoon JS, que foi um suplemento também, só de *cartoon*. Acho que foi o único que já existiu no Rio e foi um sucesso. Aí Reynaldo resolveu que o *Jornal dos Sports* devia, já que estava fazendo essas coisas todas, criar uma escola de jornalismo de verdade. Na cabeça do Reynaldo, as coisas invertidas são sempre melhores. Ele uma vez inventou um teatro que não tinha espectador, só tinha palco mas não tinha platéia... Mas a idéia dele do curso não era ruim, não. Gostei. Ele achava que os cursos de jornalismo ficam inventando jornalzinho de mentira para os alunos praticarem, quando deveria ser o contrário, deveria existir um jornal que fosse um curso de jornalismo. Propôs a idéia à direção do *Jornal dos Sports,* que estava mudando – estava entrando o José Eduardo Padilha, genro da dona Célia –, e eles adoraram. E o projeto começou a se desenvolver. Isso era 1967.

Conseguimos atrair outros malucos – porque aquilo era uma aventura, era uma maluquice –, até que juntamos dez editores. Zuenir topou ser chefe de redação, eu ficaria com a editoria de cidade, convidamos Marta Alencar para a editoria que chamávamos de *features*, vieram também Estela Lachter, Ricardo Gontijo... Fomos para o sítio do Reynaldo, ficamos um fim de semana inteiro num seminário e fizemos o projeto total do jornal. Que seria isto: um jornal para formar pessoas. E aí fizemos uma seleção. Saiu um anúncio no *Jornal dos Sports,* dizendo que estávamos selecionando universitários, alunos de jornalismo ou não, para trabalhar no novo jornal, e fizemos uma prova escrita e uma prova oral, de que eu me lembro mais, porque foi mais divertida. Éramos Reynaldo Jardim e eu entrevistando. Chegava o aluno, se fosse rapaz, Reynaldo nem olhava. Fazia uma perguntinha qualquer e mandava para mim. Se fosse moça, ele mandava sentar e perguntava: "Você gosta de Mondrian?" Se ela fizesse uma cara muito espantada,

---

[17] O *Jornal dos Sports*, fundado em 1931, foi comprado em 1936 pelo jornalista Mario Filho, que o dirigiu até falecer, em 1966. O jornal passou então a ser presidido por sua viúva, Célia Rodrigues, que por sua vez faleceu no final de 1967. Ver *DHBB*.

ele também mandava para mim. Se ela dissesse "Mondrian? Espera aí... Aquele dos quadradinhos?", ele já deixava ficar e conversava. A segunda pergunta era: "Você lê *Tio Patinhas*?" Se a moça conhecesse Mondrian e lesse *Tio Patinhas*, entrava na equipe dele: "Essa é da minha equipe de diagramação visual". Se não, ele dizia que estava aprovada, mas para outra coisa. E eu fazia aquela entrevista sobre governo, time de futebol, conhecimentos gerais, "por que você está aqui?" etc. E assim selecionamos 40 universitários.

Éramos dez jornalistas profissionais, 40 universitários e – uma novidade absoluta – dois conselheiros: Otto Maria Carpeaux e o sociólogo Sérgio Lemos. A Candido Mendes emprestou o auditório, e demos um curso de um mês. E lançamos o jornal, como encarte do *Jornal dos Sports*. A idéia era que fosse um jornal completamente diferente. Jornal-laboratório. Então, um: a diagramação era em quatro, para as pessoas poderem ler no ônibus ou no trem; nenhuma matéria excedia um quarto de página. Dois: não havia títulos descritivos da matéria; os títulos eram fantasia. A idéia era imitar história em quadrinho. Havia um quadradinho, que a gente chamava de rubrica, que dizia qual era o assunto; seria o título dos jornais tradicionais. O jornal era todo diferente, mas dava as notícias todas, cobria nacional, internacional, tudo. E começou a sair todo dia, e a chamar muita atenção. Foi uma coisa maravilhosa em termos de experimentação. Saíam desde coisas completamente malucas até coisas muito sérias, como estávamos lembrando outro dia. Tetê Morais está agora fazendo um filme, outro dia fizemos uma festa, juntamos todo mundo e ficamos lembrando do *Sol*.[18]

Você lembra do famoso título "FMI é o FIM"? É um caso muito engraçado para se ver essa história de memória. Na festa, todo mundo lembrava que tínhamos feito esse título, que foi a razão, inclusive, de o jornal fechar. Houve uma reunião do FMI aqui, e esse foi o título da página de economia. Mas várias pessoas na festa, inclusive Zuenir, quando viram a página, ficaram decepcionadas, porque na memória delas aquilo tinha sido a manchete *do jornal*. Realmente, tinha sido pensado para ser manchete, inclusive o formato. Mas não foi, porque José Eduardo Padilha, um pouco preocupado, já tinha botado um editor de economia da confiança dele, que disse: "Manchete!? Não pode, pelo amor de Deus!"

---

[18] O jornal *O Sol* circulou de 21 de setembro a 26 de novembro de 1967 como encarte do *Jornal dos Sports*. A partir de então circulou de forma independente, até fechar, no final de janeiro de 1968. Caetano Veloso homenageou o jornal na canção *Alegria, alegria*: "O Sol nas bancas de revista/ me enche de alegria e preguiça./ Quem lê tanta notícia?". Ver *DHBB*.

Aí nós concedemos e botamos em página interna. Engraçado isso, não é? As pessoas diziam: "Uai! mas não era uma manchetona? Estou decepcionado!"

Na época, Henfil, que já mandava coisas para o *Jornal dos Sports,* resolveu vir para o Rio e fazia uma tira diária no *Sol.* Maravilhosa, a tira. Quando o Che morreu, ele fez uma série. Há uma ótima: são três quadrados, como ele fazia; no primeiro, você vê um diabo passeando entre as nuvens, e um barbudo escondido atrás de uma delas; no segundo, o barbudo, que você já reconhece como o Che, está dando com um porrete no diabo, e o diabo está caindo; no terceiro, aparece São Pedro dizendo: "Che, eu não concordo com esses seus métodos..."

Era um jornal que fazia brincadeira de tudo, mas era muito sério. Nas matérias mais sérias, por exemplo, Carpeaux, que era conselheiro, ficava na redação zanzando, chegava perto do repórter e perguntava: "Você entendeu isso mesmo?" Julgava. E Sérgio Lemos também. O jornal começou a chamar muita atenção, é claro, dos nossos amigos, dos outros jornalistas, dos outros intelectuais, e a redação virou um *point.* O fechamento do *Sol* era um desespero, porque apareciam lá Ziraldo, Newton Carlos, Caetano Veloso, Maria Bethânia, era uma festa permanente. Mas era uma loucura, porque o jornal estava só gastando dinheiro. Os anúncios não chegavam. Num jornal daqueles, ninguém ia anunciar. Primeiro, era diferente, esquisito, tinha aquela coisa de os títulos não serem títulos. Foi um jornal que fez o maior sucesso na classe jornalística, mas insucesso de público geral. A venda foi pequena, e foi um fracasso empresarial completo. O *Jornal dos Sports* quase foi à falência, porque além disso nós pagávamos a todos os alunos como estagiários. Eu me lembro que uma vez o Jânio de Freitas, acho que por ciúme, botou uma nota na *Última Hora* dizendo que aquilo era uma exploração dos estudantes. Os meninos ganhavam mais do que os estagiários da *Última Hora!* Enfim, foi uma aventura, e acabou.

Vocês tiveram problemas internos?

Tarso de Castro, por exemplo. No curso, já começou: não dava aula, porque não gostava de dar aula, deu uma aula dizendo uma porção de bobagens... Enfim, foi um problema. Demiti o Tarso. Tenho isso no meu currículo.

Você demitiu? Como editora de cidade?

Esqueci de dizer que Zuenir saiu do jornal. Zuenir participou de todo o planejamento, mas quando o jornal ia começar, disse: "Olha, gente, não dá. Estou vendo que isso é uma aventura. Eu adoraria, mas... chega". Como ele já tinha dado a sua grande contribuição, saiu e fiquei no lugar dele, como chefe de redação. E chamamos a Estela Lachter para a editoria de cidade, que era a minha.

No *Sol,* realmente, embora tenha sido essa maluqueira, essa aventura, eu me senti jornalista plena. Por quê? Porque eu fazia o jornal. O que quer dizer isso? Eu regia aquela orquestra, eu realmente conseguia que o jornal chegasse às bancas todo dia, apesar daquela equipe completamente anárquica. Era muito curioso – nós chegamos a essa conclusão outro dia, analisando a redação –, porque a metade das pessoas queria fazer guerrilha e a outra metade queria ser *hippie...* Era uma redação diferente. Mas foi um tempo maravilhoso.

Vocês realmente prepararam gente para a imprensa?

Ah, sim. Muitos. Agora, quando fizemos essa festa, foi um espanto vê-los, todos muito bem. Nosso maior sucesso – é claro que ele já tinha começado, mas outro dia ele mesmo disse isso de público, quando recebeu o título de doutor *honoris causa,* e diz isso a toda hora – é Adolfo Martins, dono da *Folha Dirigida.* Que é o único empreendimento de jornalismo impresso que hoje, no Brasil, está dando lucro. Adolfo foi o editor de educação do *Sol.* Ele diz: "Eu já tinha trabalhado no *Diário de Notícias,* mas me preparei, fundei a *Folha Dirigida* por causa da experiência no *Sol*". Nós tivemos, por exemplo, Galeno de Freitas – era um dos meninos. Quando o primeiro editor saiu, Galeno assumiu, porque vimos que ele já tinha uma capacidade intelectual muito acima dos colegas. Galeno é extraordinário, excelente tradutor, um intelectual realmente. *O Sol* foi a bela aventura...

Vanguarda na TV

Foi depois dessa experiência no *Sol* que você foi para a televisão? Como foi isso?

Quando nós vimos que o *Sol* estava acabando, não ia dar mais, ainda tentamos uma outra aventura maluquíssima. Naquele tempo, apesar de ser chefe de redação, eu estava em plena volta à adolescência. Então tentamos uma aventura mais adolescente ainda, que foi o *Poder Jovem.* Era um semanário, de que só saíram quatro números, que nós vendíamos até na praia: acredite, eu, de maiô, saía vendendo o *Poder Jovem* na praia de Ipanema! Eu, Marta Alencar, Reynaldo Jardim e Tetê Morais. Uma tropa de malucos. E onde é que a gente se reunia para fazer o *Poder Jovem*? Na TV Continental, que estava acabando – estava em pedaços mesmo –, e que o Rubens Berardo tinha entregue ao Fernando Barbosa Lima para ele fazer o que bem entendesse. Fernando nos chamou, e nós dissemos:

"Oba! Vamos lá!" Fundamos uma cooperativa chamada Poder Jovem, e começamos também a fazer programas de TV. Mas era uma coisa quase de brincadeira, porque ninguém assistia. Era mais uma experimentação. Fazíamos uns jornais ótimos, mas também durou pouco.

Fernando então me chamou para trabalhar com ele na *Squire* e no *Jornal de Vanguarda*, que tinha ido para a TV Rio. Levou também Reynaldo Jardim, que era o cérebro dessas nossas aventuras todas. Reynaldo fazia um quadro no *Jornal de Vanguarda*: lia um poema sobre o fato que tinha chocado ou que tinha emocionado naquele dia. Escrevia o poema às carreiras, e era muito engraçado, ele, se dizendo Barrabás, com uma barbona, lendo aquilo. O *Jornal de Vanguarda* era, como tudo o que Fernando faz, um pouco revista, muito movimentado. Eu secretariava o jornal, no sentido de checar se todos os colunistas estavam lá – eram Gilda Müller, Newton Carlos, que fazia internacional, vários outros –, e além disso redigia o noticiário, que o Cid Moreira lia. Aliás, Cid era ótimo profissional. Tenho essa memória boa dele. Sempre chegava bastante antes e lia o texto que eu fazia, que era um texto que emendava os dos colunistas e dava as notícias propriamente ditas do dia. Depois de ler, chegava para mim com a maior delicadeza e dizia: "Ana, você não pode substituir esta palavra? Você não pode cortar esta frase?" Na realidade, eu não tinha prática de redação de televisão. Cid, ao ler, sentia isso e me ajudava. E Newton Carlos também: sempre olhava o que eu tinha escrito como introdução das notícias internacionais. E assim eu me adaptei. Essa questão de trabalhar em outro veículo é questão de se adaptar, porque escrever é sempre uma coisa só – estou falando de jornalista, que não é o mesmo que escritor. Quando me chamam de escritora, eu digo: "Não sou escritora, sou uma jornalista que até ousa escrever livros"[19]. Por quê? Porque o escritor, eu acho, tem que ter o seu estilo; e o jornalista tem que se adaptar aos estilos e às necessidades dos seus veículos.

Essa experiência na televisão foi boa, mas foi terrível, por causa do momento político. Desde antes do *Sol*, eu tinha entrado para uma militância antiditadura bastante forte, embora não pertencesse a nenhum grupo – só depois foi que entrei para um. A política já me interessava mais que o jornalismo; na

---

[19] Ana Arruda Callado escreveu as biografias *Dona Maria José: retrato de uma cidadã brasileira* (Relume-Dumará, 1995, em co-autoria com Denilde Leitão), *Jenny: amazona, valquíria e vitória régia* (DL/Brasil, 1996), *Adalgisa Nery* (Relume-Dumará, 1999), *Maria Martins – uma biografia* (Gryphus, 2004), e o romance policial *Uma aula de matar* (Rocco, 2003).

verdade, eu não acreditava mais em jornalismo. Principalmente no ano de 1968. O AI-5 foi terrível. Newton Carlos, uma vez, teve que sair pelo telhado da TV Rio! Nessa noite, uns três dias antes do AI-5, tudo já muito tenso, ele virou-se para mim e disse: "Ô Ana, ainda vai demorar para eu falar? É que tem um rapaz na portaria dizendo que quer falar comigo; ele tem dois colegas que querem me convidar para paraninfo da turma deles, e estão pedindo para eu ir lá". Eu disse: "Você ir lá? Eles é que têm que vir cá! Você não desce, não, Newton!" Chamei o Cid e disse: "Cid, pelo amor de Deus, desce, vai comprar um cigarro, vai fazer qualquer coisa e vê o que está havendo. Newton Carlos me contou isso". Cid: "Não deixa ele sair, não!" Desceu, voltou e disse: "Tem dois carros parados aí na porta, cada um com três rapazes". Pensamos: "Bom, fiquemos calmos, vamos fazer o jornal. Eles não vão entrar aqui na TV". Quando Newton acabou de falar, dois caras da emissora, fortões, saíram com ele pelos telhados, para tirá-lo de lá...

Foi uma época terrível. Fernando ficava me mandando recados, e eu, inclusive, briguei com ele. Que injustiça! Hoje sou amiga dele, claro. Um dia ele disse assim: "Ana, Reynaldo não pode aparecer hoje. Eu soube que a coisa está muito forte". Eu tinha que cortar Reynaldo. Ou então: "Você tem que tomar cuidado com os textos". Eu dizia: "Não agüento mais tanto medo!" Ele tinha toda razão, mas eu ficava danada da vida. Não sei se com o AI-5 o jornal acabou ou ele me demitiu. Não me lembro do fim do jornal. Sei que, depois do AI-5, ninguém pensava em fazer mais nada, era um desespero muito grande. Resolvi então fazer um concurso e fui ser funcionária pública, controladora de Fazenda do estado. Não tinha nada a ver, mas as portas tinham se fechado, e pensei: "O que eu posso fazer é trabalhar e ajudar quem estiver na clandestinidade". Comecei então a dar ajuda a grupos mais pesados. Mesmo antes, eu já tinha feito rifa para conseguir dinheiro para a guerrilha de Caparaó.[20] Naquele momento, por pura neurose, entrei num grupo de malucos e desesperados, chamado RAN, como eu soube depois – Resistência Armada Nacional. Um bando de despreparados, sobre o qual não vale a pena falar. Eu sabia disso, mas estava nervosa, porque achava que meus amigos tinham se dado mal, enquanto eu estava numa boa. Acabei sendo presa em 1973. Fui uma presa retardada.

---

[20] Tentativa de guerrilha rural feita no início de 1967 na serra do Caparaó, entre os estados de Minas Gerais e Espírito Santo, por ex-militares que haviam sido expulsos da corporação no início do governo Castello Branco. Ainda na fase de treinamento, os guerrilheiros foram descobertos e capturados. Ver *DHBB*.

Rumo às salas de aula

VOCÊ TAMBÉM TEVE UMA EXPERIÊNCIA DE ENCICLOPEDISTA, NA EDITORA DELTA. COMO FOI ISSO?

Acho que eu ainda estava como funcionária pública quando comecei na Editora Delta, em tempo parcial. Tentei sair do jornalismo e tive esses dois escapes, que foram o funcionalismo público bem burocrata, bem absurdo, e a enciclopédia, que era uma atividade onde não entrava política.

VOCÊ TRABALHOU COM ANTÔNIO HOUAISS?[21]

Não. Acho que ele já estava na Britannica, fazendo a *Mirador*. Quer dizer, Houaiss nunca deixou a Delta, porque o dono, Abrahão Koogan, tinha paixão por ele, tudo era Houaiss. Mas a *Enciclopédia Delta* grandona, que Houaiss editou – o "elefante branco", como dizia o Koogan –, já tinha sido feita quando entrei. Nunca trabalhei com Houaiss diretamente. Estavam lá Paulo Geiger e Elias Davidovich, que era um sábio. Koogan queria fazer uma nova edição de *O mundo da criança*, alguém achou que eu podia fazer, e assim fui trabalhar na Delta, onde fiquei nove anos. Depois fui incumbida de fazer uma enciclopédia de nível médio, a *Delta Universal*. Aí sim, foi que passei para tempo integral, porque era um trabalhão louco. Eu era coordenadora de redação e tinha que controlar dezenas de tradutores, redatores, toda a parte de diagramação. Lembro que quando quis botar Nelson Rodrigues na lista de literatura brasileira, Koogan disse: "Dona Ana, mas este homem não é sério, é um homem que escreve coisas pornográficas! Esta enciclopédia é destinada à juventude! Não pode entrar Nelson Rodrigues!" Foi uma batalha para botar Nelson Rodrigues como dramaturgo brasileiro. Esse mundo tem dessas coisas.

E A IDA PARA A UNIVERSIDADE?

Aí foi o seguinte: Amélia Lacombe tinha saído da PUC, estava chateada com a PUC, e fundou a universidade dela, o Centro Unificado Profissional, que tinha esse nome absurdo, parecendo escola técnica, porque tinha que ser o con-

---

[21] Professor, diplomata aposentado pelo governo militar em 1964, filólogo, ensaísta e membro da Academia Brasileira de Letras, Antônio Houaiss foi editor-chefe da *Grande enciclopédia Delta Larousse*, publicada em 1971, e da *Enciclopédia Mirador internacional*, lançada pela Encyclopaedia Britannica do Brasil em 1975. Nos últimos anos de vida dedicou-se ao *Dicionário Houaiss da língua portuguesa*, publicado em 2001 (Objetiva), após seu falecimento, ocorrido em 1999. Ver www.academia.org.br.

trário de PUC: era CUP. Mas era uma maravilhosa escola. Todos os professores eram de tempo integral, havia liberdade absoluta. Amélia chamou Armando Strozenberg para ser o diretor do Departamento de Comunicação, para organizar o curso de jornalismo, e Armando me indicou. Quando fui falar com ela, disse: "Amélia, eu saí da prisão, estou com o processo suspenso ainda, e não sei se é bom para você me contratar agora". Ela, impávida, respondeu: "Pode deixar que esse problema eu resolvo. Quero saber se você quer dar aula". Eu disse: "Esse é o outro problema. Acho que não tenho o menor jeito para dar aula. Sou muito impaciente" – em jornal você tem que ser rápido, é muito difícil ter aquela calma que o professor deve ter. Ela: "Armando disse que no *Sol* você era professora e que ele aprendeu uma porção de coisas com você. Então, não tem nada disso". Eu disse: "Tudo bem. Se você topa, vamos lá". Fiquei no CUP até ele ser vendido para o Levinsohn. Foi a melhor escola de jornalismo em que estive. Claro que ia falir, que era economicamente inviável: pagar bem aos professores, ter equipamentos formidáveis, ter turmas pequenas, é impossível neste país. Amélia não agüentou e precisou vender. E foi muito desagradável. Os professores foram demitidos, fizeram-se aquelas coisas todas outra vez, movimento dos demitidos etc. A história se repete.

Quando o CUP fechou, o pessoal da PUC me chamou para dar aula lá. Fiquei dois anos só, porque abriu concurso na Federal Fluminense, eu já estava gostando demais de dar aula, já tinha virado professora, fiz o concurso e passei. Mas aí aconteceram duas coisas: primeiro, eu estava casada, e meu marido[22] achava um desaforo eu ir para Niterói de barca, à noite, ou senão sábado de manhã, para dar aula. "Você está completamente louca! Você não precisa, nessa altura da vida, fazer esse sacrifício!" Eu digo: "Mas eu gosto!" Aí abriu um concurso na Federal do Rio de Janeiro. Pensei: "Se eu passar no concurso, o problema de ir para Niterói está resolvido". Mas nesse momento Antonio caiu doente, o câncer se manifestou. Decidimos viajar para os Estados Unidos, para ele ser operado, exatamente na época do concurso. Eu até resolvi que não ia fazer concurso nenhum, mas ele disse: "Vai fazer, sim, porque depois você vai ficar com raiva de você e de mim por não ter feito". Fui eu fazer prova de aula, com viagem marcada e tudo. Foi duro, mas passei. Na volta dos Estados Unidos, assumi na Federal do Rio de Janeiro e fui pedir demissão na UFF. E aí aprendi que, no Brasil, não se pede demissão. Quando avisei que queria sair, disseram: "Mas professora, aconteceu algum problema com a senhora?" Eu disse: "Não. Vou para a UFRJ". Eles: "Mas a senhora é *concursada*! Quem é concursado não pede demissão, pede licen-

---

[22] Ana Arruda casou-se em 1977 com o jornalista e escritor Antonio Callado. Callado foi eleito para a Academia Brasileira de Letras em 1994 e faleceu em 1997. Ver www.academia.org.br.

ça!" Eu disse: "Mas vou pedir licença por 20 anos? Não! Eu quero sair daqui". Afinal, fui para a Federal, onde fiquei 14 anos. Foi aí que desapareceu a jornalista, e a enciclopedista que fui rapidamente, e virei professora. Eu ficava me lembrando dos tempos do *Sol*, de como se forma o jornalista.

Como se forma o jornalista

QUEM É O JOVEM QUE VAI SER JORNALISTA HOJE? QUAL A DIFERENÇA ENTRE OS JORNALISTAS DA ÉPOCA EM QUE VOCÊ COMEÇOU E OS DE AGORA?

É complicado falar sobre isso, porque eu tenho muito medo do saudosismo, de dizer "ah, naquele tempo era melhor". Mas a minha impressão é essa mesmo. E eu sempre conto uma historinha, para dizer que não estou sendo só saudosista. Quando eu estava no *Jornal do Brasil,* fim dos anos 50, começo dos 60, freqüentava a redação um senhor espanhol chamado seu Alfredo, que vendia livros da Editora Aguillar – aqueles livros grossos, caros, com obras completas. Seu Alfredo tinha um caderninho só com gente do *Jornal do Brasil.* Especializou-se em vender para jornalista, e em cada redação tinha um monte de clientes. Quando ele chegava, eu dizia: "Seu Alfredo, pelo amor de Deus, eu não tenho dinheiro!" Ele: "Ah, mas já faz dois meses que a senhora acabou de pagar a Cecília Meireles, pode perfeitamente comprar o Garcia Lorca". Era um vendedor fantástico. Claro que eu comprava, e pagava em prestações. Fico pensando que, se Seu Alfredo ressuscitasse e fosse a uma redação hoje, morreria de fome. Duvido que algum repórter, de algum jornal, hoje, compre obras completas de Cecília Meireles ou de Garcia Lorca ou de Jorge de Lima, como eu e meus colegas comprávamos. Isso mudou. As pessoas estão práticas demais. Quando, outro dia, eu estava falando do meu curso de jornalismo, me deu até uma certa saudade. Pensei: meu Deus, será que não era melhor ter aula de teoria de Estado com Victor Nunes Leal do que ter aula de edição de matéria em televisão com um professor que nunca estudou filosofia? Estou nessa dúvida. Há um pragmatismo exagerado.

De vez em quando, por exemplo, me procura uma menina chorosa, dizendo que está se dando mal e querendo aula particular: "Por favor, disseram que você pode me ajudar". Eu digo: "Não dou mais aula. Faço terapia em oficina". Ela: "Ah, porque o meu chefe diz que não se pode botar ponto-e-vírgula em jornal". Inventam essas coisas! Isso é de uma burrice! É coisa de jornalista velho, mas até hoje os editores dizem essas coisas para as pessoas: "Não se usa ponto-e-vírgula!" Porque eles não sabem usar, usam vírgula, quando deveria ser ponto-e-vírgula; usam dois pontos, quando não é caso de dois pontos. Não é que se escrevesse melhor, não. Às vezes leio um jornal antigo e vejo que havia muita gente escrevendo mal, havia bobagem, também. Mas havia um interesse maior no conhecimento. Hoje é só informação rápida. E está piorando. Outro dia eu estava dizendo isso no *Observatório da Imprensa*.[23] Quando eu digo isso, as pessoas concluem: "Ih, a Ana é atrasada, não gosta da internet..." Como, não gosto? Todo dia eu acesso! Preciso! É um instrumento indispensável. Mas é um perigo, também. Nunca me esqueço do dia em que eu estava falando em Frei Caneca lá na PUC, e um aluno disse assim: "Ah, professora, mas por que eu tenho que saber quem é esse cara? No dia que eu quiser saber, procuro na internet e fico sabendo". Ou seja, para que o saber? Não se precisa mais saber. Você acessa! As pessoas confundem saber e conhecimento com informação. Como há muita informação no ar, acham que está tudo bem.

Acho que isso mudou. Os jornais, hoje, não analisam. Os jornais estão muito... não é chapa-branca, porque até que não estão oficiais, estão batendo à beça no governo, mas estão fazendo isso com argumentos fornecidos já prontos por políticos de oposição. É tudo muito pronto. Você só ouve, grava e reproduz.

QUANDO VOCÊ COMEÇOU NA IMPRENSA, NAS DÉCADAS DE 1950 E 60, O JORNALISTA EM GERAL ERA ENGAJADO POLITICAMENTE. HOJE NÃO É MAIS?

Alguns são. Mas o principal é chegar a ser editor da TV Globo. O objetivo não é fazer uma boa imprensa, nem fazer um bom jornal, é chegar a um cargo importante. Há um curso aqui no Rio que fez um *outdoor* que me deixou horrorizada: "Se você quer virar notícia, entre para a faculdade de comunicação tal". Que é isso!? Jornalista não tem que ser notícia! Só se for assassinado! Tim Lopes é notícia, com toda razão, mas – que horror! – preferia que não fosse! Jornalista não tem que ser notícia, não tem que estar em coluna social!

Essa doença do jornalista-notícia deu mais na crônica. Hoje, aliás, a crônica de jornal acabou. Um gênero maravilhoso, criado por nós! Muita gente discute isso, diz que não é um gênero brasileiro. É. Garanto a você. Se você for olhar, do jeito que se fazia crônica no Brasil, não se fazia em lugar nenhum. Um pouquinho na França, se fez. Mas cronistas como Rubem Braga, Otto Lara Rezende, não existiam. A crônica como Callado fazia na *Folha de S. Paulo*, aos sábados. Hoje, você repara que, fora Luiz Fernando Veríssimo, que fala no macro, a maioria dos cronistas – e com isso sei que estou atingindo queridos amigos meus, mas não importa – fala de si: "meu carro enguiçou, meu cachorro morreu"... Não agüento mais ler essas coisas! Isso não é jornalismo! Jornalismo é você

---

[23] Programa semanal do jornalista Alberto Dines transmitido pela TVE.

levar para o público o que está acontecendo no mundo. Mais do que levar os acontecimentos, é fazer com que o público os entenda, é dar o contexto. Cadê o contexto?

MUDOU O TIPO DE JOVEM QUE VEM PARA O JORNAL? COSTUMO OUVIR QUE HOJE É A CLASSE MÉDIA QUE ESTÁ VINDO TRABALHAR EM JORNAL, ENQUANTO ANTES OS JORNALISTAS VINHAM DE UMA CLASSE SOCIAL MAIS BAIXA.

Talvez. Mas era sempre gente com muito interesse na leitura. Não vou citar o nome, porque hoje é um figurão da República, mas havia um rapaz que entrou no mesmo dia que eu no *JB*. Era um rapaz que vinha do Nordeste e que, literalmente, ia à casa do Odylo Costa, filho, para comer. Não sei quem eram os pais dele, mas sei que seguramente não tinham curso superior. Pois ele tinha lido todo o Thomas Hardy! Foi quem me fez descobrir Thomas Hardy! Isso, eu não vejo mais. Era um rapaz pobre, que vinha do Nordeste. Aliás, existe muito esse preconceito, no Rio e em São Paulo: acham que só existe vida inteligente nos centros culturais; acham que, se o sujeito veio do Piauí ou do Mato Grosso, como é que ele vai saber das coisas? Quando, na realidade, essa figura ainda existe, em lugares afastados dos grandes centros. Esse rapaz que vai à biblioteca, que procura conhecer, que quer estudar francês para ler Balzac no original, ainda existe no Brasil, mas só no interior. Nas grandes cidades, ele desapareceu. E eu acho fundamental que ele exista.

Não acredito em jornalista que só sabe a fofoca. Eles se acham importantíssimos: "Não, porque foi em 1957 que aconteceu isso", ou "fulaninho é primo de sicraninho"... É uma informação que é útil, claro, na hora de escrever a matéria, mas que na verdade revela pouco interesse numa coisa mais funda. E quando digo isso, não estou me citando como exemplo, não. Uma das mágoas que eu tenho na vida – talvez ainda tenha tempo de consertar – é exatamente não ter estudado filosofia. Eu queria muito fazer um bom curso de filosofia, voltar a ler os clássicos, que não leio há muito tempo. Raramente abro Proust, e quando isso acontece, leio uma página, digo "ai, meu Deus, estou atrasada para tal trabalho", ou "ai, não fiz não sei o quê", e fecho. Mas eu lia, antes. E acho que é isso que está faltando.

OUTRA COISA QUE COSTUMO OUVIR É QUE, HOJE, OS JORNALISTAS SÃO MAIS PROFISSIONAIS DO QUE ANTES. ANTES OS JORNALISTAS ERAM BOÊMIOS, TINHAM DOIS, TRÊS EMPREGOS. HOJE SÃO TOTALMENTE PROFISSIONAIS, DEDICADOS A UM SÓ JORNAL.

Também é verdade. Não sei, talvez eu goste do amadorismo romântico. Talvez seja um problema meu. Mas acho que os jornalistas ficaram profissionais demais, no sentido de que... viraram gerentes! O editor agora é um gerente! Que é isso!?

Por que isso acontece?

Porque a empresa mudou. Acho que estou, cem anos depois, repetindo Lima Barreto no *Recordações do escrivão Isaías Caminha*, que era um dos textos obrigatórios quando eu dava aula de história da imprensa. Por que estou repetindo? Porque Lima Barreto descreve aquele salto que houve na história da imprensa no início do século XX e se coloca reacionário, como eu, agora. Ele, reacionariamente, diz assim: "Que saudade do tempo em que o jornal era do fulano e do sicrano, que escrevia, que tinha idéias políticas. Agora é desse Loberant" — referia-se a Edmundo Bittencourt, do *Correio da Manhã* — "que só pensa no lucro". Foi o momento em que os jornais viraram empresa, em que entrou um equipamento caro, compraram-se máquinas novas. Lima Barreto lamentava isso. E eu, hoje, cem anos depois, estou bancando ele, lamentando que o jornal tenha virado isso, virado aquilo... O jornal, hoje, parece um banco! Os editores parecem meninos de financeira. A mentalidade "romântica", de acreditar que nós íamos melhorar o Brasil, que um povo bem informado poderia ter mais consciência, isso acabou. *Duvido* que alguém pense isso hoje, em alguma redação. Conscientizar a população? Que bobagem é essa? Tem que saber é se o FMI vai emprestar ou não! Acho que houve essa mudança. E que eu posso estar sendo saudosista e reacionária, que nem Lima Barreto há cem anos.

O que é o jornalismo?

O que é o jornalista? Jornalista é só aquele que escreve? É também aquele que apresenta a notícia?

É tudo isso. O jornalismo, hoje, está mais amplo do que nunca. Mas acho também que jornalismo, basicamente, é pouca coisa: é você captar a notícia, embalá-la bem, como dizia Lago Burnet, de acordo com o veículo que vai usar, e divulgá-la. A notícia e os comentários sobre ela, a notícia no sentido completo. Não só o fato. Não basta dizer que morreu fulano, é preciso dizer como. Se você disser que fulano foi assassinado, é uma coisa; se disser que um míssil matou fulano, já é outra. Você tem que saber dizer. Outro dia, por exemplo, eu disse que em jornalismo técnica e ética se confundem, e o professor Renato Janine Ribeiro disse que não, que ética é diferente. Não pude replicar, mas esclareço agora: professor, é que o senhor pensa que a técnica jornalística é uma coisa muito pequena. Não é. Não é só apurar corretamente; é contextualizar, é escolher a palavra, sabendo que a palavra é um instrumento poderosíssimo. Outra coisa que está acontecendo hoje é que a palavra perdeu o sentido. As pessoas usam qualquer palavra para dizer qualquer coisa. É impressionante! Leio o jornal anotando as palavras mal empregadas.

Mas, voltando, jornalismo é basicamente essas três coisas. A maneira de fazer mudou, mas o trabalho básico não. Acho que o jornalista hoje é o mesmo que era Charles Dickens. É o intermediário entre a população e a fonte do acontecimento, é quem vai buscar, quem vai saber. Por exemplo: "Lula está bebendo muito". Isso é assunto para jornalista? É. Porque tudo o que acontecer com uma autoridade é assunto. Se a rainha da Inglaterra estiver bebendo muito, também é assunto, porque sabe Deus o que ela vai fazer se der para beber. Agora, é jornalismo plantar notinha dizendo que o presidente está bebendo muito, para desmoralizar o presidente? Não é. Se for para investigar mesmo, a sério, se ele está bebendo muito, se bebe mais quando há uma crise, portanto, se sente insegurança, e se está recebendo algum apoio para essa insegurança terminar, aí eu acho que é perfeitamente um assunto jornalístico. O problema é que se planta a notinha, se cria a intriga... Isso não é jornalismo. Esse exibicionismo do jornalista também me aflige.

É COMUM DIZER-SE QUE HOUVE UMA RETOMADA DO JORNALISMO INVESTIGATIVO NO BRASIL QUANDO COMEÇOU A TRANSIÇÃO POLÍTICA, NO FIM DO REGIME MILITAR. MAS ESSE TIPO DE JORNALISMO PARECE TER-SE TRANSFORMADO, DEPOIS, EM DENUNCISMO. COMO É QUE VOCÊ VÊ ISSO?

Não é tão global assim, não é tão monolítico. Acho que sempre existe o jornalismo investigativo, dependendo do veículo, dependendo do profissional. Quando se fala em denuncismo, se usa uma palavra meio contra a imprensa, porque na realidade não se gosta quando a imprensa revela coisas. Eu queria era que a imprensa revelasse mais, que em vez de haver só a denúncia, houvesse a comprovação.

DENUNCISMO NO SENTIDO DE LANÇAR UMA DENÚNCIA SEM APURAÇÃO.

Mas aí é que está. Não apurar é falta de ética, porque a técnica foi mal empregada. A técnica manda que você não publique nenhuma acusação sem antes procurar conhecer toda a defesa. Isso é o óbvio, é o bê-á-bá. Se fulano diz que quem assaltou a casa dele foi você, Alzira, a primeira coisa que eu tenho que fazer é procurá-la e perguntar se você fez isso mesmo. É o óbvio ululante. Acho, claro, que não pode existir denuncismo. O que tem que haver é investigação sobre fatos. Mas hoje em dia, ao mesmo tempo que se fala em denuncismo, acontece muita coisa feia aí que não está sendo dita, e que os jornalistas sabem. Quando os jornalistas se encontram, contam horrores. Você abre o jornal, aqueles horrores não estão lá.

46   Elas ocuparam as redações

MAS VOCÊ NÃO ACHA QUE O JORNALISMO HOJE REVELA MUITO MAIS SOBRE O PODER DO QUE REVELAVA, POR EXEMPLO, NOS ANOS 50? NÃO HAVIA MUITO MAIS CONIVÊNCIA DO JORNAL COM O PODER DO QUE HÁ HOJE?

Ah, essa é uma bela pergunta. Os jornais, no Brasil, sempre viveram pendurados no governo. Uma vez eu entrevistei Licurgo Costa, que foi tesoureiro do DIP,[24] e ele me disse que no Estado Novo todos os jornais recebiam dinheiro. Eu disse: "Uai, mas diziam que o *Diário de Notícias* não recebia dinheiro do DIP..." Ele: "Ih, minha filha, esse é que era o pior. Pedia mais, porque falava mal do governo. Um dia fui falar com Lourival Fontes, e ele disse: 'Isso é com o homem, fale direto com o homem'. Fui ao dr. Getúlio e perguntei: 'Dr. Getúlio, o que é que a gente faz?' Ele disse: 'Dê, meu filho, dê, porque ele vai falar mal de qualquer jeito'". Havia isso. Depois, havia os subsídios. E havia o negócio de jornalista ser funcionário público. Isso foi uma coisa que acabou – estou falando das coisas negativas, mas também há coisas positivas. Eu me lembro de um dia Callado dizendo: "Ana, fiquei horrorizado. Na redação do jornal, sou o único editorialista que não tem emprego público". Ele nunca teve. Mas todos tinham. O que era uma forma de corrupção e de conivência. Isso melhorou. Ao mesmo tempo, repare, os jornais se endividam e vão procurar quem?

O GOVERNO.

Pois é. Então eu acho que o profissional se moralizou, o jornalista ficou mais profissional, porque não depende de emprego público, mas as empresas sempre viveram penduradas no governo. E falam mal do governo por isso. É a história do Getúlio. Falam mal até para poderem pedir mais.

COMO É QUE VOCÊ VÊ O PAPEL DO JORNALISTA NA SOCIEDADE? ELE É UM PRODUTOR, UM DIFUSOR, UM INTÉRPRETE DA INFORMAÇÃO? É UM FISCAL DO GOVERNO? É UM PROVOCADOR DOS ACONTECIMENTOS? É UM DEFENSOR DOS SEM-VOZ? MUITA GENTE ACHA QUE ELE É UM DEFENSOR DA POPULAÇÃO.

O jornalista tem essa pretensão, esse desejo. Pelo menos eu tinha, muita gente tinha. Mas acho que as três primeiras definições, sim: o jornalista é um produtor de notícias, um difusor de informação, não há dúvida, e é um intér-

---

[24] Departamento de Imprensa e Propaganda, órgão dirigido por Lourival Fontes, encarregado da divulgação do regime e da censura durante a ditadura do Estado Novo (1937-1945). Ver *DHBB*.

prete, tem que interpretar. A notícia pura, "morreu fulano", "caiu o avião", não quer dizer nada. Você tem que contextualizar. Claro, tem que começar dizendo: "aconteceu tal coisa". Mas jornalismo não é só isso. Isso é telégrafo, jornalismo é muito mais.

O jornalista também tem que criticar e fiscalizar o governo, sim. Por quê? Porque ele é um intérprete da população. A população pode fiscalizar o governo? Não pode. É o jornalista que pode ir lá e observar. Ele tem que ser, sim, um fiscalizador; a imprensa tem que ser fiscalizadora, é a sua função – estou usando *fiscalizador* porque infelizmente, no Brasil, a palavra *fiscal* é meio esquisita: não é quem fiscaliza, é quem achaca; mas o termo certo é fiscal mesmo. E é por isso que eu tinha muita esperança na figura do *ombudsman*. Que não pegou. Porque, se houvesse de fato um *ombudsman* nos jornais, como a imprensa estaria melhor! O *ombudsman*, aí sim, é que iria ser o defensor dos sem-voz. A imprensa em si não pode ser. Mas dentro do jornal tinha que haver uma figura que fizesse isso, um ouvidor – não se deveria nem chamar de *ombudsman*, porque ouvidor sempre existiu e é uma palavra muito bonita. Claro que já se tem seção de cartas, por exemplo. Mas as cartas são escolhidas, são selecionadas. A seção de cartas é uma continuação da página de artigos.

A imprensa é uma formuladora da agenda pública?

Não. Outro dia, exatamente, no programa do Dines, estava-se cobrando isso: que a imprensa não está formulando agendas. Não sei se a imprensa deve fazer isso. Pode, secundariamente, fazer isso. Mas, meu Deus do céu, para que é que a gente tem a dita democracia? Não temos representantes na Câmara dos Vereadores, na Assembléia Estadual, no Congresso? São esses representantes do povo que têm que fazer a agenda pública, não é a imprensa, não. Na minha opinião.

A mídia tem papel decisivo na formação da opinião pública? Se tem, isso é positivo?

Acho que a mídia não forma a opinião pública, não. Sabe por quê? Primeiro, a imprensa escrita, a imprensa propriamente dita, no Brasil, hoje, não é sequer um veículo de massa, porque pouquíssima gente lê jornal. A leitura de jornais, diante da população brasileira, é ridícula. Mesmo somando tudo. As pessoas compram jornal para fazer palavra cruzada, para ler a coluna tal... A leitura é mínima. Aí, vêm os otimistas e dizem assim: "Ah, não, as pessoas agora lêem na internet". Pelo amor de Deus! Vê o número de pessoas que lêem notícias na internet, diante da população brasileira! É também grotesco, é um número muito reduzido. Aí você diz: "Bom, mas tem a televisão, tem o rádio, que alcança um público enorme". A novela alcança; o *Big Brother* alcança. Noticiário... Todo mundo sabe que ninguém presta atenção em notícia de televisão. Sei disso porque, por exemplo, de vez em quando vou ao *Observatório da Imprensa*, e no dia seguinte é batata, vários amigos vêm dizer, orgulhosos: "Puxa, te vi na televisão. Você estava ótima!" Eu pergunto: "Mas você concordou com o que eu disse?" Nenhum sabe o que eu disse! Não se presta atenção em televisão; só aqui e ali, ruídos, pedaços. Como é que isso pode formar opinião pública?

Acho que o que influencia a opinião pública é o contato pessoal, mesmo. Aliás, existe um artigo que eu dei muito em sala de aula, de um professor da Universidade de Brasília, Gonzaga Mota Jr., que tem uma pesquisa maravilhosa sobre isso. Ele fez a pesquisa e viu que as pessoas formam suas opiniões com o vizinho e com a família, e não com os meios de comunicação. Sabe quem sempre soube disso muito bem? Brizola. Assisti ao Brizola quando ele se candidatou a governador pela primeira vez, aqui no Rio. Ele estava com seis pontos de intenção de voto, Sandra Cavalcanti estava com vinte e não-sei-quanto, não-sei-quem com não-sei-quanto. Luiz Carlos Barreto fez uma reunião com Brizola na casa dele e chamou um grupo grande. Fomos, Callado e eu. Fiquei ouvindo, ouvindo, e de repente, não agüentei. A tudo que perguntavam, Brizola dizia: "Não, porque no nosso governo... quando eu for governador... eu, governador..." Eu disse: "Governador" – a gente o chamava de governador por causa do Rio Grande do Sul – "peço desculpa, mas tenho que perguntar. Por que o senhor diz com tanta convicção que vai ser governador? Sei que quem se candidata tem sempre que achar que vai ganhar. Mas o senhor está tão lá embaixo nas pesquisas... O meu desejo é que o senhor ganhe, mas o senhor tem alguma razão para ter certeza de que vai ganhar?" Ele disse: "Tenho. Tive tantos votos quando fui candidato a deputado aqui no Rio. A população do Rio era tanto, agora é tanto. Tive voto, principalmente, em famílias pobres, famílias getulistas, famílias que conheciam o meu percurso. Essas famílias agora se multiplicaram; o pai que votou em mim vai continuar votando, e os filhos também vão votar. Não tenho dúvida de que vou ganhar". Ganhou. Com a imprensa toda contra ele.

O JORNALISTA TEM CREDIBILIDADE ENTRE OS POLÍTICOS? TEM CREDIBILIDADE JUNTO AO PÚBLICO?

Acho que entre os políticos, sim, quando o jornalista é correto. Aí entra a ética. Inclusive, repare que há muito trânsito: há muito jornalista que vira político, muito ex-político que vem para a imprensa. Se você pensar no passado, então, o jornalismo era uma profissão de políticos. Hoje, menos, mas já foi muito. O jornalista que cobre Câmara, que cobre ministério, tem que ter muito cuidado. E quem trabalha direito tem credibilidade, tem respeito. É claro que o jornalista desmoralizado é desmoralizado.

Agora, credibilidade junto ao público, acho que o jornalista não tem muita, não. É curioso como nas classes populares, sim, a figura do jornalista ainda é respeitada. Mas entre pessoas que receberam uma educação formal, é muito comum ouvir – é o que eu mais ouço nos ambientes em que circulo – coisas do tipo "jornalista só diz mentira", "jornalista só quer fazer sensação". O problema é que, quando um profissional é entrevistado, a reação dele é diferente da do político. O político precisa do jornalista, mas o cientista, por exemplo, diz: "Não adianta falar com os jornalistas, porque eles torcem tudo". Montei inclusive um curso de jornalismo científico, quando estava na UFRJ, para juntar jornalista e cientista. Há pessoas que dizem: "O que jornalista faz é um absurdo. Cortar o que o entrevistado diz! Não pode cortar!" É aquela idéia de que tudo o que você disser tem que sair igualzinho. Eu diria que isso é produto de um choque entre profissões, mais do que qualquer outra coisa. Mas noto uma resistência maior aos jornalistas entre os profissionais liberais. Um certo descrédito do jornalista.

ESTA ENTREVISTA PODERIA AINDA CONTINUAR POR MUITO TEMPO, MAS ESTÁ NA HORA DE ACABAR. VOCÊ GOSTARIA DE FALAR SOBRE ALGUMA COISA QUE NÃO FOI PERGUNTADA, PARA ENCERRAR?

Acho que uma coisa que talvez valha a pena explicar é por que eu desisti de dar aula; por que pedi licença na PUC e não pretendo voltar, embora adore os meus colegas, embora a PUC seja uma boa empresa para se trabalhar. É que aquilo que eu estava fazendo me deu um certo desalento. Tive a sensação de que não adiantava, de que tudo o que eu tentasse passar, tudo o que eu experimentasse com os alunos, ia ficar muito leve diante do fascínio deles pelas máquinas. Dar aula, para mim, é mais do que transmitir um ou outro conhecimento; é transmitir experiência e é despertar no aluno aquela vontade de saber mais. Quando o aluno vira para você e diz "ah, mas isso eu vou saber na internet", "ah, não, pelo amor de Deus, Machado de Assis não, não é, Ana?", tenho a sensação de que as pessoas não querem aprender, não. Elas querem uma fórmula mágica, que lhes ensine a, automaticamente, chegar na redação e fabricar uma notícia. Assim como os computadores já fazem tradução, e as pessoas acham que o tradutor vai ser dispensado, eu acho que os atuais alunos e os jovens jornalistas sonham com um computador que produza a matéria para eles... Isso me dá um certo desânimo.

Eliane Cantanhêde

Eliane Cantanhêde

Entrevista a Alzira Alves de Abreu
feita em Brasília em 15 de abril de 1998 e revista em dezembro de 2004.

O aprendizado no *JB*

QUANDO E ONDE VOCÊ NASCEU, O QUE FAZIAM SEUS PAIS, ONDE VOCÊ ESTUDOU?

Nasci em 5 de junho de 1952. Sou carioca – fajuta, porque moro em Brasília desde os nove anos de idade. Minha mãe é uma carioca de origem pobre, do subúrbio, mas uma determinada. Puxei isso dela. Começou a trabalhar aos 14 anos de idade num açougue e estudava à noite. Apesar de a família não ter nenhuma tradição intelectual, gostava de ler – até hoje é uma devoradora de jornais e assiste a todos os noticiários da televisão. Meu pai era um típico maranhense. Cantanhêde é de origem portuguesa, mas ele tinha um pouco de Jansen, holandês, e um pouco de índio, talvez, ou negro. O pai dele era usineiro de algodão no Maranhão, mas chegou a Cotonnière, multinacional, e destruiu os usineiros locais. Meu avô, que era um homem rico, faliu, ficou pobre, e meu pai foi mandado para o Rio de Janeiro para morar com um tio que era constituinte de 1946, Crepory Franco, casado com a irmã da minha avó. Ou seja, meu pai, que era elite no Maranhão, tinha estudado em colégio de padre, tinha sido muito bem formado, virou classe média pobre, ficou morando na casa da tia rica no Rio de Janeiro e casou com minha mãe suburbana. Os dois foram típicos funcionários públicos, ambos concursados: meu pai, do Banco do Brasil, e minha mãe, do antigo IAPFESP, depois do INPS e do INSS.

Viemos para Brasília em 1962 por uma razão muito interessante. Meu pai arranjou uma amante, minha mãe não podia admitir aquilo e então juntou o útil ao agradável. Foi à presidência do Banco do Brasil, que naquela época era importantíssima, ficou horas tomando chá de cadeira, mas afinal chegou lá na frente e disse: "Meu marido arranjou uma amante, e quero ir embora para Brasília". Os dois vieram para Brasília com a tal "dobradinha": meu pai ganhava em dobro e minha mãe também. Ou seja, ela salvou o casamento e fez um pé-de-meia! Viemos para ficar dois anos, e fiquei para sempre. Estudei no Colégio Salesiano – aliás, não gosto de colégio de freira, nenhuma das minhas filhas estudou em colégio de freira –, fiz clássico, cursinho e curso de comunicação na UnB, de 1971 a 1974. Uma época muito tumultuada.

POR QUE VOCÊ ESCOLHEU COMUNICAÇÃO?

Porque sempre gostei de ler e de escrever. Na segunda série primária, ainda no Rio, passei metade do ano sem pagar mensalidade na escola, porque tirei o prêmio de redação do Dia das Mães e ganhei uma bolsa de estudos. Não havia ninguém na família que tivesse a ver com jornal – para não dizer que não havia ninguém, meu pai tinha uma prima distante, Maria Helena Leitão, que era jornalista, mas não tinha nenhuma ligação comigo. Na minha cabeça de adolescente, eu achava que quem gostava de escrever e de ler devia ser jornalista. Quando fiz 14 anos, pedi de presente de Natal para minha mãe uma máquina de escrever, e ela me deu uma semiportátil que tenho até hoje, enorme, um trambolhão. O engraçado foi que pedi para minha mãe essa máquina, e ela, crente que estava abafando, me deu uma televisão portátil, que era muito mais cara, mais charmosa. Chorei que me acabei, porque eu queria a minha máquina de escrever... Com 14 anos de idade, portanto, eu disse "vou ser jornalista", e segui nessa linha. Sempre fui a primeira ou a segunda em redação; embora não saiba mais nada, estudei um pouco de latim, estudei francês com professoras francesas, fiz curso de inglês na Thomas Jefferson e participei de uma das primeiras levas de intercâmbio nos Estados Unidos. Quer dizer, sempre gostei de línguas, de viajar e de ter independência, o que é muito importante para o jornalista.

QUAL FOI O SEU PRIMEIRO TRABALHO EM JORNAL?

Meu primeiro trabalho em jornal foi um estágio. É até bom falar nisso, porque os jornais e os próprios sindicatos de jornalistas, com o tempo, acabaram com a figura do estagiário. Diziam – o que é mais uma burrice da esquerda brasileira – que o estagiário ocupa o lugar de um profissional e faz o jogo do patrão: logo, vamos acabar com o estágio. Só que nada é mais legítimo para selecionar jornalista do que estágio. Eu tinha um ano de faculdade quando apareceu uma vaga de estágio no *Jornal do Brasil*, que naquela época era o sonho de todo estudante de jornalismo. Comecei lá indicada por um professor. Os estagiários entravam, saíam, uma chorava, outra chorava, e eu fui ficando. Deu certo, e três meses depois fui contratada. Fiquei um ano no *Jornal do Brasil*. Sempre em Brasília, claro.

E O QUE VOCÊ FAZIA EXATAMENTE NESSE ESTÁGIO NO *JORNAL DO BRASIL*?

Eu era repórter e cobria a área de educação. Muito jovenzinha, muito menininha, muito apavorada... Eu sempre subia e descia os oito andares até a redação a pé, porque ficava num *stress*, num nível de tensão tão grande, que subir e descer as escadas relaxava. Também decorei todos os telefones de todos os departamentos e secretárias importantes do MEC... Eu tinha 20 anos de idade! Naquela época os jornais eram completamente diferentes. Houve um dia em que eu recebi nove pautas! Estudava a manhã inteira na universidade, ia trabalhar no *Jornal do Brasil* à tarde e recebi nove matérias para fazer. Quer dizer, era uma irresponsabilidade completa e absoluta, porque, se nem um jornalista experiente escreve nove matérias boas num dia, imagina uma garota que mal estava começando!

COMO ERA COBRIR EDUCAÇÃO, MEC, NO INÍCIO DOS ANOS 70, COM A IMPRENSA SOB CENSURA?

Passarinho era o ministro da Educação,[1] havia o Decreto 477[2] – que era o instrumento de repressão ao movimento estudantil –, e havia toda uma discussão sobre o que fazer com o ensino superior, o que fazer com as escolas técnicas. Aquilo era uma discussão política, mas que não podia ter cara de política. O que era a minha matéria? "Ministro da Educação vai anunciar um programa de não-sei-quê." Era uma coisa muito primária. O curioso é que depois disso, ainda no *Jornal do Brasil*, em plena ditadura, governo Médici, fui cobrir militares. Imagina! Uma garota, segundo ano da universidade! O que era cobrir militares? Eles faziam umas solenidades em que havia uns currais, como a gente chamava: uma cerca, os militares todos de um lado e os jornalistas do outro. Quando acabava, o jornalista recebia a cópia do discurso e escrevia: "Ontem houve a solenidade de não-sei-quê. Fulano disse: aspas, fecha aspas". Mesmo com toda essa dificuldade, com toda essa limitação, acabava-se conseguindo penetrar um pouquinho mais –

---

[1] Jarbas Passarinho foi ministro da Educação no governo Médici (1969-1974). Ver *DHBB*.

[2] O Decreto-Lei nº 477, baixado pelo presidente Costa e Silva em 26 de fevereiro de 1969, dois meses após a edição do AI-5, definia as infrações disciplinares de cunho político e previa as penas correspondentes aplicáveis a professores, alunos e funcionários dos estabelecimentos de ensino. Ver *DHBB*.

o que é o *tchã* do jornalismo. Descobri, meio por intuição, que o pessoal da Aeronáutica era mais aberto para os jornalistas, e às vezes ia tomar cafezinho no Cenipa, Centro de Investigação e Prevenção de Acidentes Aeronáuticos. Ficava lá – houve um dia em que fiquei jogando dardo com os oficiais jovens –, e sempre conseguia uma informação, sobre um acidente, uma compra de avião militar, enfim... No MEC também foi um pouco assim. Apesar de todas as limitações, acabei fazendo alguns conhecimentos na área de ensino superior. E fui aprendendo.

NA REDAÇÃO, ALGUÉM A ORIENTAVA? COMO É QUE VOCÊ APRENDIA?

Isso é uma coisa que depois eu me preocupei muito em corrigir. Minha carreira tem oscilado entre chefia e reportagem, e quando sou chefe, sou uma chefe-professora. Mas naquela época era tudo muito empírico. Além disso, havia uma disputa política interna enorme, as redações eram muito conflagradas. Na verdade, toda redação tem uma política interna muito nervosa, porque somos todos muito falantes, muito críticos, e isso cria uma cultura de muita disputa. Naquela época, eu tinha dois chefes que brigavam um com o outro. Nesse dia das nove pautas, um me chamou e deu cinco pautas; o outro ficou danado da vida, me chamou e deu mais quatro!

Há um episódio curioso. Carlos Castello Branco, o Castelinho, ídolo de uma geração inteira de jornalistas, fazia a *Coluna do Castello* e acumulava a direção de redação.[3] Logo depois que comecei ele teve um infarto, e o substituto dele na coluna foi D'Alambert Jaccoud, que depois foi para a advocacia e foi advogado do PC Farias. Mas D'Alambert era um homem de esquerda, tanto que ficou exilado numa embaixada em 64. Um dia, D'Alambert escreveu a coluna – naquela época era papel e máquina de escrever –, entregou, e a coluna sumiu. Evidentemente foi um sumiço político, porque se sabia que D'Alambert era de esquerda, e havia a contrapartida da direita dentro da redação. Quando pressionaram o secretário de redação – era André Marques, jornalista daqueles antigos, que fumava um cigarro atrás do outro, deixava cair a cinza, ficava todo sujo –, ele ficou apavorado e disse: "Eu desci dez minutos, e quem ficou aqui foi a Eliane. Então, foi ela!" Eu não era nem de esquerda nem de direita, era uma garotinha que só pensava em jornalismo 30 horas por dia, imagina se eu ia roubar a coluna do D'Alambert! Ficou todo mundo olhando para mim, e eu sem ter o que dizer. Dois dias depois, o André, arrependido, porque era uma boa alma, me pediu

---

[3] Convidado em 1962 para organizar e chefiar a sucursal do *Jornal do Brasil* em Brasília, o jornalista Carlos Castello Branco publicou sua coluna política no jornal desde então até falecer, em 1º de junho de 1993. Ver *DHBB*.

desculpas e me deu uma boneca Barbie, que ele dizia que era parecida comigo... Coisas da ditadura, que criava esse tipo de disputa dentro das redações.

Mas você me perguntou sobre orientação, formação. Nós éramos muito soltos. "Vai lá e faz." Quando o chefe diz isso, joga toda a carga no talento, na disposição individual. Isso, evidentemente, não é uma boa formação em área nenhuma, muito menos no jornalismo. Inclusive, houve um outro episódio. Um repórter, cujo pai era amigo de não-sei-quem, conseguiu marcar uma entrevista com o ministro Buzaid,[4] que não falava com ninguém, tinha horror a jornalista. Foi um grande sucesso, todo mundo comentava no jornal: "Ah! Ele vai falar com o Buzaid! Fantástico!" O garoto chega – também tinha 20 anos de idade –, pega um gravador, que naquela época era enorme, põe na mesa do Buzaid, liga e diz: "Pode falar". Buzaid pergunta: "Mas meu filho, pode falar sobre o quê?" Ele: "Pode falar sobre o que o senhor quiser". Buzaid ligou para a redação do jornal e fez queixa: "Vocês não me mandaram um jornalista, me mandaram um beócio!" E o menino foi demitido. Agora, sinceramente, quem tinha que ser demitido? Era o menino ou era o chefe do menino que tinha conseguido uma entrevista importantíssima, que ninguém conseguia? O menino teve o mérito de conseguir, mas você tem que chegar e dizer: "Meu filho, esse sujeito é assim, o que ele apita é isso, você começa a entrevista bonzinho, depois esquenta um pouco, faz uma pergunta mais picante..."

A formação de jornalista, na minha época, dependia muito de cada pessoa. No meu caso, como comecei a estagiar com um ano e meio de curso, o jornalismo foi automaticamente substituindo a faculdade, porque eu aprendia muito trabalhando. Eu pegava uma superprofessora, diretora do ensino fundamental, e ela ficava uma hora comigo falando da área dela. Aquilo era muito mais do que uma aula de um professor na universidade, que ia me ensinar o que eu já sabia, que era escrever.

E POR QUE VOCÊ SAIU DO *JORNAL DO BRASIL* DEPOIS DE UM ANO?

É até chato falar, mas vamos contar a verdade. Sabe por que eu fui demitida do *Jornal do Brasil*? Porque eu tinha um colega que era casado com uma mulher maluca, eles eram um casal louco, e ela cismava que ele tinha uma amante. Jornalista tem muito essa coisa de sair do jornal e ir para barzinho, e lá todo mundo fuma, todo mundo bebe, enfim, a conversa continua, porque você trabalha 24 horas por dia. Essa mulher ficou na espreita, escondida atrás de um prédio, fomos todos saindo para o barzinho, saiu um, saiu outro, saí eu e sentei do lado dele. Eu tinha 20 anos de idade, toda menina de 20 anos é bonitinha, se usava

---

[4] Alfredo Buzaid foi ministro da Justiça no governo Médici (1969-1974). Ver *DHBB*.

56 Elas ocuparam as redações

minissaia... Ela deve ter ficado impressionada com aquilo, encasquetou que eu era a amante, e fui demitida do *Jornal do Brasil*! E eu era virgem!

A DIREÇÃO DO JORNAL SE PORTAVA ASSIM NAQUELA ÉPOCA?

Houve o seguinte: quando Castello teve um infarto, fizeram uma espécie de intervenção na sucursal de Brasília. O interventor era Walter Fontoura, um homem duro, forte. Para você ter uma idéia, eu me lembro que estava tão fascinada por aquilo tudo que um sábado de manhã saí da universidade e fui para a redação, embora não fosse o meu plantão. Eu estava de calça comprida, com uma blusa que deixava aparecer literalmente um dedinho de barriga, e Walter Fontoura me deu uma baita bronca, porque eu não estava vestida de acordo com a empresa. Eu disse: "Mas eu não estou de plantão, não estou trabalhando! Só vim ler o jornal..." Não importava. Ele também demitiu um garoto que na minha geração era uma grande promessa de jornalista, porque ele tinha cabelo comprido. Isso abateu tanto esse garoto que ele nunca conseguiu ser jornalista. Quando fui demitida, a explicação era que eles não tinham nada a ver com aquilo, mas eu estava prejudicando o trabalho, porque a mulher fazia escândalo.

ISSO É BOM PARA ENTENDER MELHOR COMO ERA O CLIMA DENTRO DE UMA REDAÇÃO NOS ANOS 70. HOJE ISSO NÃO EXISTE MAIS, MAS NAQUELA OCASIÃO ESSE TIPO DE COISA ERA POSSÍVEL.

Era, e só estou contando isso porque acho que o momento político nunca é separado da cultura e dos costumes, estão sempre muito ligados. Isso, obviamente, era resultado de um momento político em que as pessoas que se sentiam com um mínimo de autoridade também se achavam donas do destino do outro. E só para ficar claro, para não ser hipócrita: fui demitida, virgem, acusada de estar namorando um homem casado. Por toda essa confluência de coisas, depois que saí do *Jornal do Brasil*, vim efetivamente a namorá-lo.

A universidade na *Veja*

DEPOIS DO *JORNAL DO BRASIL*, ONDE VOCÊ TRABALHOU?

Aí aconteceu a grande coisa da minha vida, que foi ir para a *Veja*. O diretor da sucursal era Pompeu de Souza.[5] Um liberal. Nunca foi de esquerda, mas

---

[5] Ver neste volume depoimento de Ana Arruda, nota 13.

era um legalista, um homem muito justo, e um humanista, dono de uma cultura geral enorme. Uma figura fascinante. Acompanhou a minha saída do *Jornal do Brasil*, nem me conhecia, mas percebeu que aquilo era uma sujeira enorme e me chamou para trabalhar. Era 1973, eu ganhava 718 cruzeiros no *Jornal do Brasil* e fui ganhar dois mil na *Veja*. E fui trabalhar no centro da elite do jornalismo. Naquela época, trabalhar na *Veja* era o máximo.

Minha grande universidade foi a *Veja*. Comecei em educação, foi dando certo, expandi para saúde, que adoro até hoje, e depois para trabalho. Quanto mais ia dando certo, mais eu ia acumulando tarefas. E essa área, chamada social, tinha duas vantagens: primeiro, era onde a censura atuava menos; segundo, tudo terminava na quinta-feira. Eu ficava lá, na quarta, até de madrugada, batia todas as minhas matérias, acabava o que tinha de fazer às quatro e meia da manhã de quinta, e tinha o resto da semana para curtir política. Aí ia para o Congresso, assuntava etc. Foi um período riquíssimo.

Ao contrário dos jornais, a *Veja* era uma boa formadora de jornalistas. Jamais aconteceria de um repórter chegar na frente do ministro da Justiça, ligar o gravador e dizer: "Vai falando". Nós tínhamos pauta. Segunda-feira, nos reuníamos com Pompeu, pegávamos o que vinha de São Paulo, juntávamos as nossas idéias, cada um de nós fazia uma crítica do trabalho da semana anterior, fazia-se a projeção daquela semana, discutia-se o quadro político... Aquilo era muito melhor do que qualquer aula da UnB, ou de qualquer outra universidade. Ficávamos ali de dez a uma discutindo política! Eu era fascinada por aquilo. Quando ia fazer uma matéria, tinha alguma leitura sobre o assunto, sabia quem era o personagem, qual era a linha que a *Veja* queria dar. Na verdade, nós estudávamos muito na *Veja*, líamos e tínhamos acesso a pesquisas.

A *Veja* também era muito agitada. Era o momento da abertura, que começou com o governo Geisel, em 1974. O movimento estudantil pós-68 ressurgiu em Brasília, e eu cobria movimento estudantil. Mas fazia outras coisas também. Por exemplo, o melhor ministro da Saúde que o Brasil já teve foi Paulo de Almeida Machado.[6] Eu gostava muito dele e da equipe, que era toda muito bem formada, eram todos sanitaristas. Um dia ele me deu uma entrevista e disse: "Temos uma epidemia de meningite". Era um furo bárbaro! Só que a matéria ainda nem tinha chegado a São Paulo – naquela época escrevia-se a máquina e transmitia-se por telex – e foi censurada. Eu disse: "Dr. Paulo, acabo de ter uma das grandes decepções da minha vida, porque acho que o senhor e a sua equipe são excelentes, inclusive de caráter, mas, se a censura cortou a matéria antes de ela chegar a São

---

[6] Paulo de Almeida Machado foi ministro da Saúde no governo Geisel (1974-1979). Ver *DHBB*.

Paulo, só o senhor pode ter falado. Como é que eles iam saber que eu tinha uma exclusiva com o senhor?" Ele se tomou de brios: "Em hipótese alguma!" Sentou comigo, repetiu a entrevista inteira, e saiu uma semana depois. Não sei como eles souberam que nós tínhamos a entrevista, mas censuraram antes de ela chegar.

O AUGE DA CENSURA NA *VEJA* FOI EXATAMENTE NO PERÍODO GEISEL, APESAR DA ABERTURA.

Pois é. Mas quando eu cobria movimento estudantil, também fazia matérias para o *Movimento*,[7] e não saía nada. Eu já estava quase escrevendo que os alunos eram horríveis e a ditadura era linda, só para conseguir emplacar alguma coisa... Já a *Veja* pintou e bordou na cobertura do movimento estudantil na UnB. Fizemos um bom trabalho. A *Veja* foi muito marcante na minha vida. Fiquei oito anos lá. Durante muito tempo, fui a recordista de permanência, porque era um entra-e-sai danado, todo mundo muito jovem.

POR QUE VOCÊ SAIU DA *VEJA*?

Por um desgaste natural. Casei, tive minha primeira filha, tive minha segunda filha, e virei muito "móveis e utensílios". O que contou mesmo para o desgaste, na reta final, foi que eu trabalhava loucamente e não era reconhecida. Minha filha mais velha, Manuela, teve uma infecção urinária que não sarava, e então eu vinha trabalhar, voltava, pegava a Manuela, levava ao médico, voltava para casa, entregava a Manuela, voltava para trabalhar... Fiquei num *stress* horroroso, me matando de trabalhar, e a *Veja* não reconhecia. O que é que a *Veja* achava? "Ih, mulher casada, com filho... A Eliane já não é mais a mesma. Isso aí vai caminhar para uma dona de casa, para uma profissionalzinha acomodada..." Eu sentia isso, mas não conseguia rebater. E fui ficando muito infeliz de ver que, por mais que eu trabalhasse, estava sendo carimbada com aquele "ih, casou, virou mãe"... Uma vez o meu chefe, que na época era Dirceu Brisola, sentou comigo na sala dele e disse assim: "Eliane, por que você agora vive reclamando, quer espaço, quer tudo? Você é tão bonita, todo mundo aqui gosta tanto de você, do que é que você reclama?" Olhei para ele e chorei, porque não tinha o que dizer. O que é que eu ia dizer? "Eu não quero ser bonita, quero que reconheçam a minha competência, o meu trabalho, a minha dedicação! Eu me mato de trabalhar!" Vi que eu

---

[7] Jornal semanal paulista lançado em julho de 1975 por um grupo de jornalistas que pouco antes se havia desligado do semanário carioca *Opinião*, fundado em novembro de 1972. Ambos os jornais foram críticos do regime militar e por isso sofreram censura e apreensões. *Opinião* foi extinto em abril de 1977, e *Movimento*, em novembro de 1981. Ver *DHBB*.

estava ficando muito estigmatizada, que a *Veja* também já tinha dado o que tinha que dar... Eu adorava a *Veja*, mas senti que estava na hora de dar o passo seguinte.

QUANDO VOCÊ SAI DA *VEJA*, VAI PARA ONDE?

Vou para uma experiência chamada *DF Repórter*, uma *newsletter* para um público dirigido. Em tese, era para dar o bastidor da notícia, aquela notícia que não sai na grande imprensa, mas que conta como é que as coisas funcionam. Quem editava era Luiz Gutemberg, que tinha sido da *Veja* antes da minha época. Muito inteligente, muito falante, muito esfuziante, Gutemberg tinha criado em Brasília um jornal chamado *José* – naquela geração, todo jornalista sonhava ter o seu próprio jornal, para fugir da censura, para escrever o que bem entendesse. Mas *José* não era um *Opinião*, um *Movimento*, não era um jornal engajado; era um jornal de variedades, com política também, para o público em geral. Como era um jornal muito aberto, Gutemberg quis fazer uma coisa mais sofisticada, e fez esse *DF Repórter*. Fomos trabalhar lá José Negreiros e eu. Tínhamos uma equipe pequena de montagem, e também um *stringer*, que é o jornalista que passa a notícia por telefone. Fiquei um ano. O projeto era muito requintado, mas não deu muito certo, porque eles não tinham dinheiro e não tinham como nos pagar.

Estréia na política

E O PASSO SEGUINTE?

Voltei, então, para o *Jornal do Brasil*, numa grande época. Era 1982, já havia um início de preparação da campanha do Maluf, e o diretor em Brasília era J. B. Lemos, que era muito ligado ao Maluf.[8] O chefe de redação era Ricardo Noblat. Nessa fase, fiz de tudo no *JB*. Minha área original não era política, mas em um ano virei coordenadora de política. E acho que fui uma boa coordenadora. Descobri que, para ter *feeling* político, para entender de política, eu não precisava estar dentro do Congresso, porque quando eu cobria educação, saúde, militar, tudo era política. Portanto, quando fui cobrir a questão partidária, eu estava apta a entender o processo. Depois, fui coordenadora de economia. Eu não entendia nada de economia, mas entendia de jornalismo e mobilizava a equipe. Foi muito agradável ser coordenadora de economia, mas não era a minha praia. Fui substituta do Castello, o que é um grande orgulho da minha vida. Eu o substituía

---

[8] Encerrado o governo de Paulo Maluf em São Paulo (1979-1982), começaram as articulações para o lançamento de sua candidatura pelo partido do governo, o Partido Democrático Social (PDS), à sucessão do general João Figueiredo na presidência da República em 1985. Ver *DHBB*.

às segundas-feiras. Além disso, tive também uma coluna assinada que se chamava *Coisas da Política*, na página 11, todo sábado.

COMO FOI ESSA EXPERIÊNCIA DE SUBSTITUTA NA *COLUNA DO CASTELLO*?

A primeira coluna que fiz foi sobre um aniversário do Golbery,[9] no sítio dele. Evidentemente, naquela situação, eu não ia ter nenhuma informação exclusiva, nenhuma informação política qualificada. O que foi que eu fiz? Fiz uma crônica sobre os personagens e sobre a cena. Castelinho, homem sério, duro, nordestino, olhou e disse assim: "Agora qualquer um já pode escrever na minha coluna?" Eu ali, jovem, trêmula... Essa foi a primeira coluna, e acho que foi bem posicionada, porque eu não inventei de ser grande analista política, apenas reproduzi uma cena, e ficou uma coisa decente.

Não sei quantas colunas depois, escrevi um texto dizendo assim: "O PDS tem tantos votos no Colégio Eleitoral. Maluf tem tantos votos no PDS. Logo, Maluf vai ser presidente da República. Está certo ou está errado? Errado. Errado, porque política não é aritmética, porque a política e o voto do PDS também sofrem influência do momento, dos estudantes, dos empresários. E faltam condições para o momento a Paulo Maluf, que é um bom articulador de votos individuais, mas não é uma figura que se imponha politicamente". Nesse dia, Castelinho, que estava numa outra sala – ele nunca vinha à redação, só entregava a coluna e ia embora –, atravessou tudo, veio lá na minha salinha e disse: "Vim te cumprimentar. É a coluna que eu gostaria de ter escrito". Aquilo, para mim, foi inesquecível. Inesquecível! Eu trabalhava de nove da manhã até meia-noite, todo dia, e aquilo para mim foi tão importante, tão importante! Foi uma coisa muito legal do Castelinho, que era o ídolo de todos nós.

ATÉ QUANDO VOCÊ FICOU NO *JB*?

Vivi no *JB* toda aquela fase de abertura, Tancredo, Sarney, e só saí em 1988. O *JB*, diga-se de passagem – já que fiz referência a Maluf – teve uma tendência malufista uma certa época,[10] mas nós, na sucursal de Brasília, demos

---

[9] Chefe do Gabinete Civil da Presidência da República nomeado por Geisel em 1974 e confirmado por Figueiredo em 1979, ò general Golbery do Couto e Silva havia pedido demissão do cargo em agosto de 1981. Na época, levantou-se a hipótese de que teria tomado a decisão por discordar do arquivamento do inquérito sobre o atentado do Riocentro. Ver *DHBB*.

[10] Em 1984, enquanto a campanha pelas eleições diretas para a presidência da República ganhava as ruas, o *Jornal do Brasil* apoiou a candidatura de Paulo Maluf às eleições indiretas. Somente às vésperas da eleição de janeiro de 1985 o jornal passou a apoiar o candidato da oposição, Tancredo Neves, que derrotou Maluf no Colégio Eleitoral. Ver *DHBB*.

grandes furos, falando de Aureliano Chaves, de Tancredo Neves e de toda a reação ao Maluf. Quer dizer, o jornalismo se impôs, contra uma posição do jornal, pela competência e pela notícia. E isso foi um trabalho coletivo, porque a equipe era maravilhosa. As pessoas tinham convites para ganhar o dobro em outros lugares e não iam.

Mas o que foi que aconteceu? O jornalismo é muito tenso, tem ciclos muito rápidos, e chegou um momento em que Noblat caiu – caiu da chefia, mas não saiu do jornal, ficou como colunista; só seria demitido com a vitória do Collor, em quem ele bateu muito durante a campanha. Quando Noblat caiu, veio Etevaldo Dias. Etevaldo era um simpaticão, um boa figura, tinha sido presidente do Clube da Imprensa, que durante muito tempo foi um lugar muito agregador. Tinha saído do *JB* para a *Veja*, mas, quando voltou para o *JB*, era um outro Etevaldo. Tinha na cabeça o fantasma do Noblat e começou a rejeitar todo mundo que era ligado a ele. Eu era ligada ao Noblat – considero-o um grande jornalista –, mas já era velha o suficiente para ter independência. Mas Etevaldo meio que me colocou na vala comum das "viúvas" do Noblat, e aí não deu certo. Trabalhei com ele um tempo e achei horroroso. Não era meu estilo, e saí.

Depois que eu saí, veio a eleição de 1989, e Etevaldo fez campanha para o Collor no jornal. Quando Collor começou a cair em 1992,[11] quando ficou sem ninguém por perto, convocou os caras da Operação Uruguai[12] e chamou Etevaldo para ser seu porta-voz.[13] Etevaldo foi o único jornalista do país que escreveu uma matéria dizendo que a Operação Uruguai era legítima e correta.

---

[11] As dificuldades do presidente Fernando Collor de Mello começaram em maio de 1992, quando seu irmão, Pedro Collor, divulgou graves acusações a Paulo César Farias, o PC, seu tesoureiro de campanha. Em 26 de maio, a Câmara dos Deputados criou uma Comissão Parlamentar de Inquérito para apurar as acusações. A CPI iniciou seus trabalhos em 1º de junho e encerrou-os em 26 de agosto de 1992. Com base nas provas colhidas pela CPI, em 1º de setembro foi oferecida à Câmara denúncia contra Collor por crime de responsabilidade civil. Em 29 de setembro, a Câmara aprovou a abertura do processo de *impeachment*, o que significou o afastamento de Collor da presidência. Ver Fernando Lattman-Weltman, José Alan Dias Carneiro e Plínio de Abreu Ramos, *A imprensa faz e desfaz um presidente* (Rio de Janeiro, Nova Fronteira, 1994).

[12] Nome com que ficou conhecido um empréstimo junto a uma financeira no Uruguai, invocado perante a CPI pelo ex-secretário particular do presidente Collor, Cláudio Vieira, para explicar o custeio das despesas pessoais do presidente. Id. ibid.

[13] Etevaldo Dias tornou-se secretário de Imprensa do governo Collor em agosto de 1992.

Para onde você foi quando saiu do *JB*?

Fui para o *Estadão*, e no grande momento do *Estadão*, quando Augusto Nunes, meu velho amigo da *Veja*, entrou para acabar com aquela coisa horrorosa que estava ali, cheia de mofo, e transformá-la num jornal moderno, competitivo.[14] Portanto, entrei na *Veja* num grande momento, entrei no *JB* num grande momento e entrei no *Estadão* num grande momento, que foi o do grande projeto de renovação.

Quem a convidou para o *Estadão*?

O próprio Augusto Nunes. Entrei como repórter especial e depois fui fazer a coluna política, um artigo diário sobre a eleição de 1989. Mas não deu certo, porque numa coluna política você tem que ter um mínimo de autonomia e independência, e o *Estadão* queria uma matéria cheia de aspas, sem opinião, sem análise, enquadradinha. Quando Collor começou a crescer, o *Estadão* foi entrando na do Collor, e a minha coluna ficou sem personalidade, sem independência. Foi a época, também, em que meu pai morreu. Para mim, era cômodo fazer uma coluna que não repercutia, exatamente como eles queriam. Eu chorava a morte do meu pai, fui fazer terapia... Oitenta e nove foi um ano que não foi bom, profissionalmente. Eu também cometi um equívoco profissional, porque tenho tanto pavor do Collor – sou de Brasília, Collor também era, eu sabia das histórias – que não consegui ter frieza de análise e virei uma colunista covista.[15] Não foi um ano profissional rico, apesar de o *Estadão* estar vivendo um grande momento.

Aliás, eu dei um furo histórico no *Estadão*: dei na primeira página que Jânio tinha tido um derrame enquanto estava viajando na Turquia. Essa história é ótima. Um dia, eu não tinha nada para escrever e saí andando pelo Congresso, para ver quem estava lá. Tudo muito vazio... Fui ao gabinete do senador José Agripino Maia, do PFL, tomar um café com ele e jogar conversa fora. Já ia indo embora quando ele disse: "Ih, coitado do Jânio"... Perguntei: "Por quê?" O irmão dele era diplomata, estava servindo na Europa, e ele estava visitando o irmão,

---

[14] Ver o depoimento de Augusto Nunes em *Eles mudaram a imprensa: depoimentos ao CPDOC*, op. cit.

[15] Mario Covas concorreu à eleição presidencial de 1989 na legenda do PSDB, mas foi eliminado no primeiro turno. Ver *DHBB*.

quando chegou o Jânio, literalmente amparado. Não conseguia sentar, não conseguia levantar, e disse a ele: "Tive um *minor stroke* enquanto estava na Turquia". Ninguém sabia disso aqui, e eu publiquei. E essa foi a minha grande mágoa no *Estadão*, inclusive pedi demissão, fui embora para casa aborrecida, porque no dia seguinte o editor de política, que era o Nêumane Pinto, escreveu uma matéria enorme dizendo: "Imagina, só os ingênuos vão acreditar que Jânio teve mesmo um derrame, porque isso é jogo do Jânio". Aí vinha com toda a coisa histórica: "Ele jogava o pé, virava o olho, é histriônico, isso faz parte do marketing do Jânio". Desqualificando a minha matéria. No dia seguinte, Augusto Nunes escreveu alguma coisa na mesma linha. Fui para a reunião de pauta e disse: "Olha, se as pessoas, sem dar um telefonema, deduzem que isso é mais um jogo do Jânio, o jornal não precisa de repórter. Eu não sou acadêmica, não sou teórica, sou uma jornalista de campo. Se a minha informação não vale, vocês fazem o jornal, e eu vou para a minha casa". Fui embora para casa. Augusto ficou uma hora no telefone comigo, até que voltei para trabalhar.

Nêumane Pinto publicou até um livro contando essa história. Anos depois, encontrei com ele e perguntei: "Nêumane! Você já fez a errata do seu livro?" Ele: "Como, errata?" Eu disse: "Ué, Jânio teve o segundo derrame, teve o terceiro derrame, morreu de derrame, e você continua achando até hoje que foi um jogo de cena! Que ele fez um marketing para que nós, os ingênuos, publicássemos!" Ele: "Ahn, sim, bem, então, até logo..." Essa é uma história bem ilustrativa da reportagem. Reportagem é reportagem. A dedução nunca pode ser melhor do que a apuração.

QUANDO, AFINAL, VOCÊ SAIU DO *ESTADÃO*?

Saí em dezembro de 1990. E aconteceu uma coisa interessante. Eu estava muito estressada, muito infeliz com a morte do meu pai, descobri que as minhas filhas tinham crescido e eu não tinha visto, porque nunca tinha tempo... Meu marido, Gilnei Rampazzo, que também é jornalista, era diretor de redação da Globo em Brasília. Com a campanha do Collor, a Globo teve uma espécie de cisma, e saíram vários, entre eles meu marido. Mas a Globo é muito generosa nesses momentos: dá bônus, dá não-sei-quê, e ele saiu com um bom dinheiro. Vendemos então os dois carros, juntamos tudo e fomos brincar de *hippie* na Europa. Eu, meu marido e minhas duas filhas, Manuela e Marina, que na época tinham 12 e 10 anos, fizemos uma malinha cada um, com calça jeans, tênis, um casaco, camisetas para o verão, e fomos embora. Compramos um carro francês e ficamos quase um ano na Europa, até o dinheiro acabar. Foi um reencontro meu com as minhas filhas, meu com meu marido. Fomos brincar de uma família normal e saudável.

Pesou muito, na decisão desse exílio dourado, a eleição do Collor, porque eu vi que aquilo não era para mim. Eles não gostavam de mim, eu estava caindo na vala comum do jornalista médio e não engrenava. Fiz uma viagem para cobrir o Collor em Nova York, e foi uma experiência lamentável. Eu, na porta do restaurante a uma hora da manhã, morta de cansada, me chega a Zélia[16] com um cabelinho lisinho, de escovinha, numa carruagem... Os fotógrafos que perderam a cena alugaram outra charrete para ela fazer tudo de novo – aí já eram duas horas da manhã, e eu ali em pé, vendo aquilo... Pensei: eu não nasci para isso! Não tenho mais idade para isso! Depois, no Central Park, desde não sei que horas da madrugada esperando o Collor, porque o Collor ia correr... Os jornalistas alvoroçados, um aluga bicicleta, o outro aluga charrete, o outro põe *training* para sair correndo atrás do Collor... Eu disse: "Não corro tanto quanto o Collor e não vou sair correndo atrás dele! Se ele for assassinado ali na esquina, são sete horas da manhã, dá tempo de eu recuperar como é que foi. Não vou fazer isso!" Fomos andando, eu e Paulo Henrique Amorim, e a jornalistada toda correndo atrás do Collor, esbaforida. Foi aí que eu disse: "Esse negócio de Collor, de Zélia, não dá!" E fui embora.

Da chefia à coluna

E DEPOIS DA TEMPORADA NA EUROPA? AFINAL, EM ALGUM MOMENTO HOUVE UMA VOLTA AO TRABALHO.

Enquanto eu estava na Europa, recebi um telefonema do Ricardo Sette me convidando para inaugurar uma nova coluna de notas no *Estadão*. Eu disse: "Olha, Ricardo, eu adoraria, mas estou me dando um ano de vida normal, entendeu?" E não voltei, fiquei lá. Só quando acabou o dinheiro foi que voltamos. No dia em que cheguei, tive dois convites de emprego – faço questão de dizer, porque me orgulho disso. Fiquei um ano fora, a família do meu marido e a minha dizendo "ah, meu Deus, o desemprego!", e no dia em que cheguei tive dois convites, um do *Globo* e outro do *Estadão*. Estava havendo uns tremeliques no *Estadão*, a chefia estava mudando, eu não queria me meter em confusão e fui para *O Globo*, como repórter especial. Fiquei um mês e pouco no *Globo* e fui chamada de novo

---

[16] Zélia Cardoso de Melo foi ministra da Economia de 15 de março de 1990 a 6 de maio de 1991. Ver *DHBB*.

pelo *Estadão*, para fazer uma coisa dupla: ser editora de política em Brasília, que era uma experiência nova, porque os editores sempre ficam na sede, e fazer a tal coluna de notas, que tinha começado com Luciano Suassuna. Aceitei, e foi uma experiência muito legal, porque peguei a coluna num grande momento, que foi a época da CPI e do *impeachment*.

Essa segunda fase no *Estadão* foi muito boa, até que um dia fui convidada para ser diretora de redação do *Globo* em Brasília. E aí acho que eu errei: troquei uma coluna que me dava muita visibilidade, e que eu fazia com muito prazer, por uma experiência que não deu certo.

POR QUE *O GLOBO* NÃO DEU CERTO?

Peguei no *Globo* duas circunstâncias muito desfavoráveis. Uma foi a CPI do Orçamento.[17] Um era amigo do dr. Roberto Marinho, outro era amigo do diretor não-sei-de-quê... Só que eu não tinha aqueles códigos. As pessoas que trabalhavam no *Globo* estavam lá há 20 anos, mas eu tinha trabalhado em outros jornais e não conhecia os códigos da casa. Além de tudo, havia uma briga interna, porque todo mundo já previa que o Evandro[18] ia sair, e a garotada que disputava o lugar dele se comia no Rio de Janeiro. O que aconteceu, então? Tudo o que era bom, tudo o que era mérito, era do pessoal do Rio; tudo o que estava errado, uma vírgula fora do lugar, era eu. Por quê? Porque eles tinham um canal direto com o Evandro, com os Marinho, sei lá com quem, e eu caí de pára-quedas numa briga política interna, sem canais para neutralizar as coisas. Eliseu Rezende,[19] por exemplo, vinha num processo de desgaste em todos os jornais, mas *O Globo* dizia que ele era sólido feito uma rocha. Ele conseguiu passar a primeira fase, até que o Suplicy resolveu apresentar uma denúncia qualquer contra ele. Liguei para o Evandro: "Evandro, pelo amor de Deus! Não dá! Esse homem vai cair e a gente vai ter que dizer 'Ih!... Desculpa'!" Aí o Evandro disse: "Então, manda ficha!"

---

[17] Em outubro de 1993, José Carlos Alves dos Santos, ex-assessor da Comissão de Orçamento da Câmara, acusou parlamentares, ministros, governadores e empreiteiras de participar de um esquema de corrupção montado na comissão. Uma CPI foi então instalada, e o escândalo tomou conta do noticiário. Ver *DHBB*.

[18] Evandro Carlos de Andrade foi diretor do jornal *O Globo* de 1971 a 1995. De então até falecer, em 2001, foi diretor-geral da Central Globo de Jornalismo. Ver seu depoimento em *Eles mudaram a imprensa*, op. cit.

[19] Ministro da Fazenda de março a maio de 1993, no governo Itamar Franco. Ver *DHBB*.

Sofri muito no *Globo*, porque trabalhava muito, me desgastava muito, ficava muito tensa e apanhava muito. Era uma relação muito áspera. Apesar disso, a sucursal de Brasília é maravilhosa, é uma sucursal muito bem formada, que tem piloto automático, que tem grandes talentos. Trabalhamos muito bem na CPI, tanto que os outros jornais reconheciam isso. Mas todo o mérito era do pessoal do Rio, e eu só tinha o demérito. A coisa foi degringolando, e acabei sendo demitida do *Globo*, em dezembro de 1993. Eu estava tão estressada que 15 dias depois tive um câncer de pele bem na cara, no nariz. Acho que politicamente fui muito mal no *Globo*, fiquei insegura, acuada, mas o efeito profissional foi bom. Minha gestão deixou como saldo um bom trabalho escrito e publicado. Mas um mau trabalho de relacionamento. Vou fazer o *mea culpa*: é claro que eu também não consegui me impor, poderia ter tido mais habilidade. Mas não sou muito de fazer jogo interno.

Você sai do *Globo* e vai para?

Saí do *Globo* com cinco convites de emprego: para o *Estadão*, para o *JB*, para a *Folha*, para o *Correio Braziliense*, e para assessorar uma figura importante da República. De assessoria eu não gosto. Não condeno quem faz, pelo contrário, tenho colegas que já foram assessores e voltaram para a imprensa com a maior independência, a maior competência, mas não gosto. Acho que vou ficar sabendo de coisas intestinas que, depois, quando eu voltar para o jornal, vou ficar me coçando para publicar. Então, esse convite, eu descartei; também descartei a *Folha*, porque o salário era mais baixo; fiquei entre o *JB*, com que eu tenho uma ligação quase afetiva, e o *Estadão*, onde tenho muitos amigos. Mas aí, resolvi partir para uma coisa ousada.

Eu tinha sido jurada do Prêmio OK de Jornalismo e tinha ficado superdecepcionada, porque não houve uma matéria de cidade premiada. Noblat tinha entrado no *Correio Braziliense*, para reformular o jornal, e eu disse: "Oba! Toda a minha trajetória foi feita entrando em grandes projetos de renovação. O *Correio*, com Noblat diretor, pode ser mais um na minha vida!" Só que em vez de política ou economia, eu disse: "Quero o Caderno Cidade". Que é uma coisa menor no jornalismo. Os jornalistas principiantes é que vão para o Caderno Cidade. Mas eu pensei: é o meu desafio; vai ser gostoso, porque eu moro em Brasília há anos e não conheço nada, só trato da coisa nacional; além disso, vou ajudar a formar jornalistas, o que com certeza vai me dar prazer.

Eram oito páginas diárias, 28 jornalistas. Quando entrei, o processo era o seguinte: o jovenzinho entrava no Cidade e torcia para fazer uma coisa boa, para ir para outra editoria. Passou a acontecer o inverso: as outras pessoas queriam sair das suas editorias para trabalhar ali. Conseguimos fazer uma relação muito boa com o pessoal da fotografia, onde estava Cláudio Versiani, que tinha sido chefe de fotografia da *IstoÉ*. Eu nunca tinha trabalhado com ele, e foi uma grande descoberta. Cidade é foto, porque tem muito personagem, e Brasília é uma cidade superfotogênica. Fizemos uma dobradinha muito legal, montamos uma equipe gostosa. Mas fiquei só 40 dias no *Correio*. Como todo mundo ali já vinha viciado de relações anteriores no *Jornal do Brasil*, e há aquela velha história de que quanto mais velho a gente fica, mais os defeitos vão se cristalizando, as disputas internas também foram se acirrando. Quando ficou claro que o grande *xis* da renovação do *Correio* era o Caderno Cidade, os outros começaram a ter dor-de-cotovelo. Digo isso com a maior tranqüilidade, porque é uma coisa que todo mundo sabe. Então eu disse: "Olha, vim para o *Correio* para ser feliz; já sofri muito no *Globo* e agora estou com o projeto de trabalhar muito bem, como sempre, mas também de ser um pouco feliz. De infelicidade, chega! Minha cota está esgotada". Fui embora do *Correio* da seguinte forma: cheguei lá, abri a gaveta, peguei as minhas coisas, passei no Departamento de Pessoal e disse: "Por favor, vocês façam as minhas contas e mandem me pagar, porque eu não trabalho mais aqui". Nem falei com Ricardo Noblat, não falei com ninguém. E fui ser feliz. Fui trabalhar numa coisa que foi muito boa na minha vida, que foi a *Gazeta Mercantil*.

A *Gazeta Mercantil* é um jornal de economia, eu sou de política, e tenho grande orgulho de dizer que, mesmo sendo de política, consegui virar chefe de redação da *Gazeta* em Brasília. Comecei como editora sênior de política e logo me identifiquei muito com o jornal, porque a *Gazeta* tem espaço, tem densidade, aprofunda os assuntos, não tem *parti pris*. A equipe que eu peguei era maravilhosa: Celso Pinto, Célia de Gouvêa Franco, Cláudia Safatle, Vera Brandimarte, gente que não disputa poder, que não passa rasteira, gente com uma formação profissional sólida. Eu me senti em casa, na *Gazeta Mercantil*, apesar de o jornal não ser da minha área. Tanto que o pessoal do Congresso – é engraçado isso – achava que eu estava num desvio: "Ih, a Eliane passou por tantos jornais, agora está na pré-aposentadoria..." Eles tinham essa visão, porque a *Gazeta* não repercute muito na área política. Mas eu adorava a *Gazeta Mercantil*. E dei bons furos lá, que tiveram muita repercussão. Inclusive um que envolvia o CPDOC. Publiquei que o Geisel estava dando uma entrevista a vocês. E quando saiu o livro dele, me aborreci com o prefácio.[20]

---

[20] Trata-se do livro de depoimento *Ernesto Geisel*, organizado por Maria Celina D'Araujo e Celso Castro, também autores do prefácio (Rio de Janeiro, FGV, 1997).

POR QUÊ?

Na verdade, não me aborreci, não. Mas é que a gente tem uma regra em jornalismo que é a seguinte. Quando você leva um furo, e quer se referir o fato, diz: "Geisel contou isso para a *Gazeta Mercantil*", ou "Geisel contou isso para a jornalista Eliane Cantanhêde, da *Gazeta Mercantil*". Mas não existe a fórmula "contou para *uma jornalista* da *Gazeta Mercantil*". E os autores do livro do Geisel, no prefácio, escreveram: "Um dia Geisel contou para uma jornalista da *Gazeta Mercantil* que estava nos dando uma entrevista". Eu gostaria que eles tivessem dito "para a jornalista Eliane Cantanhêde, da *Gazeta Mercantil*", ou tivessem usado a fórmula clássica, "para a *Gazeta Mercantil*". Apesar disso, achei o livro muito bom.

É POSSÍVEL QUE OS ORGANIZADORES DO LIVRO, MARIA CELINA D'ARAUJO E CELSO CASTRO, NÃO SE TENHAM DADO CONTA DESSA SUTILEZA. TOMAR O DEPOIMENTO DO GEISEL FOI UM DRAMA, PORQUE ELE PROIBIU O CPDOC DE DIVULGAR O FATO DE QUE ESTAVA DANDO UMA ENTREVISTA. O TRATO ERA QUE NINGUÉM PODIA SABER, E PARA NÓS, SEGREDO É SEGREDO. MAS UM DIA AQUILO SAIU NA *GAZETA*. NA OCASIÃO EU ERA DIRETORA DO CPDOC, E LEMBRO QUE FICOU AQUELE CLIMA: "QUEM FOI QUE CONTOU? NÃO FOMOS NÓS!" TEMÍAMOS QUE ELE QUISESSE INTERROMPER A ENTREVISTA. AFINAL, SOUBEMOS QUE ELE MESMO TINHA CONTADO.

Você vê que isso tudo tem uma história, e foi um baita mérito jornalístico eu ter descoberto aquela informação que foi guardada por um ano. Eu merecia o crédito. Pode ser que seja excesso de vaidade, mas acho que merecia, porque foi um trabalho jornalístico. Do meu ponto de vista jornalístico, eu furei vocês todos. E furei porque o Geisel me contou. Depois ele ficou chateado porque eu publiquei. Mas ele tinha uma relação de uma certa vaidadezinha comigo. Contou por vaidade. Fiquei lá duas horas e meia, três horas, ele já estava bem relaxado, não resistiu e contou. Moraes Rego[21] depois me ligou: "Eliane! O chefe está danado da vida! Está dando a maior confusão no CPDOC!" Eu disse: "Que bom, general, que bom!" Mas apesar disso, deixa eu fazer o registro: gostei muito do livro, achei fantástico. Depois até escrevi uma coluna na *Folha* dizendo isso.

QUANTO TEMPO VOCÊ FICOU NA *GAZETA MERCANTIL*?

Fiquei três anos na *Gazeta Mercantil*. Primeiro fui editora sênior de política, e depois virei chefe de redação em Brasília. Fui muito feliz na *Gazeta*. Até

---

[21] General Gustavo de Moraes Rego, antigo auxiliar de Geisel e um de seus amigos mais próximos.

que um dia tive um primeiro contato da *Folha,* me convidando para fazer a coluna *Brasília.* Meu coração balançou, mas meus amigos todos diziam: "Você é louca! Como é que você vai ter essa dúvida? A *Folha* tem uma baita visibilidade, tudo o que você escrever vai repercutir! A *Gazeta* não repercute!" Eu dizia: "Mas estou numa idade da minha vida em que sei que não tenho que ficar o tempo todo brilhando! O que eu faço na *Gazeta* me dá prazer!" Fiquei muito dividida, num vai-não-vai, até o momento em que a *Folha* ofereceu: "É tanto, com tais vantagens". Decidi ir.

Saí da *Gazeta* em 1º de maio e assumi a *Folha* no dia 2 de junho de 1997. Eu tinha sido convidada para fazer a coluna todo dia, exceto às segundas. Seria eu a titular. Mas entre um emprego e outro fui de férias para o Caribe, e Fernando Rodrigues deu o baita furo da compra de votos.[22] Com isso ele conseguiu negociar para manter parte da coluna. Quando me apresentei aos Frias, em São Paulo, queimadinha de sol, voltando da praia, pronta para assumir, eis que a coluna tinha virado meia coluna. Seu Frias foi muito correto, disse: "Lamento, mas aconteceu um fato novo. Se você disser que não aceita, a coluna é toda sua". Mas eu tinha que entender que, realmente, houve um fato novo. Eu disse: "Tudo bem. A única coisa que eu quero pedir é que o domingo seja meu". Ele concordou: "Você escolhe os dias." Escolhi domingo, terça, quinta e sexta, e Fernando ficou com os outros três dias. E estamos nos dando muito bem. Estou muito feliz na *Folha de S. Paulo.*

As fontes, o *on* e o *off*

COMO É QUE VOCÊ ENTRA EM CONTATO COM AS SUAS FONTES? VOCÊ ESTABELECE RELAÇÕES DE AMIZADE COM ELAS?

Essa é uma coisa muito interessante, porque no resto do país a tendência das pessoas é dizer que os jornalistas de Brasília são todos comprometidos e vivem numa farra danada com as fontes. Eu sempre digo que o limite do jornalista político é a proximidade suficiente para ter a informação e a distância suficiente para não haver promiscuidade. Esse limite vem do aprendizado, da característica

---

[22] Em maio de 1997 Fernando Rodrigues publicou na *Folha de S. Paulo* reportagem sobre a compra de votos na votação da emenda que instituiu a possibilidade de reeleição de prefeitos, governadores e presidente da República, aprovada em fevereiro daquele ano. A matéria citava fitas gravadas em que os deputados Ronivon Santiago e João Maia revelavam que haviam vendido seu voto para apoiar a emenda. Fernando Rodrigues recebeu o Prêmio Esso de Jornalismo de 1997 pela reportagem. Ver *DHBB* e http://noticias.uol.com.br/fernandorodrigues/quem.jhtm.

de cada um, da ética de cada um. Tem um componente pessoal. Agora, eu acho muito engraçado as pessoas ficarem lá no Rio ou em São Paulo ditando regra para a gente e, chegando aqui, irem almoçar com Antônio Carlos e caírem nos braços dele. Minha relação com Antônio Carlos, por exemplo, é uma relação de respeito e de não-confiança. Ele sabe que eu não vou dizer uma mentira, não vou deturpar o que ele disse – na verdade, do ponto de vista formal eu sou confiável –, mas sabe também que, se eu tiver alguma informação que ele não queira que seja publicada, vou publicar. Não tenho nenhum compromisso com ele, nem com ninguém, de não publicar. É assim com Fernando Henrique Cardoso, com Antônio Carlos Magalhães, com o PT. Claro, somos todos seres humanos, eu tenho 25 anos de profissão, e há algumas pessoas de quem eu gosto mais. É da vida. Existem pessoas com que tenho mais empatia, outras com quem tenho menos. Mas mesmo as pessoas com as quais eu tenho muita empatia sabem que, para mim, a informação é prioritária. Não abandonei tanto as minhas filhas para ficar fazendo o jogo das pessoas, e elas sabem disso. Minha relação com elas é de respeito. Elas me respeitam, eu as respeito, mas tem um limite.

Como se consegue a informação? Primeiro, é preciso ter uma abordagem que varia, que depende do meio em que você está. Quando você vai fazer uma cobertura no mato, põe calça jeans e botas; quando vai fazer uma cobertura no Congresso, põe uma sandalinha alta, um vestidinho. Do mesmo jeito, você aborda um peão, no mato, de uma forma, e um senador da República, de outra; aborda o general Geisel de uma forma, e um jovem deputado do PT, mais novo que você, de outra. É até um pouco de encenação, que a profissão exige e que eu acho legítima.

Como é que você controla a informação que a fonte lhe dá? Uma fonte pode, por exemplo, querer usá-la para passar uma informação. Como é que você controla isso?

Você tem o *on* e o *off*. *On* é *on*. O sujeito disse, está na boca dele. Eu só não posso publicar uma frase como: "Fulano disse que sicrano é corrupto". Se eu quero publicar isso, tenho que procurar sicrano e lhe dizer: "Sicrano, fulano disse que você é corrupto". Sicrano diz: "E fulano é um escroque". Aí, aspas, aspas, e eu apenas registro a briga. A outra coisa é uma informação em *off* – que aliás é a minha seara, trabalho muito com a informação em *off*, porque estou num estágio do jornalismo em que lido com processos, com conflitos de interesse, e essas coisas nem sempre são admitidas publicamente. Eu recebo a dica. Então, o que é que eu faço? Primeiro, eu tenho que conhecer o meu interlocutor. Tenho que saber quem ele é, qual é o passado dele, qual é o jogo dele, qual é o interesse dele – e não estou dizendo que seja ilegítimo ter interesse; as pessoas têm interesses;

meu interesse, por exemplo, é ter informação. Tenho que saber também qual é a história desse personagem de botar jornalista em fria, de passar mentira, de passar balão, porque aí eu confio mais ou confio menos. Terceiro, tenho que conversar sempre com muita gente, com um espectro muito grande de informantes, porque um neutraliza o outro.

Uma coisa é o jornalista receber uma informação objetiva, sobre um determinado fato: "Fulano vai ser nomeado ministro". Outra coisa é ele receber uma informação sobre uma jogada: "Fulano está se aproximando do partido tal porque quer ser nomeado ministro". Essa já é uma informação perigosa. Acho que só jornalistas mais experientes têm capacidade de usar esse tipo de informação. Aqui na *Folha*, o jornalista mais jovem, quando recebe essa informação, a primeira coisa que faz é comunicar ao seu coordenador; se a história é muito cabeluda, o coordenador passa para o chefe, e o chefe passa para São Paulo. Quer dizer, existem instâncias de avaliação sobre a importância e a credibilidade da notícia.

Você não acha que no Brasil se usa demais o *off*?

Acho que o *off* é legítimo e tem que ser usado mesmo. Para mim, é fundamental. O *off* só não é legítimo quando ele agride pessoas e é opinativo. Você nunca deve usar um *off* opinativo, porque aí você está encampando uma opinião que o cara não teve coragem de dar e está usando você para dar. O *off* opinativo, ele só me serve – e eu tenho muitas conversas, almoços, jantares, em *off* – para raciocínios, não para eu escrever. É importante eu saber como os vários personagens políticos estão se movendo dentro do tabuleiro. Às vezes, fico três horas num almoço com uma fonte e não escrevo uma linha, mas é aquilo que está alimentando a minha capacidade de análise e de raciocínio. Acho que o *off* é perigoso quando é passado para um jornalista que é comprometido com a fonte, quando é opinativo e quando os jornalistas são muito inexperientes e não têm capacidade de fazer uma triagem.

A imprensa brasileira, hoje

Você tem percebido mudanças no jornalismo desde que começou a trabalhar em jornal? Por exemplo, o jornalista mudou?

Se você entrar em qualquer redação, verá que ela é cheia de jovens, porque o jornalismo suga muito, você trabalha sábado, domingo, feriado... A tendência é que as pessoas cheguem a uma certa idade, cansem e vão trabalhar em assessoria de imprensa, vão fazer consultoria. Na *Folha de S. Paulo*, hoje, possivelmente eu sou a jornalista mais velha; quando fui do *Globo*, possivelmente eu também era a mais velha, já naquela época. É muito comum eu me encontrar com a minha geração de jornalistas, que não está mais dentro do jornal, e as pessoas ficarem me dizendo: "Ah, porque o jornalismo de antigamente era uma coisa maravilhosa, éramos todos muito melhores", ou "não se faz mais jornalismo como antigamente..." Eu digo: "Olha, nada disso. Isso é uma balela enorme. Os jornalistas de hoje são muito mais bem formados do que a minha geração foi; eles chegam à redação por um processo de triagem muito mais rigoroso, porque há muito mais gente disputando o vestibular, há muito mais gente disputando uma vaga em redação; eles já vêm falando inglês, italiano, espanhol, sabem mexer com computador, são curiosos, são viajados, têm um instrumental muito bom. O que eu acho que falta hoje é mais reportagem de campo. Mas os jornais evoluíram, como o próprio processo brasileiro, como o próprio Brasil, para melhor". Nós saímos de uma ditadura de generais ignorantes – alguns deles –, para um presidente civil, que pode estar sendo um saco de pancadas neste momento,[23] mas que tem uma capacidade intelectual, uma visão de mundo, uma visão social muito melhor do que qualquer general da época em que comecei a trabalhar! Imagina comparar Fernando Henrique com Médici!

Houve uma evolução muito positiva nos jornais, que passaram por fases muito duras de aprendizado com a redemocratização. Tivemos que aprender como cobrir Maluf, como cobrir Tancredo, como cobrir CPI do Collor, como cobrir CPI do Orçamento. E extrapolamos alguns limites. Eu, até hoje, às vezes escrevo algumas coisas, vou para casa e fico com insônia, pensando no mal que posso fazer a alguém. O poder da imprensa é muito forte, e nós extrapolamos muito, descuidamos um pouco da biografia das pessoas. Em alguns momentos cometemos injustiças, mas isso faz parte do processo. Fomos até lá em cima e agora estamos chegando ao meio-termo. Você vê que o nível de denúncias hoje é menor, e que as que saem são muito mais apuradas, detalhadas, confirmadas. Está-se tendo um cuidado maior com a exposição da biografia alheia, o que é muito importante. Passou-se pelo momento de depuração, de aprendizado, e isso foi muito positivo.

Acho que a imprensa brasileira tem uma vantagem em relação a algumas outras. Vamos pegar, por exemplo, dois extremos, a Itália desenvolvida do G-7, parlamentarista, e o Paraguai subdesenvolvido do Terceiro Mundo, presidencialista. Eles têm em comum o quê? Uma imprensa superpartidária. Um jornal no Paraguai é do Oviedo, outro é do Wasmosy, outro é de não-sei-quem; a imprensa, na Itália,

---

[23] É importante lembrar que esta entrevista foi concedida em abril de 1998. O presidente Fernando Henrique Cardoso, eleito em outubro de 1994 e empossado em 1º de janeiro de 1995, estava então em campanha para a reeleição. Ver *DHBB*.

é do fulano, e você já lê o jornal sabendo o que ele está apitando. Já no Brasil, você tem uma imprensa muito plural. Você não consegue identificar, hoje, uma diferença muito nítida entre os jornais. Você sabe que um tende um pouco mais para a direita, outro, um pouco mais para a esquerda, mas não há jornal partidário. Não existe o jornal do PT, o jornal do PFL, o jornal do PSDB. Mesmo o *Globo* hoje conseguiu chegar a um estágio de credibilidade enorme. Leio o *Globo* sabendo que aquilo ali não é uma posição do partido não-sei-qual ou do fulaninho não-sei-quem. Essa é uma qualidade da imprensa brasileira.

Agora, acho que a imprensa brasileira está cometendo um erro histórico muito grave, porque existem cinco jornais nacionais – *O Globo* e *Jornal do Brasil*, no Rio, *Folha*, *Estado de S. Paulo* e *Gazeta Mercantil*, em São Paulo –, e a linguagem, os assuntos, as pautas são todas carregadas em Rio, Brasília e São Paulo. Então, do ponto de vista histórico, de médio e longo prazo, nós estamos criando um país com duas regiões, com duas culturas e com dois tipos de cidadãos: o cidadão que vale e o cidadão que não vale. Como é que você pode imaginar que Roraima pegue fogo[24] dois meses e isso não saia na imprensa nacional!? Dois meses!! Roraima é um pedaço do Brasil, ecologicamente superimportante, onde vivem milhares de brasileiros. Pega fogo, acaba, e ninguém vê! O governo não faz nada, porque sabe que não tem ibope nem imprensa; a imprensa não publica, porque sabe que ninguém vai dar bola para aquilo e que o governo não está muito interessado... A primeira foto que aparece no jornal, dois meses depois, é de uma agência internacional! Se fosse uma árvore do Ibirapuera ou da Quinta da Boa Vista, eles mandavam o melhor fotógrafo lá, fotografar a árvore pegando fogo, e botavam na primeira página.

A imprensa brasileira ficou sentada no eixo Rio-São Paulo. Por força da televisão, o sotaque brasileiro, os costumes brasileiros, até sexuais, são Rio, São Paulo e Brasília. E você tem um risco aí, porque a imprensa local é muito comprometida. O sujeito que é cacique político tem o poder político, o poder econômico e o poder da comunicação. Com a reeleição, o que isso significa? Que o sujeito se elege, se reelege, depois elege o filho, reelege o filho, elege o neto, reelege o neto. Você está perpetuando o caciquismo no país.

É UMA CARACTERÍSTICA DA IMPRENSA BRASILEIRA, HOJE, A NOTÍCIA CURTA. COMO É QUE VOCÊ VÊ ISSO?

José Serra, por exemplo, que é um implicante com a imprensa, tem uma relação de amor e ódio, uma vez fez um levantamento mostrando – não sei de cor

---

[24] Referência ao grande incêndio que consumiu florestas em Roraima em março de 1998.

os números – que são milhares as notas que o jornalista tem que produzir e que, como ele não consegue produzir aquilo sozinho, fica muito sujeito à "plantação". Fiz coluna diária no *Estadão*, e é realmente duro ter que preencher aquele espaço todo dia. Tudo bem, uma semana, duas semanas, mas chega uma hora que fica difícil. E tem uma sexta-feira em que você está cansada, e tem um dia em que você quer namorar o seu marido... Essa coisa das notas pegou porque é fácil de ler, o tom é incisivo, é duro, mas é muito perigoso. Você tem que ter muita maturidade para fazer. O que é o normal? O jovem jornalista vai atrás da notícia. Mas quando você tem uma coluna, corre o risco de ficar sentada e a notícia chegar até você. Aquilo vai alimentando – é tão mais prático –, você vai escrevendo o que cai, não tem muito tempo para checar... Por isso é que eu acho que as colunas de notas têm que ser feitas por jornalistas muito experientes e muito independentes. Isso é básico.

Só que eu discordo de você numa coisa: a tendência do jornalismo não é para o cada vez mais curto, ao contrário. Sem dúvida houve uma proliferação de colunas, mas isso não quer dizer que a tendência do jornalismo seja para o curto. Antes é que havia uma tendência telegráfica. *O Globo* tinha uma página com dez títulos: Fernando Henrique quer fazer reformas, PFL quer fazer fulano candidato, um monte de coisinhas curtas. Hoje, como você tem internet, televisão, tem o rádio muito massificado, os jornais fazem o oposto. Se você pegar todas as reformas gráficas, do *Globo*, do *Estadão*, de todo mundo, verá que a tendência é juntar coisas e fazer matérias maiores e mais encadeadas. Ao lado disso, é claro, há as notas curtas das colunas.

As notas curtas seriam uma tentativa de competir com a televisão?

Não. As notas são completamente diferentes da televisão. A televisão dá uma notícia mais formal. E a nota, ela tem um pouco de picardia, um pouco de bastidor, um pouco de maldade, às vezes, que não são coisas de televisão. A idéia não é tentar competir com a televisão, é facilitar o acesso. Todo mundo gosta, tem um índice de leitura alto. Isso começou com as notas de *Gente*, da *Veja*, nos anos 60, 70. Uma coisa curtinha, gostosinha. Tem dois produtinhos jóias no jornalismo: coisa curta e personagem. Todo mundo lê.

Muitos dizem que o pessoal mais jovem das redações é muito petista. Você concorda?

Não, não é. Isso já foi uma verdade. Na redemocratização, você tinha as redações, em São Paulo e no Rio, muito petistas. Brasília é mais madura nisso, porque, como Brasília convive com todos e com todos os estados, consegue ter uma postura um pouco mais isenta. Mas em São Paulo e no Rio eles eram muito petistas. O que eu diria é que a tendência do jornalista, meio inconsciente, é para uma coisa meio justiceira: se o seu patrão está com Maluf, você vai dar o grande furo do Aureliano e do Tancredo; se o seu patrão é muito Collor, a sua tendência natural é ser Covas, é ser Lula. Que foi o que aconteceu no *Estadão*. Demitiram não sei quantos, na eleição de 1989, porque achavam que a redação era petista. Havia alguns petistas, mas, na verdade, aquelas pessoas que foram demitidas não eram petistas, eram contra o excesso de collorismo do *Estadão*. O dono do *Estadão* entrou vestido de verde e amarelo, no dia da eleição! Aí, você que é jornalista, tem vontade de entrar de verde e preto, de vermelho. Acho que existe isso. Mas não acho que os jovens, hoje, sejam petistas. Até porque o PT anda meio em baixa. Se você pegar os jovens, hoje, verá que o PT já não encanta. O que acontece nas redações não é uma tendência petista, é uma tendência à oposição a quem o jornalista acha que está sendo beneficiado no seu jornal.

NESTE EXATO MOMENTO, A IMPRENSA CAIU EM CIMA DO PRESIDENTE FERNANDO HENRIQUE CARDOSO. É ENGRAÇADO, PORQUE NAS ENTREVISTAS QUE FIZ COM JORNA- LISTAS ALGUM TEMPO ATRÁS, MUITOS DIZIAM QUE A IMPRENSA ERA TODA FAVORÁVEL A FERNANDO HENRIQUE. COMO É QUE VOCÊ VÊ ISSO?

Ontem mesmo fui participar da gravação de um programa de debates só com jornalistas. Éramos Carlos Chagas, Luiz Gutemberg, Sebastião Nery, Tereza Cruvinel e eu. Num dos intervalos, o Luiz Gutemberg disse: "Gente! Eu leio vocês, colunistas. Está uma pancadaria em cima do Fernando Henrique!" Eu dis- se: "Está vendo! Quando eu comecei na *Folha*, diziam que eu é que era o espírito de porco, e agora está todo mundo entrando na minha. Já não estou sozinha, hein?" E é verdade.

Acho que Fernando Henrique cometeu um erro, que todos cometem. Todos: general, direita, Sarney... Cai naquele palácio, tranca os vidros e perde a noção de realidade. Você vai lá e diz: "Minha família inteira está desempregada. Olha o desemprego aí". Eles dizem: "Não, estatisticamente..." Apresentam uma justificativa tecnicista enorme, para dizer que não há desemprego. Passa-se o tem- po, e vê-se que o índice de desemprego é o maior dos últimos 14 anos.

Fernando Henrique não está conseguindo ver que o grande capital dele é estar acima do raposismo, do fisiologismo, do rastaqüera. Isso é que vai dar governabilidade a ele. Ele acha que não. Que é botar certos deputados no gabinete dele e negociar o votinho da reforma da Previdência. Essa gente vai votar com ele na Previdência, ele não precisa botá-la dentro do gabinete presidencial. Fernando Henrique está cometendo um erro político tremendo, que é começar a perspectiva de um segundo mandato com um eleitorado típico de quem está saindo do governo, não de quem está entrando. As pesquisas mostram que ele perdeu os grandes centros urbanos e os de maior escolaridade. A perspectiva não é boa. E isso se reflete na imprensa. Sabe por quê? Porque nós, jornalistas, vamos para a nossa casa, ou para a casa da mãe, do avô, da tia, e percebemos que existe um sentimento cada vez mais negativo em relação ao governo. Nós refletimos isso na análise que fazemos.

Mas você não acha que até pouco tempo, mesmo as coisas que eram eventualmente criticáveis, a imprensa deixava passar?

Vamos ser honestos? Nós não tivemos tudo quanto é general? Não tivemos Sarney, Itamar? Fernando Henrique é Fernando Henrique, Pedro Malan é Pedro Malan, José Serra é José Serra, Gustavo Franco é Gustavo Franco! Claro, nós não podemos perder o poder de crítica, temos que criticar, mas também temos que reconhecer que essa gente é muito melhor do que tudo o que já tivemos! Depois de décadas de ditadura, havia um envolvimento histórico da imprensa com o governo, havia uma simbiose enorme. Nós tentamos quebrar os grilhões, cada vez mais, mas aí você junta esse fato histórico com um momento em que o governo é Fernando Henrique, Pedro Malan, Nelson Jobim...

Testemunho pessoal

O que é ser jornalista, para você?

Ai! Posso ser piegas? Acho que jornalismo é muita dedicação, é muita ética, muito senso de justiça, muita coragem, muita ousadia – porque você bate em pessoas poderosas, que têm poder para prejudicá-la seriamente – e é muito amor, sabia? Aí entra o piegas. Se você for à minha casa, minhas filhas vão dizer: "Minha mãe deu mais prioridade para o jornalismo do que para mim". Não é bem verdade, porque as minhas filhas são a coisa mais importante da minha vida, mas isso mostra o nível de dedicação que eu dou ao jornalismo. Para fazer direito e para ser honesta no que estou fazendo. Jornalismo exige. A notícia acontece o tempo inteiro! Você não pode fazer nada, em área nenhuma, sem passar pelos jornais. Nós cumprimos um papel importante, para que as pessoas tenham capacidade de avaliar o próprio país.

Como é que você se vê? Você é uma difusora da informação, é uma intérprete da informação? É uma crítica do governo, uma fiscal do governo? É uma defensora dos sem-voz?

Essa última é mais danadinha... Sou difusora da informação, sou intérprete da informação, e sou crítica, não só do governo – é preciso ficar claro –, mas das estruturas, do Congresso, dos poderes, dos poderosos. É intrínseco ao jornalista ser crítico. Agora, acho que, como o pobre não lê jornal, não compra jornal, nós ficamos falando da elite para a elite e alimentando a informação que interessa à elite. É uma meia curva. Acho que não damos voz aos oprimidos. Não damos voz nem aos outros estados!

O JORNALISMO EM BRASÍLIA, HOJE, É DOMINADO POR UM MATRIARCADO. COMO É QUE VOCÊ EXPLICA ISSO? VOCÊ FALOU AQUI UM POUCO NA DIFICULDADE, COMO MULHER, EM CONCILIAR PROFISSÃO E FAMÍLIA...

Contei também da minha passagem na *Veja*, onde vivi o estigma de ser mulher; contei que fui demitida do *Jornal do Brasil* por ser "amante" de um cara casado, sendo virgem...

COM TODAS ESSAS DIFICULDADES, AS MULHERES TÊM UM PAPEL FUNDAMENTAL EM BRASÍLIA. VOCÊ JÁ PENSOU EM DAR UMA EXPLICAÇÃO PARA ISSO?

A gente sempre tenta. Quando eu comecei, em 1972, não havia jornalista mulher, a não ser Rosângela Bittar, no MEC, Eliana Lucena, em índios, Leda Flora começando em política, Suzana Veríssimo... Havia muito poucas mulheres. E isso foi mudando. Hoje, quando você entra nas redações, vê uma mulherada danada, não só no *top*, como na base. Aliás, acho que, como chefe e como colunista, eu fui a primeira.

Acho que o que distingue as mulheres é a abordagem. Desde o início eu disse que nunca se pode separar a política ou a história do aspecto pessoal. Isso conta muito. A mulher é hábil na abordagem do entrevistado ou da entrevistada, tem credibilidade, a fonte se sente mais à vontade em contar qualquer coisa para ela. Acho também que a mulher é mais determinada, vai atrás. Além disso ela tem uma autocrítica horrorosa. Cansei de ver isso, como chefiada e como chefe. Quando o repórter homem comete um erro, ele diz: "Ih, que chato". Quando a mulher jornalista comete um erro, fica arrasada: "Oh, meu Deus!" É tudo muito passional, muito crítico. E feito com muita determinação.

VOCÊ JÁ PENSOU EM DEIXAR O JORNALISMO?

Eu, não! Sou uma viciada! Todo mundo diz que eu vou ficar de bengalinha na imprensa, brigando. E isso é muito bom!

Míriam Leitão

Míriam Leitão

Entrevista a Alzira Alves de Abreu e Fernando Lattman-Weltman
feita no Rio de Janeiro em 25 de março de 1997.

De rebelde a jornalista

SUAS ORIGENS: DE ONDE ERAM SEUS PAIS, QUE PROFISSÕES TINHAM, QUANDO VOCÊ NASCEU, QUE CURSOS FEZ?

Meu pai nasceu em Pernambuco, era pastor presbiteriano. Uriel de Almeida Leitão. O pai dele era descendente de portugueses e a mãe, negra. Já minha mãe era descendente de alemães. Chamava-se, quando solteira, Gertrudes Mariana Engert Milward. Era professora. Ambos já morreram. Nasci em Caratinga, Minas Gerais, em 1953, e me formei em comunicação na Universidade de Brasília em 1977.

COMO SEU PAI SE TORNOU PASTOR PROTESTANTE?

Meu pai fez uma trajetória de ascensão típica da mobilidade social brasileira. Era muito pobre, nasceu na periferia de Recife, filho de pais analfabetos – minha avó trabalhava como lavadeira para sustentar os filhos –, e foi para um colégio em Garanhuns, fundado por protestantes americanos, no qual ganhou uma bolsa com a condição de em troca trabalhar na limpeza. Assim, conseguiu estudar. Era superinteligente. Foi dentro da Igreja que ele fez a ascensão, porque estudou nesse colégio, depois foi para o seminário, aprendeu coisas como hebraico, grego etc. Uma história muito interessante, da qual me orgulho. Por fim, foi para Caratinga, lá conheceu minha mãe, que foi sua aluna, e se casaram. O sonho do meu pai – ele morreu em 1998 – era dirigir um colégio. Ajudou a fundar em Caratinga o primeiro ginásio do vale do Rio Doce e o transformou numa instituição de ensino com até o terceiro grau.

E quanto aos seus estudos? Você saiu de Minas para estudar jornalismo em Brasília?

Não. Quando terminei o colégio em Caratinga, fui para o Espírito Santo estudar história. Meu pai dizia que todas as filhas mulheres tinham que fazer curso superior. Os homens, se não quisessem, tudo bem, mas as mulheres tinham que fazer. Ele nos incentivava a ter profissão e sonhos. Minha mãe nos ensinou esse caminho com seu próprio exemplo: voltou a estudar, mesmo com muitos filhos, e concluiu o curso superior.

Em determinado momento meus pais instalaram uma espécie de filial da família em Belo Horizonte – alugaram um apartamento onde minhas irmãs moravam para poderem cursar a universidade. O problema é que somos 12 filhos, sou a número seis e na adolescência fui a mais rebelde. Contestava tudo: Igreja, Estado, governo, todas as coisas ao mesmo tempo. Meu pai queria que eu fosse para Belo Horizonte, imaginando que minhas irmãs mais velhas tomariam conta de mim, mas eu disse: "Então não vou para Belo Horizonte, vou para Vitória, que assim eu cuido da minha vida, quebro a cara se eu quiser, e ninguém tem nada com isso". Evidentemente, quebrei a cara, porque um ano depois estava grávida e presa...

Em que ano você foi para Vitória? E o que fez lá até ser presa?

Fui para Vitória no fim de 1971 e fiz o vestibular em janeiro de 1972 – e aí começou a reconciliação com a família, porque eu tinha saído de Minas rompida com meu pai. Como passei em primeiro lugar no vestibular, ficaram todos orgulhosos. Logo comecei também a trabalhar em jornal, para me sustentar. Fui procurar emprego nos classificados, vi que havia uma vaga de repórter na *Tribuna*, fui lá, fiz o teste, passei e comecei a trabalhar. Dois meses depois, o editor-chefe me chamou e disse: "Acho melhor desistir, porque você não tem nenhum talento para jornalismo". Até hoje, quando encontro com ele, digo: "Que visão você teve, hein?!"

De que organização você era quando foi presa?

Eu era do PCdoB. Fui presa no começo de dezembro de 1972 e fui solta três meses depois. Saí da prisão com 39 quilos, grávida de cinco meses do meu filho Vladimir, e querendo trabalhar para me sustentar, pois meu namorado, depois marido, Marcelo Netto, também tinha sido preso e não sabia quando ia sair. De início, não pude voltar para a universidade. Quando afinal isso se tornou possível, depois do processo com base no Decreto 477,[1] no qual fui absolvida, fui

---

[1] Ver neste volume o depoimento de Eliane Cantanhêde, nota 2.

estudar jornalismo, por causa da obrigatoriedade legal do curso para quem quisesse exercer a profissão.[2] Abandonei mesmo história – para meu desespero, porque eu gostava muitíssimo – e fiz novo vestibular. Mas eu também já estava me apaixonando por jornalismo.

QUER DIZER QUE VOCÊ CONTINUOU O TEMPO TODO TRABALHANDO COMO JORNALISTA?

Sempre. Quando saí da *Tribuna*, fui para *O Diário,* outro jornal onde também fiquei só dois meses. Aí fui chamada pela Rádio Espírito Santo, que pertence a uma fundação cultural ligada ao governo do estado, e fiquei lá dois anos. O começo da minha vida profissional foi muito tumultuado, por várias razões. Era um momento político muito difícil, e qualquer pessoa que se destacasse e tivesse uma opinião mais forte, ou que tivesse a história que eu tive, acabava sendo muito pressionada nas redações.

O QUE VOCÊ FAZIA EXATAMENTE NESSES DOIS JORNAIS E NA RÁDIO?

Na *Tribuna* e no *Diário*, eu fazia cobertura de cidade, assuntos gerais. Na Rádio Espírito Santo, no começo, eu também era repórter de cidade. Depois, quando saí da prisão, muito fragilizada, a diretora da fundação a que a rádio pertencia, Euzi de Moraes, me chamou e disse: "De agora em diante você vai fazer só trabalho interno, porque assim fica mais protegida" – na rua eu era seguida, era uma pressão muito grande naqueles tempos após a saída da prisão. Passei então, durante um período, a fazer o texto final dos jornais da rádio. Isso aconteceu no governo Médici. Qual foi o pior governo federal que nós tivemos? O do Médici. Mas, naquela época, Artur Carlos Gerhardt Santos estava no governo do estado, e Euzi de Moraes estava à frente da Fundação Cultural do Espírito Santo. Era um órgão oficial, mas eu não era perseguida. Ao contrário, era protegida pela Euzi, que, mesmo trabalhando num órgão público, ocupando um cargo de confiança, me deu um apoio extraordinário. Ao fim desse período, Élcio Álvares assumiu o governo do estado e começou a dizer que ia tirar todo o pessoal de esquerda da rádio. Ou seja, num governo em que já começava a abertura, a coisa ficou muito pior.[3]

---

[2] A obrigatoriedade do diploma de jornalista para o exercício da profissão foi estabelecida em 1969, pelo Decreto-Lei nº 972.

[3] Artur Gerhardt governou o Espírito Santo de 1971 a 1975, e Élcio Álvares, de 1975 a 1979, já durante o período Geisel, quando teve início o processo de abertura política. Enquanto o primeiro deixou a política ao sair do governo, o segundo foi senador e duas vezes ministro: da Indústria e Comércio (1994), no governo Itamar Franco, e da Defesa (1999/2000), logo que o ministério foi criado, no segundo governo Fernando Henrique Cardoso. Ver *DHBB*.

Antes que me despedissem, resolvi sair da rádio e voltei para *A Tribuna* para ser editora internacional. Meu chefe achou que na editoria internacional talvez não houvesse problemas, mas houve. Um ano depois, Élcio Álvares exigiu minha demissão. Começou a dizer que o jornal estava fazendo uma cobertura de esquerda em todas as áreas e que na internacional, sobretudo, nós estávamos sendo contra os Estados Unidos na Guerra do Vietnã. Imagina! Nós e a torcida do Flamengo! Todo mundo! Acho que ninguém em Washington estava preocupado com a tendência do noticiário sobre o Vietnã no Espírito Santo, mas ele estava... Afinal, houve um dia em que a editoria de cidade fez a cobertura de um despejo numa favela, em que a polícia tinha sido particularmente truculenta, nós publicamos seis fotos na primeira página com as pessoas apanhando, e o governador disse o seguinte: "Ou vocês demitem esta lista" – eram cinco pessoas, e eu encabeçava – "ou não dou mais anúncio para o jornal". Fui demitida. Foi uma coisa pública, os jornalistas ficaram indignados, fizeram moção de solidariedade. A notícia do movimento no sindicato saiu até no *Jornal do Brasil*.

Saindo da *Tribuna*, fui contratada por um outro jornal chamado *A Gazeta*, que é o maior do Espírito Santo, para ser editora de economia. Isso já foi no fim de 1975. Fiquei lá um ano mas, no fim desse tempo, o editor-chefe Paulo Torre saiu do jornal, e o que o substituiu me chamou e disse: "Você é ótima, mas vou demiti-la, porque você não tem a menor noção do que seja hierarquia". Esse era outro problema que me causava muito transtorno no início da minha vida profissional: é que eu sempre fui muito "atrevida". Sempre fui capaz de dizer para o chefe que ele estava errado. Essa irreverência é uma coisa boa no jornalismo, mas existe um tom certo, e talvez no começo eu não soubesse muito bem qual era esse tom. Eu era uma força cega.

Foi então que fui para Brasília. Achei melhor sair do Espírito Santo. Já tinha passado por todos os jornais e não havia mais espaço para mim, nem quem me empregasse. Chegando a Brasília, em 1977, fui terminar o curso na UnB e trabalhar na *Gazeta Mercantil*.

Você disse que militou no PCdoB. Você leu Marx, teve uma formação política?

Li muito, e não apenas textos marxistas. Ainda em Caratinga, onde nem havia biblioteca pública ou livraria, consegui achar livros como o *Manifesto Comunista* e o *18 Brumário*. Fui uma leitora voraz a minha vida inteira. Durante muito tempo só fiz ler, a ponto de os vizinhos acharem que eu era meio maluca, porque eu tinha poucos amigos, não tinha namorado, não saía. Até os 18 anos, quando deixei Caratinga, eu mal conhecia a cidade, mas tinha lido todos, ou pelo menos a maioria absoluta dos livros da biblioteca do colégio e da biblioteca do meu pai. Eu me aproximava interessadamente das pessoas que tinham livros em casa, me oferecia para arrumar as bibliotecas, porque assim encontrava as minhas preciosidades. Lia desbragadamente, num primeiro momento sem nenhuma seleção, depois de um certo tempo já sabendo melhor o que eu queria. Pedia livros por reembolso, fazia qualquer coisa por um livro. Li e reli Machado, me apaixonei por Guimarães Rosa, mas li também ensaios e textos que me ajudaram a compreender o momento que o país enfrentava, que me politizaram. E não era fácil encontrar esses textos. Ler o *18 Brumário* em Caratinga, sei lá como eu consegui! Sartre: como foi que eu encontrei Sartre em Caratinga? Sempre que podia, eu lia também o *Pasquim*,[4] fazia qualquer coisa para conseguir um exemplar. Tinha um grupo de amigos, pequeno, com quem trocava livros e discutia sobre eles.

Essa série de leituras foi que me levou a refletir sobre o país. O que eu era aos 18 anos, quando entrei para o PCdoB? Eu tinha feito todas as reflexões possíveis de se fazer tão jovem e era absolutamente contra a ditadura, achava que era preciso distribuir renda no Brasil. Pensei: como vou lutar por isso, falando sozinha ou entrando para uma organização? Achei que, entrando para uma organização, eu ficaria mais eficiente. Qual organização? Encontrar pessoas do Partidão era a coisa mais fácil do mundo. Conversei com algumas, foram bons papos, mas assim que entrei em contato com o PCdoB achei que aquela era a minha turma. Quando eu estava sendo interrogada, na prisão, perguntavam: "Quem te aliciou?" Eu dizia: "Ninguém me aliciou. Eu li muito e comecei a achar que alguma coisa estava errada". De gozação, eles me chamavam de "pesquisadora": "Traz a pesquisadora! Ela virou comunista porque pesquisou..."

Da cobertura do Itamaraty à coluna de economia

Por que, ao sair de Vitória, você escolheu Brasília, e não Rio ou São Paulo?

Porque achei que, para entrar no jornalismo nacional, Brasília talvez fosse o lugar certo. E até hoje acho que foi uma decisão correta. É importante para qualquer jornalista, hoje, passar por Brasília, porque em Brasília você conhece o poder e conhece melhor o Brasil. Você não pode é ficar lá muito tempo, porque senão começa a achar que aquilo é todo o Brasil, e aquilo é só uma parte. O risco

---

[4] *O Pasquim*, lançado em junho de 1969, logo se tornou o mais conhecido órgão da chamada imprensa alternativa, usando o humor como arma e tendo como alvos principais a ditadura militar, o moralismo da classe média e a grande imprensa. Ver *DHBB*.

84   Elas ocuparam as redações

para quem permanece é que, como a cidade é muito pequena, às vezes as relações ficam promíscuas. Você fica amigo da sua fonte. E quando isso acontece, você começa a trair o leitor, que tem que ser o único soberano na sua relação. É com ele que você tem que se preocupar. É ele que é importante: o leitor.

COMO VOCÊ ENTROU NA *GAZETA MERCANTIL*?

Quando cheguei a Brasília, passei uns dois meses indo de chefe em chefe, dizendo: "Sou jornalista, trabalhei tanto tempo no Espírito Santo, não tenho curso de jornalismo completo" – o que era uma notícia ruim para dar logo de cara –, "vou concluir este ano aqui na UnB, mas quero trabalhar". A situação do Marcelo era ainda pior: ele tinha sido enquadrado no 477 quando fazia medicina e tinha virado jornalista sem nem ter iniciado o curso. As pessoas conversavam conosco, diziam para ligarmos depois, ligávamos, e nada acontecia. Até que um dia, um amigo, Jorge Luis de Souza, que fora preso junto conosco, me contou que havia uma vaga na *Gazeta Mercantil*, e decidi ir lá. A vaga era a menos nobre do jornal. Existia um caderno à parte na *Gazeta Mercantil*, de legislação, chatíssimo, que ninguém conseguia ler, e eu teria que ficar circulando pelos tribunais para saber se tinha saído alguma decisão nova – hoje, aliás, essa área é cada vez mais importante. Eu estava meio desesperada para conseguir emprego e pensei: vou tentar impressionar. Fui o mais inteligente que consegui ser, querendo mostrar que era esperta e ágil, na conversa com o editor-chefe Sidnei Basile. No meio da conversa, ele virou para o subchefe e disse: "Ela tem um olho inteligente. Vamos colocá-la no Itamaraty?" As coisas são um pouco assim na imprensa. Há uma parte que é pura sorte. Havia um brilho qualquer no meu olho que ele captou.

E PÔS VOCÊ NUM LUGAR MELHOR.

Numa vaga nobre. E há um detalhe: eu estava grávida do meu segundo filho, Matheus, e mesmo assim ele me empregou, coisa que até hoje é difícil ocorrer em qualquer empresa.

Fui portanto incumbida de cobrir o Itamaraty, que era uma área de destaque, apesar de a *Gazeta Mercantil* ser um jornal de economia, e diplomacia não ser o assunto que normalmente estivesse na primeira página. Qual era o assunto que estava na primeira página? A reunião do Conselho Monetário, e não o contencioso comercial negociado pelo Itamaraty. Mas eu trabalhava feito uma desesperada para colocar esse tipo de assunto na primeira página. E também tive nova sorte: exatamente nessa época surgiu a crise do Acordo Nuclear, surgiram os contenciosos comerciais com os Estados Unidos, a briga com a Argentina, a longa negociação do Acordo de Itaipu; houve muito assunto de diplomacia. Foi uma época em que bons jornalistas cobriam o Itamaraty e em que a política externa foi muito debatida no Brasil. Peguei o período final do Silveira e o começo do período Guerreiro,[5] um momento rico, em que aprendi muito.

Fiquei uns cinco ou seis anos na *Gazeta Mercantil*, até que achei que estava acabando a ditadura e que talvez fosse bom eu entender melhor o Brasil. Fui então para *O Globo*, cobrir política. Mas *O Globo* não estava bem, foi um período ruim para o jornal em Brasília, e fiquei só sete meses. No fim de 1982, a *Veja* me convidou para ser editora-assistente em São Paulo, e resolvi ir. Em 1984, começou um projeto de televisão na Abril, eles decidiram formar um grupo piloto, e fui para a Abril Vídeo. Lá, iríamos fazer vários programas com entrevistas, matérias etc. A idéia era comprar um espaço na TV Gazeta e produzir quatro horas de programação, como uma grande produtora independente – um projeto que fracassou, porque, na verdade, o que eles queriam era ter um canal de televisão. Fiquei na Abril Vídeo até acabar, no fim de 1985.

Nesse momento, Marcos Sá Corrêa me chamou para vir para o *Jornal do Brasil*, no Rio: "Venha, porque o Zózimo vai passar um período em Paris, e estou precisando da sua ajuda na coluna dele"[6]. Achei que era tão diferente fazer a coluna do Zózimo que vim para o Rio, para passar três meses. Até brinquei: "Vou passar o verão no Rio e volto para passar o inverno em São Paulo". Nunca mais fui para São Paulo, porque, no segundo mês, Marcos Sá Corrêa se apossou da minha carteira de trabalho e a assinou. Disse: "Me dá aqui a sua carteira de trabalho!" Eu: "Não, o que é isso!" E ele me contratou para ficar definitivamente.

Quando Zózimo voltou, fui fazer a coluna de economia do *JB*. Naquela época, chamava-se *Coisas do Mercado*, mas pedi para voltar ao nome tradicional, antigo, que era *Informe Econômico*. Seis meses depois, passei a acumular a coluna com a editoria de economia. Se não estou enganada, fui a primeira mulher a ser editora de economia – mas logo depois vieram outras, tanto que houve um período em que só havia mulheres nas editorias de economia. E foi uma experiência fantástica. Assumi, e seis dias depois veio um plano econômico – o Plano Bresser –, o que era um teste de fogo para qualquer editor. Fiquei de 1987 a 1990 como editora de economia e, por um período, deleguei a coluna a outra pessoa. Saí então do *JB* e passei um ano fazendo a coluna de economia do *Estado de S. Paulo*.

---

[5] Antônio Azeredo da Silveira e Ramiro Saraiva Guerreiro foram ministros das Relações Exteriores respectivamente do governo Geisel (1974-1979) e do governo Figueiredo (1979-1985). Ver *DHBB*.

[6] De 1969 a 1993, o jornalista Zózimo Barrozo do Amaral, considerado um dos renovadores do colunismo social no Brasil, assinou uma coluna no *Jornal do Brasil*.

Fazia do Rio, o que para os paulistas era um absurdo. Antônio Ermírio, por exemplo, sempre que me encontra, pergunta: "Quando é que você volta?" – ele não entende alguém ficar longe de São Paulo. Afinal, em 1991, fui para *O Globo*, onde estou até agora.

VOCÊ ENTÃO FOI PARA *O GLOBO* EM 1991 PARA FAZER A SUA TERCEIRA COLUNA DE ECONOMIA, DEPOIS DO *JB* E DO *ESTADO DE S. PAULO*. MAS ECONOMIA ERA UM ASSUNTO QUE JÁ LHE INTERESSAVA DESDE OS TEMPOS DE VITÓRIA, NÃO?

Sim. Sempre gostei mais de economia do que de qualquer outro assunto no jornalismo. Quando fui para Brasília, fui cobrir política externa, mas dentro de um jornal econômico, e por isso mesmo tudo tinha que ter um veio econômico. Houve uma hora em que fiz uma passagem. Quando saí da *Gazeta Mercantil*, achei que precisava entender o Brasil e fui cobrir Congresso Nacional. Mais tarde, em São Paulo, fui editora-assistente da Veja em política. Mas depois voltei para economia, porque quando fui fazer televisão na Abril Vídeo, fiz programas de entrevistas na área econômica. Foi um caminho natural, como se eu precisasse fazer um curso de política para trabalhar melhor com economia.

VOCÊ FEZ ALGUM CURSO, ALGUMA ESPECIALIZAÇÃO EM ECONOMIA?

Nunca fiz nenhum curso, mas a quantidade de economistas que entrevistei e torturei, pedindo "me explica isso, me explica aquilo", equivale a um curso. Passei horas com os principais economistas do Rio, conversando sobre os mais diversos temas. Quando achava que um assunto que eu não entendia ia estourar, perguntava: "Como é isso?" Por exemplo, quando a inflação começou a subir, cheguei na PUC e perguntei: "Quem entende de hiperinflação aqui?" Disseram: "Gustavo Franco".[7] Estacionei no Gustavo Franco: "Me explica, como foi a inflação alemã, a húngara, como é a lógica da hiperinflação, como se sai da inflação?"

Quando assumi como editora de economia do *JB*, o editor executivo do jornal, Flávio Pinheiro, achou, por bons motivos, que eu precisava saber mais sobre economia – e não apenas eu. Fez então um contrato com dois brilhantes economistas da PUC, Rogério Werneck e Dionísio Dias Carneiro, para que eles almoçassem comigo e com os subeditores uma vez por semana para tirar as nossas dúvidas e nos alertar sobre novos fatos. Foram reuniões magníficas, nas quais aprendi muitíssimo.

---

[7] Gustavo Franco, economista e professor da PUC-Rio, tornou-se posteriormente presidente do Banco Central (1997-1999), no governo Fernando Henrique Cardoso.

VOCÊ TAMBÉM LIA MUITO SOBRE ECONOMIA?

Sempre li os textos que os economistas produziam. Li, por exemplo, teses de doutorado e textos acadêmicos, principalmente sobre estabilização. E sempre quis ler mais e conversar mais profundamente sobre economia. Acho que isso faz diferença, porque, em momentos dramáticos dentro da redação, se você não souber economia mesmo, pode errar na avaliação de uma medida.

O bom informante

COMO VOCÊ SELECIONA AS SUAS FONTES DE INFORMAÇÃO? SEUS INFORMANTES SÃO SEMPRE OS MESMOS PARA DETERMINADOS ASSUNTOS, OU VOCÊ VARIA?

Em primeiro lugar, você tem que ter um número enorme de fontes e tem que saber exatamente quais são os interesses delas. Se você for falar com um empresário, por exemplo, tem que saber em que negócios ele está envolvido e interessado, porque ele pode lhe dar uma informação que não é isenta. O segredo é ter muitas fontes, e fontes que estejam em lados diferentes em um mesmo assunto. Do contrário – e na economia isso é muito perigoso –, você pode ficar vocalizando o interesse financeiro de alguém. Às vezes, uma pessoa que você detesta, que jamais convidaria para uma conversa num fim de semana, é uma grande fonte, porque dá ótimas informações. Todo governo, por exemplo, tem um sujeito que tem muitas informações e nenhuma ingenuidade. Esse sujeito, em geral, é uma boa fonte, mas você tem que saber usar as informações que ele dá, para não ficar na mão dele. Ao selecionar as minhas fontes, portanto, não procuro apenas pessoas com as quais concordo. Há gente de quem eu não gosto pessoalmente, há gente cuja trajetória na vida política ou econômica do país eu sempre detestei, mas é importante ouvir essas pessoas, porque, primeiro, eu obtenho vários ângulos e, segundo, elas podem ser boas informantes. Nem sempre os bonzinhos são bons informantes, esse é que é o problema.

De qualquer forma, a escolha das fontes é um assunto sobre o qual é muito difícil falar teoricamente. Sou muito intuitiva, de repente olho e digo "acho melhor apostar naquele ali", vou e me aproximo. Em geral, todas as vezes que tive uma intuição desse tipo, ela me rendeu muito. Na verdade, a fonte é uma questão de intuição, de você estar muito bem informada, antenada, e de procurar fazer um *mix* com os lados contraditórios de um mesmo fato, para poder checar a informação. Na economia, por exemplo, você tem que ter informantes de diversas tendências e especialidades: um que entenda mais de política monetária, outro de estrutura dos índices de preços, outro de política de estabilização, outro de política industrial. Na lista dos economistas que um jornalista ouve sempre, é preciso que estejam todos esses. A lista também tem que ter gente do governo, inclusive do segundo escalão. Gente que permanece, porque senão, de repente, muda o governo inteiro, e você fica sem fonte. Quando se começa a montar um governo, é preciso analisar todo o grupo que está entrando para começar logo a fazer fonte. Você não pode chegar no dia da posse e não ter ninguém no novo governo.

Entre os empresários, é a mesma coisa. Você tem que ter fontes em várias empresas. Na área industrial, por exemplo, é uma complicação, porque você precisa visitar a indústria. Não adianta achar que vai falar com o sujeito pelo telefone, no escritório dele no Centro de São Paulo, e pronto. Você precisa ir à fábrica. Achar que alguém vai lhe dar, de repente, uma grande informação sobre o mercado de prego, por exemplo, é bobagem, ninguém vai ligar para lhe contar nada sobre isso. Mas você pode chegar na fábrica, e o sujeito dizer: "Minhas vendas aumentaram 70%". Aí você se pergunta: "O que está acontecendo com a construção civil?" E vai procurar a construção civil. O que quero dizer com isso é que é preciso saber como funciona a produção, a economia real. Visitar fábricas ajuda no momento em que você menos espera, quando é preciso explicar fatos do mundo real.

O que você precisa ter sempre no jornalismo econômico, mais até do que no político, é isto: pessoas que confiem em você e que lhe passem a informação. Na economia, há um déficit enorme desse tipo de pessoa. As complicações são muito grandes, e você tem que estar prestando atenção a uma série de coisas. Por exemplo, o que aconteceu com o cimento a partir de 1995? A demanda aumentou e os preços caíram. Isso, aparentemente, é o contrário do que diz a teoria econômica. Quando a demanda aumenta, aumentam os preços. Mas é que grupos estrangeiros entraram no país e, pela primeira vez, começou a haver competição, e não mais aquele cartel de cimento de antigamente. Resultado, a demanda aumentou, mas os preços caíram. Quem foi que me deu esse tipo de dica? Foi alguém do mercado financeiro, que estava observando a ação da empresa de cimento: "O setor de cimento está mudando muito..." Perguntei: "Por que está mudando?" Resposta: "Estão entrando os estrangeiros". A partir daí, fui procurar saber. A mesma coisa aconteceu com a fralda descartável, e eu entendi o fato visitando a fábrica da Procter & Gamble.

O mercado financeiro é perigosíssimo, mas você tem que conversar com ele. Por que é perigoso? Porque ele tem um interesse muito imediato. A partir de uma informação que sai na coluna, o informante pode fazer uma operação no dia seguinte, e depois, se a coluna der o desmentido, a operação está feita. Há informantes que podem querer "operar" os jornalistas de economia, então você tem que conversar bastante com eles, saber todas as fofocas que estão circulando no mercado, mas checar as informações antes de publicar. Na hora em que você vai checar uma informação importante, também tem que tomar muito cuidado na relação com a fonte. Por exemplo: fiquei sabendo que o déficit comercial de fevereiro, digamos, seria de US$ 2 bilhões. De onde eu tive essa informação? De gente do governo. Se eu ligo para alguém do mercado financeiro para falar sobre outra coisa e comento que vou dar isso na coluna no dia seguinte, isso pode ser usado para uma operação. Ou seja, na hora de checar uma informação, eu tenho que tomar todo o cuidado, para não passar algo que possa ser usado pelo meu interlocutor. Hoje há mais transparência e rapidez na divulgação desses dados, mas houve um tempo em que tudo era secreto e uma informação assim era valiosa.

HÁ UMA DIFERENÇA ENTRE PROCURAR E SER PROCURADO PELO JORNALISTA. VOCÊ JÁ PASSOU PELA EXPERIÊNCIA DE SER PROCURADA POR UM INFORMANTE QUE TIVESSE INTERESSE NA PUBLICAÇÃO DE UMA NOTÍCIA?

Já. Muito. No mercado financeiro, isso é comum. Por isso é que eu digo que, quando um banco liga, você tem que saber em que operação ele está. Tem sempre que checar, cercar-se de cuidados, para evitar ser "operada". Ou seja, tem que trabalhar muito mais, falar com mais gente, ter o telefone de emergência de mais pessoas, ou então do banco que esteja na posição contrária. Já recebi ligação de banco, por exemplo, com uma informação alarmista de comércio internacional. Era um banco que seria favorecido se a preocupação com o câmbio se espalhasse. O jogo é um pouco esse, não vamos ser ingênuos. Agora, eles também podem ter interesse em uma informação que, sim, é verdadeira. Aí você vai fazer o quê? Dar a notícia. Não interessa a quem vai servir a informação.

QUANDO A NOTÍCIA É VERDADEIRA VOCÊ SEMPRE PUBLICA, INDEPENDENTEMENTE DE INTERESSES OU DE REPERCUSSÕES?

O problema aí é o seguinte: não quero que ninguém tenha um lucro extraordinário por eu publicar uma informação falsa, uma informação que interessa ao informante mas não é verdadeira. Agora, se o informante tiver qualquer tipo de benefício com a publicação de uma informação verdadeira, não posso levar isso em consideração. Se for uma notícia muito ruim para o governo e muito boa para um grupo de que eu, como cidadã, não goste pessoalmente, o que eu posso fazer? A informação é o mais importante. Não vou deixar de dar uma informação porque ela prejudica um amigo meu, ou uma pessoa de que eu gosto, ou um projeto pelo qual estou torcendo.

O BOM INFORMANTE, SEJA ELE DE QUE ÁREA FOR, TEM ALGUMA CARACTERÍSTICA ESPECIAL PARA VOCÊ?

O bom informante é o que me diz uma coisa que ninguém sabe e que vai se confirmar no dia seguinte ou dali a pouco, e é absolutamente aquele que conta primeiro para mim. O bom informante é também aquele que entende como funciona a imprensa, porque a imprensa tem uma lógica, um horário e uma forma de trabalhar completamente diferentes do que a maioria das pessoas imagina. Eu, por exemplo, faço televisão de manhã e jornal de tarde. O bom informante sabe disso e me entrega a informação na hora certa, dependendo se ela é boa para a coluna ou para a televisão. Em geral, o bom informante, além de entender a imprensa, não tem uma visão conspiratória. Há gente que acha que entende a imprensa e diz: "Não, porque há uma conspiração, na verdade isto aqui é para atingir tal objetivo..." As coisas, na imprensa, às vezes não são tão sofisticadas, até porque nós não temos nem tempo de fazer conspiração.

A BOA FONTE TAMBÉM PODE AJUDAR O JORNALISTA A PENSAR?

Claro, principalmente um colunista. Existe a fonte que tem o *hard news*, mas há também aquela que tem a melhor reflexão, a maior capacidade de interpretar. Mario Henrique Simonsen,[8] por exemplo, nunca ligava dizendo que tinha uma informação nova, um furo. Mas se você ligasse para ele e dissesse: "Não estou entendendo o que está acontecendo", ele lhe dava uma aula brilhante.

VOCÊ ESTABELECE RELAÇÕES DE AMIZADE COM AS SUAS FONTES?

Ficar amigo é uma complicação, porque você pode estar comprometendo aquilo que você tem que perseguir, que é a verdade, a isenção. São coisas que você persegue a vida inteira sem conseguir atingir, mas que tem que continuar perseguindo. Eu faço o seguinte: quando acabo ficando amiga da fonte por alguma razão, tenho ainda mais cuidado com qualquer coisa que possa beneficiar, ou que seja do interesse daquela pessoa. Eu me considero impedida de tratar de determinados assuntos quando pessoas muito próximas de mim estão envolvidas com um lado da questão. Quando saí do Itamaraty, onde tinha ótima relação com os diplomatas, eu brincava: "Vou parar de cobrir o Itamaraty, porque já estou quase entrando no quadro de acesso..." É que realmente vira uma complicação. Você tem que ser um pouco frio, um pouco distante.

---

[8] Mario Henrique Simonsen foi ministro da Fazenda (1975-1979) do governo Geisel e do Planejamento (1979) no início do governo Figueiredo. Ver *DHBB*.

ESTAMOS FALANDO DA RELAÇÃO COM AS FONTES, MAS HÁ TAMBÉM A RELAÇÃO COM OS PATRÕES. ALGUM DIA VOCÊ RECEBEU PRESSÕES DOS JORNAIS ONDE TRABALHOU PARA PUBLICAR OU DEIXAR DE PUBLICAR ALGUMA COISA?

No *Globo*, onde estou há vários anos, nunca tive pressão para dar ou deixar de dar uma informação, mesmo quando sabia que o jornal tinha outra compreensão dos fatos, outra opinião. Tive problemas de pressão em Vitória, logo no começo da minha vida profissional, mas depois não, talvez porque eu sempre tenha estado no jornal certo na hora certa. Na *Gazeta Mercantil*, por exemplo, em pleno governo militar, eu tinha toda a liberdade. Houve um dia em que consegui uma informação muito importante, que eu ia publicar. Contei para o porta-voz do ministério, o então conselheiro, hoje embaixador Bernardo Pericás, e ele disse que a divulgação da notícia prejudicaria uma negociação que estava em curso. Na verdade, eu tinha descoberto que o Brasil ia blefar na mesa de negociação, pretendia contar isso, e aí o Brasil não poderia blefar mais. Meu chefe, consultado, disse que eu é que decidiria se deveria publicar ou não. Isso, em plena ditadura, era inédito. Conversei com o ministro Guerreiro e acabei não dando aquela informação, em troca de outras. Realmente, aquele furo poderia prejudicar a negociação e nem era tão relevante assim.

Na *Veja* eu tive uma experiência muito ruim, porque era tudo muito centralizado, escrevia-se o que os chefes queriam que fosse escrito. A opinião emitida dentro de uma matéria era a opinião do Elio Gaspari, e não exatamente a do jornalista que escrevia, ou a que ele tinha ido verificar com a fonte dele. Era um total centralismo, da opinião e da maneira de escrever. Hoje talvez tenha mudado, mas na *Veja* que eu conheci era tudo tão controlado que ninguém tinha liberdade para coisa alguma. Os fatos não podiam contrariar a pauta.

Quando digo que nunca sofri pressão no *Globo*, é preciso ver, também, que já cheguei como colunista de economia. Talvez os repórteres tenham uma outra idéia. Mas o que eu vejo lá é um ambiente de discussão aberta. Por que isso? É que hoje você precisa da liberdade dos jornalistas como insumo básico, porque senão o leitor vai perceber que o produto que ele está comprando tem algum vício e vai optar por outro. No *Globo* há divergências explícitas de opinião entre colunistas e editorial. Ali Kamel[9] e eu divergimos frontalmente na questão racial e tratamos disso abertamente nas páginas. Acho que isso enriquece o leitor. O jornal precisa desse confronto de idéias, e hoje isso faz parte do *Globo*.

---

[9] Ali Kamel é diretor executivo da Central Globo de Jornalismo, da TV Globo, e eventualmente publica artigos na página de opinião do jornal *O Globo*.

A boa coluna

COMO VOCÊ FAZ A SUA COLUNA?

O colunista tem que se colocar alguns temas, mas tem que estar aberto a tudo. No meu caso, acordo às cinco da manhã, vou para o *Bom Dia Brasil* e leio jornal durante três horas, intensamente. Assino os dois jornais do Rio, os dois de São Paulo, a *Gazeta Mercantil* e mais o *Financial Times* – são seis jornais. E assino também algumas revistas estrangeiras. É dessa leitura que eu tiro a indicação para onde seguir. Também navego na internet atrás de sites, jornais estrangeiros, institutos. Coluna é assim: você tem que dar informações em primeira mão, tem que explicar melhor o que está mal explicado, tem que apontar tendências... É muita coisa.

DEPOIS DE LER TODOS OS JORNAIS E VER AS TENDÊNCIAS, O QUE VOCÊ FAZ?

A partir daí, começo a perseguir determinados assuntos. Mas há uma parte do dia em que eu também ligo para as pessoas para assuntar. "Você tem alguma notícia? Me dá uma notícia, poxa, eu vivo disso..." Esse bate-papo. Você tem que fazer uma ronda. Eu digo mesmo para as minhas fontes: "Estou fazendo a ronda. Alguma novidade?" Às vezes, nessa ronda, o sujeito dá uma dica que você vai checar com outro e com outro, e que vira uma nota boa. E, às vezes, você trabalhou o dia inteirinho numa determinada direção que você estabeleceu de manhã, procurando determinadas informações, e às oito horas da noite liga uma fonte com uma informação muito melhor do que tudo o que você apurou naquele dia. Aí é a soberania dos fatos: você vai confirmar, vai checar para publicar, e a sua coluna muda inteira às oito da noite.

O QUE VOCÊ FAZ QUANDO PERCEBE QUE DETERMINADO ASSUNTO EXIGIRIA UMA GRANDE INVESTIGAÇÃO, QUE AQUILO QUE VOCÊ TEM É APENAS A PONTA DO *ICEBERG*? VOCÊ FAZ A INVESTIGAÇÃO OU PASSA A NOTÍCIA ADIANTE?

Numa coluna de notas, o colunista pode dar uma notícia mesmo sem ter se aprofundado muito. Ele precisa checar, para não dar uma informação errada, mas pode dar só a ponta do *iceberg*, aquilo que se sabe. Porque, na verdade, uma das funções da coluna é também ser a vanguarda do noticiário. Eu não tenho que esgotar todos os assuntos que passam por lá. Às vezes, tenho que ser mais profunda do que o noticiário, porque faço uma coluna especializada, mas não tenho que ficar correndo atrás de um assunto durante dias. O leitor quer variedade. Migrei nos últimos anos para o texto inteiro, o que é outra forma de fazer coluna. Nesse tipo de artigo há mais espaço para opinião, mas só opina bem quem apura bem. A opinião tem que estar baseada em muita apuração.

NA SUA VIDA DE JORNALISTA, VOCÊ TEVE TODAS AS EXPERIÊNCIAS: JORNAL DIÁRIO, REVISTA SEMANAL, RÁDIO E TV. COMO VOCÊ CARACTERIZA SEU TRABALHO NESSES VÁRIOS TIPOS DE MÍDIA?

Na verdade, são formas diferentes de fazer a mesma coisa. A forma de apurar o que é relevante, a maneira de colocar é que muda em cada mídia. E isso é engraçado. Por exemplo, o rádio, que eu faço na CBN logo de manhã, faz mais sucesso se for mais diretamente opinativo. Quando eu espinafro alguma coisa, sinto o interesse. O comentário tem que ser mais descontraído, relaxado; o ouvinte gosta de crítica, ou então de um elogio surpreendente – sei disso porque temos o *feedback*, temos o retorno. Já a televisão tem que ser mais clara, talvez mais explicativa. O telespectador de um jornal como o *Hoje*, por exemplo, onde já trabalhei, que é a pessoa do interior que consegue ir em casa almoçar, ou a dona de casa que não trabalha fora ou trabalha em meio horário, está menos interessado em ouvir crítica. Ele quer serviço e quer explicações. O que é interessante nisso? É conseguir dar uma explicação sem parecer que você acha que a pessoa não sabe nada. Você tem que ser clara sem ser didática. Não pode parecer uma pessoa superior ao telespectador, tem que ter o cuidado de não passar arrogância. Já no caso do *Bom Dia Brasil* a audiência é outra, e a forma do comentário, o assunto tratado, tudo é totalmente diferente.

O jornal, por sua vez, também é diferente do rádio e da televisão. É dirigido para um público que lê e que quer mais profundidade. De tudo o que faço, acho o jornal o mais difícil. E maravilhoso. Adoro escrever a coluna. Já a revista, é o quê? Revista tem que ser muito bastidor. Às vezes o jornal dá toda a informação, mas não dá o contexto, e às vezes o contexto é importante. A maneira como uma coisa se passa, o gestual – o sujeito levanta, bate o telefone, mostra que está nervoso –, isso ajuda a entender a dimensão, ou a possível repercussão da notícia. Esses detalhes, que as revistas exploram mais, também são úteis para a coluna.

A coluna é uma ferramenta extraordinária do jornalismo. Pode ser informativa, opinativa, provocativa. Pode atravessar as fronteiras das editorias. Pode marcar os momentos históricos com reflexões. Tem que variar: hoje mais opinião, amanhã um furo, depois de amanhã um artigo que seja um desabafo também para quem lê. O curioso é que as colunas em que eu falo de sentimento de nação, trato do papel dos órgãos públicos e instituições, comento datas históricas, são as que têm mais resposta. Uma que escrevi na eleição de 2002, chamada *A festa do direito*, mostrando o avanço da democracia no Brasil, os traumas vividos, as superações, a importância do ato de votar, fez sucesso. Outra de que os leitores gostaram foi uma que escrevi num 7 de setembro e que chamei de *Sentimento de país*.

A sensação com que fiquei ao ler as mensagens é de que o cidadão brasileiro, cansado da crítica do dia-a-dia, quer que de vez em quando o colunista pense o país de uma forma mais positiva, por cima da conjuntura.

UMA COISA QUE CHAMA A ATENÇÃO NA IMPRENSA BRASILEIRA HOJE É A PROLIFERAÇÃO DA NOTÍCIA CURTA, DA COLUNA DE NOTAS. POR QUE ISSO?

Isso é uma evolução do jornalismo em geral. O jornalismo ficou mais objetivo. Você tem que dar muita informação, alguma opinião, opiniões controversas – a receita é essa. E há o fato de que a leitura do jornal ficou mais corrida. Daí o sucesso das colunas de notas no Brasil.

Uma coluna pode ter só notas, como as colunas da *Folha de S. Paulo*, ou pode ter uma mistura de informação com análise. O terceiro tipo é a coluna que tem só um texto no espaço, é mais autoral. O primeiro tipo repercute muito menos, influencia muito menos, forma menos opinião do que as colunas que têm essa mistura ou que são personalizadas. O leitor quer notinhas, mas também quer uma informação relevante, uma reflexão importante.

A VOGA DA NOTA CURTA É INFLUÊNCIA DA TELEVISÃO?

Acho que não. Quando surgiu o *USA Today*, todo mundo dizia: "Agora, definitivamente, os jornais vão tentar fazer televisões impressas". Mas o que aconteceu? O número de mídias diferentes está aumentando, você hoje tem o jornalismo em tempo real, tem o jornal na internet, e o que se percebe é que nenhuma mídia substitui outra. Acrescenta. Não acho que os jornais tenham tentado ficar parecidos com a televisão. A informação rápida, curta, incisiva, sempre será importante e é uma forma de apresentação do próprio jornal. Não acredito nessas coisas, não acho que o jornal, hoje, esteja ameaçado pela internet. Não acho nada ameaçado por nada. Cada mídia tem o seu espaço.

VOCÊ SENTE ALGUMA DIFICULDADE PARA FAZER A SUA COLUNA ESTANDO NO RIO DE JANEIRO?

Já trabalhei no Rio, São Paulo e Brasília e sei das vantagens e desvantagens das três cidades. Estou convencida de que o Rio é o melhor lugar para estar, porque é eqüidistante dos dois pólos: do centro político e do centro econômico. O Rio vive a ficção de que é o único pedaço do Brasil que tenta ser nacional. Trinta anos depois de ter sido rebaixado, continua querendo ser Brasil. Tanto que o jornalista que cobre economia a partir do Rio tende a ignorar o que se passa na economia do próprio Rio. Eu mesma sou assim. De vez em quando me pergunto:

"Gente, o que acontece no Rio de Janeiro? Sei o que se passa em São Paulo, no Ceará, e não sei o que se passa no Rio!" O problema é você ignorar o Rio. Mas o Rio consegue ser um ponto de equilíbrio, e a partir dele você consegue ter uma visão melhor. Acho que o Rio é um ponto estratégico.

Mudanças na imprensa

DESDE QUE VOCÊ COMEÇOU A TRABALHAR, NOS ANOS 70, ATÉ HOJE, HOUVE MUITAS MUDANÇAS NA IMPRENSA. A SEU VER, QUAL FOI A MAIS IMPORTANTE?

A mudança que eu percebo é que foi aumentando a competição, seja entre jornalistas, seja entre veículos. Quanto maior o grau de liberdade de imprensa, maior a competição. Isso é saudável. Outra mudança é a força do jornalismo investigativo. A minha geração de jornalistas começou dentro da ditadura, época em que havia, obviamente, assuntos proibidos. Mesmo no começo da abertura, mesmo no governo Sarney, que já era um governo civil, havia muitas coisas que se ouvia dizer de administradores públicos e sobre as quais nenhum jornalista se aprofundava. Nos últimos dez anos, os jornalistas foram aprendendo a tecnologia de acompanhar as questões públicas e os desvios no comportamento dos homens públicos. O que produziu isso? O aumento da competição.

Hoje, todo jornalista que está chegando na imprensa precisa de uma informação relevante, importante, espetacular. E ele vai correr atrás da informação. Há 20, 25 anos, quando é que alguém pegava Delfim Netto[10] na porta do ministério e ele dizia o que ia acontecer no Conselho Monetário? Isso não ocorria, mas hoje se tornou importante. A tecnologia de cobrir – ou seja, acompanhar – escândalos, por exemplo, foi desenvolvida nos últimos anos. O jornalista aprendeu a procurar quem fala, a pegar conta bancária etc. Há 15 anos, ninguém sabia como fazer. Se alguém descobrisse que um governador tinha feito o lançamento de um título dando lucros extraordinários a uma corretora, como é que ia cobrir isso? Ninguém sabia como cobrir, nem o Congresso como apurar. Hoje todo mundo aprendeu. Estamos ficando – e acho isso importante – mais profissionais, mais eficientes. E isso se dá pela competição entre todos os repórteres. Estão todos correndo na mesma direção. Pode parecer assustador esse bando de gente correndo atrás da informação, mas é assim que o país tem aprendido um pouco.

---

[10] Delfim Netto foi ministro da Fazenda dos governos Costa e Silva (1967-1969) e Médici (1969-1974) e ministro do Planejamento do governo Figueiredo (1979-1985). Ver *DHBB*.

UMA DAS MUDANÇAS QUE OCORRERAM NESSES ÚLTIMOS 30 ANOS FOI O AUMENTO DA IMPORTÂNCIA DAS EDITORIAS DE ECONOMIA. MUITOS JORNALISTAS DIZEM QUE A EDITORIA DE ECONOMIA É A DE MAIOR PRESTÍGIO DENTRO DA REDAÇÃO. ISSO É VERDADE?

Não sei se hoje ainda é. Mas houve um momento em que a elite da redação era o pessoal da economia. Na época do governo militar, por razões óbvias. A política não tinha a menor liberdade, não tinha espaço, e quem queria fazer alguma coisa ia para economia. Não que ali houvesse liberdade, mas é que a economia tratava de assuntos em que a falta de liberdade era menos clara. Houve uma concentração de pessoas na economia, e daí o surgimento do "economês".

Depois houve um período, da década de 80 até o Plano Real, em que a inflação produziu outro fenômeno. Os jornalistas de economia eram necessários ao leitor. Por quê? Ninguém ligava para saber se ia haver fusão entre o PP e o PMDB, isso não atingia o cidadão comum. Agora, cada vez que um raio vinha do Olimpo e chegava à Terra na forma de um plano econômico, todo mundo tinha aflições imediatas, porque tinha uma conta para pagar no dia seguinte e se perguntava: "Como é que eu faço? Converto ou não converto, pelo pico ou pela média? E a minha prestação da casa própria? Ih, eu ia fazer uma viagem, posso viajar ou não posso viajar? Eu estava fechando um negócio, e agora, cadê o meu dinheiro que estava no banco?" Os planos econômicos subverteram de tal forma todas as pequenas regras do cotidiano – salário, prestação, escola, aluguel, poupança – que era necessário ter uma tropa de choque para escrever tudo isso no jornal, inclusive para atender o telefone. O jornal cobria bem um plano econômico se destacasse pessoas que entendessem rapidamente o que estava se passando e pudessem atender ao leitor que estava desesperado. Nós éramos um serviço. Éramos absolutamente um produto necessário e consumido pela população.

Agora, na estabilização, muita coisa mudou. A pauta se ampliou. Há muito assunto por aí, mas há muita coisa mal coberta. Acho, por exemplo, que os jornalistas de economia não cobriram o que aconteceu com a indústria. Ela passou por uma mudança dramática, de um país fechado para um país aberto, de um país sem nenhuma competição para um país com grande competição, e como isso foi coberto? Quem contou o que aconteceu dentro das empresas que os economistas diziam que seriam destruídas, mas sobreviveram e ficaram mais eficientes? O que aconteceu mesmo no dia-a-dia da empresa brasileira? Ninguém contou direito a revolução do agronegócio quando ela estava sendo feita. Só depois que a produção e a exportação de grãos explodiram é que se começou a falar no assunto. Ninguém acompanha hoje direito o conflito entre meio ambiente e economia. Ou o meio ambiente é que atrapalha o crescimento, ou toda a produção é tratada como devastadora do meio ambiente. É preciso contar as histórias para que se saiba, caso a caso, qual é a melhor decisão para o país.

Alguns temas, felizmente, invadiram a economia depois da estabilização: combate à pobreza, natureza da desigualdade, desafios da educação. Na época da superinflação, a economia nem olhava para esses temas. Hoje, no *Globo*, eles foram totalmente apropriados pela economia.

Você acha que os jornalistas ainda são dominados por pautas antigas?

Acho. O governo ainda é grande demais nas editorias de economia. Ainda estamos prisioneiros da conjuntura, e há uma infinidade de assuntos deixados de lado. O meio ambiente, como eu falei. Somos gigantes mundiais na área ambiental, pelo que ainda temos de patrimônio, mas estamos destruindo esse patrimônio. E não temos sabido tratar disso de forma cotidiana, como fazemos quando cobrimos as crises econômicas ou as querelas políticas. As editorias de política publicam uma quantidade de páginas sobre disse-que-disse de deputado e senador, que é um espanto. Tudo é espuma. E enquanto esses não-assuntos ocupam espaço, deixamos de cobrir o que de fato acontece pelo Brasil afora. Gastamos muito tempo com notícias que não importam realmente, quando há coisa importante acontecendo, longe dos nossos olhos.

O debate sobre o necessário avanço do negro na estrutura de poder no Brasil tem sido discutido de uma forma pequena, como se tudo fosse cota ou não-cota. Precisamos discutir de uma forma mais ampla o complexo problema brasileiro na área racial. Durante 70% do tempo da nossa história a economia brasileira se baseou na escravidão. Depois disso, nada foi discutido profundamente, nenhuma ação afirmativa foi feita, nenhum resgate. Preferimos acreditar que somos miscigenados e isso resolve tudo. A construção do Brasil futuro passa por esse assunto, mesmo que tantos não queiram discuti-lo. Temos que sair da pauta do dia-a-dia na qual ficamos presos!

Você, pessoalmente, tenta fazer isso?

Às vezes, a conjuntura leva você; às vezes, você consegue lutar contra a correnteza. Fiz meu esforço de incorporar cada vez mais temas na coluna: a luta contra a discriminação racial, os dados da exclusão, a qualidade das políticas públicas, educação. Nas empresas, desde a estabilização tenho procurado outros temas. Em 1996 fiz duas séries para o *Jornal Nacional*, uma sobre competição, a *Hora da competição*, e outra sobre questões sociais e mudanças econômicas e demográficas chamada *Caminhos do Brasil*. Procurei entrar, quando a inflação diminuiu, em assuntos como o debate da competitividade. Durante duas décadas, nós, jornalistas de economia, nos dedicamos a cobrir um edifício em chamas, todo dia havia uma emergência. Depois, houve chance de olhar em volta e verificar que a casa está mal organizada.

98 Elas ocuparam as redações

AINDA COM RELAÇÃO ÀS MUDANÇAS NA IMPRENSA: VOCÊ PERCEBE UMA DIFERENÇA DE ORIGEM SOCIAL DA SUA GERAÇÃO DE JORNALISTAS PARA ESSA QUE ESTÁ CHEGANDO HOJE?

Não sei se a geração que está chegando é de outra classe social. Foi o Brasil que mudou, não a classe social do jornalista. O acesso aos bens de consumo duráveis se ampliou de forma absolutamente impressionante. O que na minha época era proibitivo para um jornalista começando, hoje não é mais. As mulheres invadiram as redações, hoje os negros começam a ficar mais numerosos... Há mais diversidade hoje do que quando eu entrei no jornalismo. Mas acho que a minha geração lia mais do que os mais novos. Nós, da época das restrições da ditadura, nos agarrávamos aos livros, e isso nos preparou para entender e interpretar o mundo. Temo que a leitura do jovem de hoje seja mais utilitarista, digital, imediata. Um jornalista tem que ler tudo: de poesia a filosofia. Tudo é útil na loucura de produzir conteúdo diariamente.

VOCÊ ACHA QUE AS REDAÇÕES SE BUROCRATIZARAM?

Acho. O grande perigo que sempre vi na imprensa e que cada vez me impressiona mais é o que chamo de burocratismo. E aí eu confirmo que fiz a coisa certa quando optei por ir para a coluna. A coluna obriga você a ficar em contato com o mundo externo. Você não pode fechar a janela. Você é punido diariamente se fechar a janela e não atender o telefone. Você tem que estar fazendo todos os dias a atividade principal do jornalista, que é buscar a informação e entregá-la para o seu consumidor. E o que aconteceu? Aconteceu que se criou nas redações a idéia de que, se você vira chefe, não tem que buscar a informação, vai só selecionar e editar as informações que os seus repórteres trazem. A busca da informação começou a ser considerada de menor importância. Depois, houve a fase da introdução das novas técnicas gerenciais, em que todos acabam virando gerentes. Não estou dizendo que não seja importante, visito empresas e sei a importância disso, mas tem gente esquecendo o *lead*. O *lead* é: vamos buscar a informação e entregá-la ao leitor.

Quando eu era editora de economia do *Jornal do Brasil*, passava o tempo todo buscando informação. Mandava os repórteres, mas ia também. Acho que só quem tem mais informação pode editar melhor. Durante uma época, virou coqueluche a introdução de ferramentas de controle de qualidade e de redução do desperdício. Tive medo de que fosse esquecido que o nosso produto exige desperdício, sim. Apuramos muito mais do que se precisa para ocupar o espaço. E escolher a melhor matéria é o trabalho da edição.

Jornalistas e jornalismos

O QUE É SER JORNALISTA?

É melhor começar pelo que *não é* ser jornalista. Não é com diploma que se vira jornalista. O jornalismo tem que ser um mercado aberto à contribuição de fora. Há pessoas capazes de mostrar fatos do cotidiano do Brasil que os jornalistas não conseguem mostrar. Regina Casé, por exemplo, com vários programas, como o *Brasil Legal*,[11] sempre informou sobre o que o brasileiro pensa e sonha. Isso é jornalismo. Por quê? Porque ela revela o Brasil. Daquele jeito delicioso, dá a informação. Jornalista é isso tudo: revela, informa, forma opinião. Busca, processa e entrega informação. Acho uma profissão maravilhosa.

VOCÊ ESCREVE PARA O PÚBLICO OU PARA OS SEUS PARES?

Para o público. E o *feedback* é muito grande, porque se antes eu recebia cartas, agora a resposta é mais imediata com a internet, e há também as pessoas que ligam e dizem "adorei a sua coluna hoje, é exatamente isso que eu penso" ou "afinal entendi esse assunto", há as críticas de quem se sentiu atingido... Uma coluna que nunca é falada vai perdendo importância, perdendo, perdendo, até morrer. A morte é lenta, mas uma hora acontece. Portanto, eu preciso que os leitores me leiam. Todo dia tenho que entregar um bom produto para tentar manter o interesse do leitor, porque não quero que ele me abandone. No caso da televisão é ainda mais dramático, porque o telespectador está com o controle remoto no meu pescoço. Ou eu faço uma coisa que seja interessante, ou ele desliga, troca de canal.

O JORNALISTA, PORTANTO, TEM QUE LEVAR EM CONTA A PRESSÃO DA AUDIÊNCIA?

Quando se fala em audiência, é preciso ver que há públicos diferentes. Não acho que o jornalista tenha que procurar assuntos banais, bizarros, escandalosos, para atrair o público. Mas acho que os assuntos importantes podem ser contados de maneira interessante, de forma a prender o leitor ou o telespectador. Cotidianamente temos que saber contar uma boa história. As histórias normalmente são boas, do contrário não seriam notícia. Só que temos que saber contá-las.

Agora, há assuntos polêmicos que, quando tratados na coluna, provocam muitas críticas. É inevitável. Sempre defendi, por exemplo, reformas na previdên-

---

[11] *Brasil Legal* foi exibido pela TV Globo de 1995 a 1997. Regina Casé visitou 27 cidades brasileiras, fazendo entrevistas com pessoas comuns em que a curiosidade antropológica se misturava à irreverência. Informação extraída de www.premioclaudia.abril.com.br, acesso em 30.11.2004.

cia brasileira. Acho que o brasileiro se aposenta cedo, há distorções horríveis. Já escrevi várias vezes sobre absurdos dos fundos de pensão de estatais, que têm privilégios demais. Quando escrevo sobre isso, recebo muitos e-mails com críticas até agressivas. Mas volto ao assunto sempre que é preciso. E voltarei no futuro, independentemente do que digam os e-mails. Há temas em que conseguir agradar é fácil, mas mesmo desagradando eu escolho dizer exatamente o que penso sobre o assunto. É fácil ganhar aplauso dizendo que tudo é culpa do governo, apoiando todas as propostas de aumentos de gastos, todas as isenções de imposto de renda e denunciando uma conspiração externa para os nossos problemas. Mas a vida não é assim. Num país como o Brasil, a escolha de como e com quem gastar o dinheiro público é, e sempre será, o ponto central para a redução da desigualdade.

MESMO NA TELEVISÃO VOCÊ ACHA QUE PODE LEVAR EM CONTA O PÚBLICO SEM SER PRISIONEIRA DELE?

Acho. Já fiz na televisão o jornal da hora do almoço, que não tinha tradição de ter comentarista. Às vezes, alguém dizia: "O que isso interessa à dona-de-casa?" Sempre respondi que aquela mulher dona-de-casa, que não se interessava por nada, já não existe. A mulher, hoje, quer saber, quer ser bem informada. Acho que há sempre um jeito de tratar de um assunto complicado de uma forma clara sem ser simplista. Hoje, no *Bom Dia Brasil*, a área dos meus comentários é mais ampla. Já houve dias em que, no final, os telefones tocavam na redação me criticando, porque eu contrariava algum interesse corporativo. Mas isso nunca me inibiu.

COMO VOCÊ PERCEBE O PAPEL SOCIAL DO JORNALISTA? ELE É PRODUTOR OU DIFUSOR DA INFORMAÇÃO, É INTÉRPRETE DA INFORMAÇÃO, É CRÍTICO OU FISCAL DO GOVERNO, É DEFENSOR DOS SEM-VOZ, É RESPONSÁVEL PELA FORMAÇÃO DA AGENDA PÚBLICA, É FORMADOR DE OPINIÃO...?

Não acho que o jornalista seja todas essas coisas que às vezes achamos que somos. Não acho que tenhamos que ser fiscais. Acho apenas que temos que estar atentos aos assuntos mais importantes e ter uma visão crítica em relação ao governo, aos políticos, aos empresários. A função primeira do jornalista é absolutamente simples: buscar e trazer informação.

Quando o jornalista começa a achar que faz a história, ou que tem uma função social, é fiscal, é juiz, ele está errado. E freqüentemente estou vendo esses erros refletidos por aí. Vi uma entrevista do editor-chefe de um jornal dizendo assim: "Nós, jornalistas, saímos todo dia procurando saber o que o governo fez de errado, porque achamos que essa é a nossa obrigação. A do governo é dizer o que fez de certo". Não concordo, tenho uma visão completamente diferente. Acho que todo dia eu saio de manhã procurando saber que novidades temos e depois entrego as novidades. Se elas são boas ou ruins, se prejudicam ou são benéficas ao governo, é outra história. E principalmente, acho importante não ficar focado no governo. Há muito mais coisas para ver, para dizer, para publicar. O Brasil é maior, e nós temos que cobrir e descobrir o Brasil. Em resumo, acho que todo jornalista que pensa que é outra coisa vai exorbitar da sua função. O jornalista é um pegador de notícia e um transmissor de notícia. É um elo da cadeia da informação. Dá elementos para a pessoa pensar, mas não faz o pensamento do outro. Tem que gostar de novidade, de ser surpreendido, tem que ser capaz de mudar de opinião.

VOCÊ, ENTÃO, NÃO ACHA QUE ESTÁ AJUDANDO A FORMAR O CIDADÃO.

Eu dou a ele uma informação, e ele vai agregar essa informação ao seu arquivo, jogar essa informação fora, decidir soberanamente o que fazer com ela. Eu tenho que entregar, preciso passar aquilo que fui buscar. Mas acho que as pessoas chegam às suas conclusões e opiniões sozinhas, colhendo as informações que são oferecidas no mercado de notícias, de idéias, de fatos. É nesse mercado que eu trabalho. Imagina se eu tentar dizer todo dia que não há violência no Rio, mostrar dados, comparar com outras cidades piores. O que o cidadão do Rio vai fazer? Vai concordar com algo que confronta diretamente os fatos que ele vê diariamente? Ele vai ficar com a opinião dele. Acho que, quanto mais a gente conseguir transmitir fielmente o que está acontecendo, emitir uma opinião baseada em fatos, mais o cidadão vai se reconhecer nesse relato e nessa opinião e vai consolidar o que ele próprio pensa sobre o assunto. Às vezes a pessoa acha uma coisa, mas não pensou muito a respeito. Vem o comentarista, organiza o pensamento sobre aquele tema, e a pessoa, então, concorda. Mas não porque o jornalista tenha o poder de invadir as mentes e impor pensamentos, e sim porque ele organizou os fatos e expressou uma idéia que a pessoa intuitivamente já tinha.

PARA VOCÊ, A IMPRENSA NÃO É FORMADORA DE OPINIÃO?

Acho que a imprensa tem que ser absolutamente humilde diante da opinião pública, senão é fulminada por ela. Isso já aconteceu na história da imprensa brasileira. A imprensa não faz o fato, o fato faz a pauta. Não é possível inventar uma pauta, ela não se sustenta. O fato é soberano. E não estou fazendo uma frase, tenho vivido isso na redação nesses anos todos de jornalismo. Não adianta você dizer: "Agora vamos dizer que o culpado é inocente". Você sente o peso. Não adianta querer inventar.

O JORNALISTA TEM CREDIBILIDADE JUNTO AOS INTELECTUAIS, AOS ECONOMISTAS, AOS POLÍTICOS, AO PÚBLICO EM GERAL?

Depende do jornalista, depende da mídia, depende de muita coisa. Ele tem mais credibilidade junto à população, digamos, do que junto aos intelectuais. Os intelectuais tendem a considerar que o jornalista é um intelectual que deu errado. É como se o jornalista fosse um subintelectual. Ele escreve todo dia, às vezes é até mais conhecido que o intelectual que fez um trabalho de fôlego, mas... "Não é exatamente do meu grupo", diz o intelectual. E se o jornalista também não ficar achando que é um intelectual, melhor. Não há nada de errado, não há uma hierarquia, mas talvez ele realmente não seja um intelectual.

O jornalista tem prestígio junto aos políticos, aos economistas? Depende também. Há economistas que acham que os jornalistas são inferiores. Devem pensar assim, pois passam isso nas entrevistas. Olham para você com superioridade. O economista mais inteligente que já conheci, que foi o Simonsen, jamais olhou para qualquer jornalista com superioridade. Mas já vi muito esse olhar de "você não tem a menor idéia do que seja isso de que está tratando". Eu e todos os jornalistas de economia já tivemos algum momento em que flagramos o olhar superior de um economista. E, às vezes, temos muito mais razão. Cansamos de ver teoria ser rasgada no Brasil. A economia brasileira é muito surpreendente.

Especialistas de diversas áreas têm uma coisa em comum: acham que nós, jornalistas, queremos simplificar demais, vulgarizar o conhecimento. Então, o cientista diz: "Não, você não entendeu a complexidade do problema..." Uma vez liguei para o Departamento de Contas Nacionais do IBGE e fiz uma pergunta óbvia: "O que aconteceu com o PIB? Vocês estão dizendo que ele aumentou 4%, mas o número do PIB dobrou. Então, o que aconteceu?" A diretora do departamento disse: "Isso é complicado demais para você entender". Fiz uma nota contando o diálogo e criticando. No dia seguinte ligou Simon Schwartzman, na época presidente do IBGE, dizendo: "Desculpa, vou mandar todo mundo te explicar..."

Nós não somos economistas, não somos cientistas, não somos intelectuais, não somos políticos, não somos nada, mas temos que transitar nesses mundos todos e falar para quem está fora de todos os mundos. Essa é a complicação. Vamos sempre provocar desagrado, nossa relação vai ser sempre conflituosa em qualquer área, porque vão sempre achar que não entendemos exatamente o sentido das coisas. Mas no dia em que entendermos profundamente o sentido de um grupo, talvez deixemos de fazer bem o nosso trabalho, que é contar para o resto da população. Somos a ligação entre todos os especialistas e todos os leigos. O preciosismo do especialista tem que ser simplificado para ser entendido pelo leigo. Esse é o nosso trabalho.

Míriam Leitão

103

PELO QUE SE PODE PERCEBER, EXISTE HOJE UMA TENDÊNCIA À ESPECIALIZAÇÃO DENTRO DO JORNALISMO. VOCÊ ACHA ISSO BOM OU RUIM?

Isso é bom e é ruim. É ruim quando é uma especialização precoce. Acho que a especialização tem que vir com o tempo, que o jornalista tem que circular por várias áreas. É essa, por exemplo, a orientação que dei aos meus filhos, que também escolheram o jornalismo. Tenho medo que o jovem logo entre em um guichê e fique prisioneiro daquele guichê. Porque a realidade é diferente das redações de jornal. Os jornais, por razões de organização, dizem: "Economia é isso, política é isso, cultura é isso". E as coisas são todas colocadas em nichos diferentes. Aí o trânsito fica complicadíssimo na cidade, e ninguém sabe por quê. Por quê? Porque a venda dos bens de consumo duráveis aumentou 89% em quatro anos, e carro foi o que mais vendeu. Foi isso que atrapalhou o trânsito. A explicação está na economia.

As coisas não têm fronteiras, mas os jornais precisam delas para se organizar. A fronteira entre política e economia, por exemplo, caiu completamente, e o jornalista que só consegue entender economia não consegue entender política e vice-versa. Tive uma vez uma discussão com um jornalista que editava política no *Globo*, no anúncio do Plano Real. Ele achava que o plano não tinha nenhuma chance de dar certo, e começamos a discutir sobre isso. De repente, eu disse a ele uma coisa que acho que foi a definição desse dilema: "Se você não entender esse plano, não vai entender essa eleição". Porque o plano foi determinante na eleição de 1994. E logo que ele foi anunciado, quem acompanha a tecnologia da estabilização sabia que aquele era o último modelo. Era um plano de última geração, portanto tinha incorporado todo o conhecimento sobre erros e tinha mais chance de dar certo. Era a quinta experiência dos economistas brasileiros e tinha já várias proteções contra erros.

A especialização é importante, porque, de alguma coisa, você tem que entender profundamente. Não posso escrever uma coluna sobre genética hoje, não estou preparada. Mas se você me der um tempo, vou estudar, vou conversar com geneticistas e talvez, no fim desse tempo, eu possa escrever alguma coisa um pouco mais interessante sobre o assunto. Neste momento, posso escrever sobre os dilemas filosóficos ou religiosos que surgem, sobre o que está na cabeça das pessoas, mas não posso escrever tecnicamente. Sou especialista em novidade, em fatos interessantes, e em transmitir isso para o público. O especialista de cada área, na maioria das vezes, não sabe transmitir.

Na economia, é a mesma coisa. Você precisa ter uma especialização. Na política, você precisa entender o jogo dos partidos, o regimento do Congresso. Há vários fatores que interferem na notícia e que vão dizer se uma coisa vai dar certo ou não. Você precisa se especializar para entender o que é dito. Mas, ao mesmo tempo, você precisa evitar achar que toda a verdade está na sua editoria, precisa visitar os outros temas. O jornalista de economia tem que ir ao Congresso de vez em quando, sentar e conversar. Aí ele vai sair de lá dizendo: "A reforma tributária não tem a menor chance, não passa". Ou o contrário. Você não pode ficar prisioneiro do seu guichê, tem que ser capaz de acumular conhecimentos.

Colunista corre por fora...

VOCÊ JÁ MENCIONOU QUE AS MULHERES INVADIRAM AS REDAÇÕES. O JORNALISMO, DESDE QUE VOCÊ COMEÇOU A TRABALHAR, SE TORNOU UMA PROFISSÃO FEMININA?

Acho que sim, houve um aumento muito grande do número de mulheres na imprensa em geral. Mas, se você observar bem, a mulher não passa do nível de média gerência. No começo, a barreira era entrar. Minha geração derrubou essa barreira, a mulher entrou de uma forma intensa na imprensa, mas nem por isso as dificuldades acabaram.

FOI A FACULDADE QUE PERMITIU ESSA ENTRADA MACIÇA DAS MULHERES?

Foi a faculdade que permitiu isso. Primeiro, houve a entrada; depois, houve o começo de uma ascensão, e a pergunta hoje é: as mulheres passarão para as chefias mesmo? A minha geração está pronta para o poder, está preparada, algumas mulheres são muito melhores que os homens que comandam as redações, mas o fato é que são eles que comandam. Acho que a geração que vem logo depois da minha é que vai quebrar isso. Hoje, a mulher vai até o nível de média gerência, chega às editorias especializadas, mas não é editor-chefe. Por quê? Há uma barreira, que nós mulheres conhecemos muito bem. Eu, por exemplo, construí a minha vida da seguinte forma: quando vi que havia um muro na minha frente, decidi tomar outro caminho, ser influente sem ter necessariamente cargo de chefia. Ou seja, ser colunista. Colunista tem uma posição à parte, porque não está submetido à hierarquia do jornal. Colunista corre por fora...

VOCÊ ALGUM DIA JÁ PENSOU EM DEIXAR O JORNALISMO E FAZER OUTRA COISA NA VIDA?

Acho que eu morreria se deixasse o jornalismo. Posso até fazer outras coisas, contanto que possa conciliar.

NEM MESMO DA TENSÃO DO JORNALISMO VOCÊ GOSTARIA DE SE LIVRAR?

Eu adoro ficar tensa! Gosto da tensão, preciso da tensão. Detesto é não ter estresse. Se um dia eu não tiver estresse, não tiver um *deadline*, não tiver nenhuma aflição, eu morro. Sou uma pessoa absolutamente feliz com a profissão que escolhi. É isso que eu quero, é disso que eu gosto. O que me incomoda hoje, talvez, com a idade em que estou, é que eu penso: está bom, mas só produzi informação descartável; talvez fosse o caso de fazer alguma coisa mais profunda com a técnica que eu aprendi de buscar informação, alguma coisa que dure mais do que as 24 horas da edição de um jornal ou os 15 minutos de um noticiário na televisão. Esse é o meu sonho: escrever livros. Se consigo fazer isso, ou se tenho capacidade para fazer isso, é uma discussão que tenho que ter comigo mesma. Ou que tenho que verificar na prática. Alguns livros de jornalistas são realmente importantes. Mas nem todos são capazes de fazê-los. Muitos acham que são e não são.

GOSTARÍAMOS DE CONTINUAR CONVERSANDO, MAS SABEMOS QUE NÃO HÁ MAIS TEMPO. QUERÍAMOS LHE AGRADECER: FOI ÓTIMA A ENTREVISTA.

Que bom. O jornalista passa o tempo todo sendo objetivo no jornal, mas quando alguém vai entrevistá-lo, a tendência é falar demais, ser dispersivo e pouco objetivo.

NÃO FOI O QUE ACONTECEU AQUI. E NÓS TEMOS UMA VANTAGEM SOBRE OS JORNALISTAS: TRABALHAMOS COM MAIS TEMPO, NÃO TEMOS TANTA PRESSA...

Uma vez fiz uma entrevista com um pouco mais de tempo. Estava saindo da *Veja* e indo para a TV, estava com o drama de deixar a imprensa escrita, quando a *Playboy* me convidou: "Faz uma entrevista com o Fernando Henrique, um senador que está assumindo aí". Era 1984, e ele tinha entrado no ano anterior como suplente do Montoro. "Você tem dois meses para fazer." Pensei: oba, isso é um mundo de tempo! Conversei com ele algumas vezes, acompanhei uma reunião no Cebrap, estudei o personagem. Hoje, quando releio, acho que foi a melhor entrevista que fiz. Ela só ficou famosa por um detalhe que não tem a menor importância: na entrevista, ele disse que tinha fumado maconha. Mas, quando se relê, vê-se que em 1984 ele dizia muita coisa que hoje fica clara. Há uma hora em que eu pergunto, inclusive, se ele achava que poderia vir a ser presidente da República, e ele diz que sim. Ele achava que as duas novidades da política eram ele e Lula. E dizia coisas como uma frase que ele repete até hoje: "O Brasil não é um país subdesenvolvido, o Brasil é um país injusto". As outras entrevistas que fiz correndo, acabei esquecendo. Mas essa, em que tive esse mundão de tempo, ficou.

Dora Kramer

Dora Kramer

*Entrevista a Alzira Alves de Abreu
feita em Brasília em 15 de abril de 1998.*[1]

De revisora a repórter

VAMOS COMEÇAR POR ALGUNS DADOS BÁSICOS: SUA DATA DE NASCIMENTO, PROFISSÃO DOS PAIS, CURSO UNIVERSITÁRIO.

Nasci em 5 de abril de 1955. Mãe dona-de-casa, mas uma pessoa que eventualmente trabalhava com moda, decoração, e pai militar. Nasci no Rio, sou carioquíssima, mas quando minha mãe se casou pela segunda vez, fomos morar em São Paulo. Lá cursei a Casper Líbero, que é uma faculdade, não é universidade. Não queria fazer jornalismo, queria diplomacia, mas minha mãe disse "tem que fazer jornalismo", e obedeci. Fiz clássico, escrevia redações, a professora de literatura se apaixonava por elas e distribuía em classe. Meus colegas mostravam em casa, algumas mães eram amigas da minha e comentavam com ela. Em função disso, minha mãe achou que seria bárbaro eu ser jornalista. Docemente constrangida, fiz o vestibular. Não foi uma escolha, porque o que eu queria era diplomacia, mas também fiquei com preguiça de ser diplomata. Tinha que estudar muito.

COMO VOCÊ FOI TRABALHAR EM JORNAL PELA PRIMEIRA VEZ?

A primeira coisa que fiz em jornal, ainda no cursinho pré-vestibular, quase que de brincadeira, porque era de graça, foi ser revisora no *Diário da Noite*.

---

[1] Dora Kramer autorizou a publicação da entrevista sem a sua revisão.

Pedi lá para sentar praça, para ver como era o ambiente de jornal. A partir dali, fiz revisão de anúncio, revisão de *Diário Oficial*, trabalhei nos jornais mais absurdos. Depois passei por algumas rádios – Rádio Mulher, Rádio Record –, como repórter, para aprender, aí já ganhando. Comecei com esse picadinho, e a coisa só ficou mais linear a partir de 1974. Nesse ano trabalhei na TV Tupi e depois arranjei um emprego de radioescuta no *Diário Popular*. Até que um belo dia resolvi pedir uma vaga que havia na reportagem geral. Pedi e consegui. Em julho de 1977 fui para a Agência Folha. É a partir desse ponto que eu começo a contar mesmo. Eu já era profissional, com carteira assinada, desde 1974, mas o meu primeiro emprego decente de repórter foi esse da Agência Folha, onde fiquei até 1981. Dali fui para *O Estado de S. Paulo*.

QUEM A CONVIDOU PARA TRABALHAR NESSES LUGARES TODOS, QUAIS FORAM AS SUAS ESTRATÉGIAS?

Não havia estratégias. Era ir aos lugares. No *Diário Popular* eu era radioescuta, ficava em cima, desci até a redação e pedi para ser repórter. Não conhecia ninguém. Eu estava naquela profissão e de alguma maneira tinha que começar. Sempre acreditei que é assim mesmo que se faz, não há outro jeito. Na Agência Folha, como foi que eu entrei? Soube que havia uma vaga – porque, no momento em que você está na faculdade, ainda mais naquela época, em que muita gente de jornal fazia faculdade para se legalizar,[2] você começa a saber das coisas – e fui lá. Naquela época fazia-se teste. Aparecia um monte de gente, e todo mundo saía para fazer matéria. Quando entreguei a minha, me lembro que o Dudu Martins olhou e perguntou: "Este texto é seu?" Eu disse: "É". Ele: "Então, o emprego é seu". Pronto. Foi assim. Nunca tinha visto ninguém ali. Como foi que eu fui parar no *Estadão*? Houve a greve de 1979, ficou aquele negócio malparadésimo em São Paulo, até que finalmente, em 1981, fui demitida da Agência Folha.

VOCÊ FEZ A GREVE?

Fiz. Era contra, porque era do Partidão, mas fiz. Saí, então, da Agência Folha e fiquei um tempo só no Sindicato de Jornalistas de São Paulo, até que eu soube que havia uma vaga no *Estadão*. De novo lá fui eu, me candidatei à vaga e ganhei. Cobri a eleição de 1982, mas em 1983 o meu contrato, que era temporá-

---

[2] Ver neste volume o depoimento de Míriam Leitão, nota 2.

rio, venceu. Fui então trabalhar na assessoria de imprensa da Emurb, Empresa de Urbanização de São Paulo, prefeitura Covas. Um belo dia, louca para voltar para o Rio de Janeiro, porque estava namorando um rapaz, com quem vim a me casar, que era do Rio, me liga o editor de política do *Jornal do Brasil*. Até então eu nunca tinha feito política – fazia geral, fazia meio ambiente, me interessava enormemente por essa área, queria ser jornalista de ciência. Era uma quinta-feira, eu estava em casa, de perna quebrada, liga Jomar Morais e me convida para estar segunda-feira no Rio, para assumir uma vaga de repórter de política no *Jornal do Brasil*. Que era o jornal dos meus sonhos, como de todos os jornalistas. E eis que no dia 1º de junho de 1984, de perna quebrada e tudo, chego ao Rio de Janeiro e começo no *Jornal do Brasil*.

Assumi morta de medo. Imagina: política! Eu disse: "Não vou saber fazer, Jomar! Só você, que é meu amigo, pode achar que sim!" Era a época em que os paulistas foram para o *JB*, que deu aquela malufada.[3] "Política é coisa importantíssima, nunca vi isso, não sei como é! Só sei fazer política de Partidão!" Pronto, entrei no *JB* como *copy*. Foi horrível, sofri, sofri, porque não sabia fazer um título, não sabia fazer nada, não tenho paciência nem disciplina e queria mesmo fazer reportagem. Nisso, caiu a paulistada, trocou o editor, veio Marcos Sá Corrêa, e Marcelo Pontes assumiu a editoria de política. Nós nos odiamos de imediato! Não houve jeito, foi um horror! A duras penas, Marcelo venceu a resistência e me deixou fazer um perfil do Gabeira, que era candidato ao governo do Rio na eleição de 1986.[4] Fiz o perfil, todo mundo adorou, e lá fui eu para a reportagem.

O tempo foi passando, até que me foi despertando o desejo de vir para Brasília. Em 1987 teria início a Constituinte, e comecei a perceber que no Rio eu não iria a lugar algum como repórter de política. Se era para fazer reportagem de política, tinha que fazer direito, e não ficar naquela enganação. Acabou o governo Brizola, acabou a graça, entrou o Moreira com aquela trupe chatíssima, e o desejo de vir para Brasília foi aumentando, porque eu achava que era em Brasília que tudo ia acontecer. Mas nada rolava. Até que um dia, dou uma sorte. Vou cobrir uma reunião do PDT naquela sede infecta, na rua Sete de Setembro, num determinado momento todos os repórteres vão embora, e eu, não sei por quê, achei que não devia ir. Lá fiquei eu sentada, de madrugada, esperando. Dali a pouco,

---

[3] Ver neste volume o depoimento de Eliane Cantanhêde, nota 10.

[4] Fernando Gabeira concorreu ao governo do estado do Rio de Janeiro em 1986, na sucessão de Leonel Brizola, como candidato da Frente Brasil Popular, formada pelo PT e pelo PV. O vitorioso foi Wellington Moreira Franco, do PMDB. Ver *DHBB*.

sai lá de dentro o Saturnino,[5] feito uma bala, dizendo que vai renunciar, que "assim não é possível", que "esse partido"... Desço até o orelhão, ligo para o jornal e ainda pego dez mil exemplares do *JB* rodando. Foi o maior sucesso! O que fez Ricardo Noblat, que era chefe de redação da sucursal em Brasília me ligar e perguntar se eu não queria vir para cá. Eu disse: "Quero!" Isso era abril, maio de 1987. Negociações daqui, dali, e acabo vindo, mas só em dezembro. Já sem o Noblat na chefia de redação. Já era Etevaldo Dias, Noblat tinha caído nesse meio tempo. Chego para cobrir a Constituinte. Eu e a minha tolice amazônica, nós duas juntas. Eu não sabia nada! Quando cheguei foi que eu notei que não sabia nada de nada.

Brasília é um mundo inteiramente diferente. O jornalismo, os procedimentos, tudo é diferente. Eu me perdia loucamente no Congresso. Na Constituinte eram só grupos, Centrão, MUP, Grupo dos 32,[6] grupo de não-sei-quê, e eu não entendia nada daquilo. Era gente indo para todo canto, e eu não conhecia ninguém, só os que apareciam na televisão. Encostava na beira do plenário e perguntava: "Pelo amor de Deus, quem é quem, quem são essas pessoas?" Era uma coisa! Mas logo vi o seguinte: não havia ninguém cobrindo a direita, porque as pessoas tinham preconceito. Pensei: se todo mundo está cobrindo a esquerda, eu vou cobrir é o Centrão! Com licença! Não tem ninguém, vou lá! Fui, e foi superlegal, porque segui um veio. Eu não podia ficar perdida ali, no meio daquele mundo, tinha que ter um eixo. Só que chegou um momento em que aquilo acabou. Fui então designada para cobrir a campanha do Jânio,[7] eu e Rosângela Bittar. Mas Jânio não foi candidato. "Então, vou fazer quem?" Eles: "Collor". "Está bom." E comecei a cobrir o Collor.[8]

---

[5] Saturnino Braga fora eleito prefeito do Rio de Janeiro em 1985, na legenda do PDT. Ver *DHBB*.

[6] O Centrão, com perfil de centro-direita, reunia os conservadores do PFL, PMDB, PTB, PL e PDC, e dava apoio ao presidente José Sarney; o MUP, Movimento de Unidade Progressista, reunia a esquerda do PMDB, que mais tarde iria formar o PSDB; o Grupo dos 32, liderado pelo senador José Richa (PMDB-PR), preferia a moderação. Ver *DHBB*.

[7] Após deixar a Prefeitura de São Paulo (1986-1988), Jânio Quadros teve cogitada sua candidatura à presidência da República em 1989. Ver *DHBB*.

[8] Governador de Alagoas desde 1987, Fernando Collor de Mello foi candidato à eleição presidencial de 1989 na legenda do Partido de Reconstrução Nacional (PRN), criado na ocasião. Ver *DHBB*.

Da crônica das Alagoas à coluna de política

Collor é eleito, e aí começa a confusão na sucessão estadual de Alagoas. Ao mesmo tempo, começo a perceber que aquele mundo de Alagoas é esquisito, é interessante. Vou a lugares onde estavam Cleto Falcão, Renan Calheiros,[9] e noto que as discussões eram muito peculiares, que a maneira de aquelas pessoas encararem as coisas era diferente. Nós não estávamos acostumados com aquilo, no nosso olho aquilo era incomum, portanto, dava matéria. Você notava que aquela gente estava vindo em peso para Brasília, via o deslumbramento daquela corte collorida que começava... Por outro lado, o Palácio começou a se fechar. Cláudio Humberto[10] tinha a corriola dele. Tive então uma sensação, que depois se revelou uma descoberta e foi superlegal. Pensei: vou cobrir este governo a partir de Alagoas; quero saber quem é essa gente que está aqui, só que eu vou para lá. E devo dizer que Etevaldo deixou. Etevaldo era um collorido, tanto que veio a ser porta-voz do Collor,[11] e por isso mesmo, profissionalmente, não se pode falar mal dele. Era meu chefe e, se quisesse, eu não teria feito o que fiz.

Fui a Maceió, primeiro, a pretexto de cobrir a eleição estadual. Mas pensei: um dia desses vou a Canapi... – que é a terra da Rosane Collor. Peguei um carro, um fotógrafo, e fomos para Canapi. Chegamos lá, na casa do pai dela, perguntando: "É aqui?" Baita matéria! O irmão dizendo aquelas loucuras todas, primeira página do *JB*: "Eu mato, eu arrebento, eu prendo, aqui é assim..." No outro mês que fui lá, para fazer outra matéria, percebi que aquilo era um feudo, e muito peculiar, porque todo mundo dizia tudo, era aberto, ninguém tinha vergonha de nada, para eles aquilo não era errado. Eu escrevia milhões de histórias, que é o tipo de jornalismo de que eu gosto. Não gosto de denúncia, gosto de comportamento, gosto de ver como são as pessoas – será que dá para chamar de sociolo-

---

[9] Cleto Falcão coordenou a campanha de Fernando Collor para a presidência, e em outubro de 1990 foi eleito deputado federal pelo PRN de Alagoas. Renan Calheiros era deputado federal pelo PMDB de Alagoas quando, durante a campanha presidencial de 1989, se transferiu para o PRN e se tornou assessor de Fernando Collor; com a posse deste, tornou-se líder do governo no Congresso; em outubro de 1990 disputou o governo de Alagoas com Geraldo Bulhões, também amigo do presidente, e foi derrotado. Tanto Cleto Falcão quanto Renan Calheiros romperam com Collor e apoiaram seu *impeachment*. Ver *DHBB*.

[10] Cláudio Humberto Rosa e Silva foi porta-voz do presidente Collor do início do governo, em março de 1990, até março de 1992.

[11] Ver neste volume o depoimento de Eliane Cantanhêde, nota 13.

gia? Foi por isso que fui para lá: como é essa gente que está governando em Brasília? Claro que isso foi legal para mim, foi me rendendo muito.

Em 1992, o *Estadão* me convida, e vou trabalhar lá – sempre em Brasília, na sucursal – como repórter especial. Na verdade, o *Estadão* queria que eu fizesse para eles as matérias sobre Alagoas que eu fazia no *JB*. Passo a CPI do PC inteira de cama, com hepatite, portanto sem acompanhar – adorei, porque odeio esse negócio de roubar documento etc. –, e em setembro vota-se a licença para o *impeachment*.[12] O *Estadão* então me manda para Alagoas, para fazer a seguinte matéria: "A República de Alagoas terminou". Vou. Quando bato em Maceió, me liga a secretária do Pedro Collor – que àquela altura já estava em Miami, e que eu mal conhecia – e diz: "O chefe quer falar com você. Vem aqui para a *Gazeta*,[13] que ele vai ligar e quer lhe dizer alguma coisa". Achei que era matéria, que ele queria dar uma entrevista, e fui. Nada, era ele me chamando: "Quero escrever um livro, e foi você que eu escolhi. Você topa?" Eu, que tinha o projeto de escrever o *meu* livro, que tinha conhecido bem Alagoas, "o berço da modernidade", que ia contar todas as histórias, imediatamente abandonei a idéia, porque vi que aquilo era uma oportunidade. Eu ia entrar no mundo em que eu queria, que era escrever, dentro de um projeto de sucesso certo – no qual eu ia de carona, mas e daí? Ia ser muito mais fácil. O *Estadão* me licenciou por cinco meses, e fui escrever o livro.

Nós fizemos a coisa toda confusa, foi tudo uma loucura. No primeiro momento, fui para Miami, e durante uma semana fiz uma bateria de entrevistas. Eu com o gravador, e Pedro Collor me contando. Voltei para Brasília e escrevi 12 capítulos sozinha. Usei a primeira pessoa, e ficou muito ruim. Até hoje tenho medo de escrever livro de novo, por causa disso. Nesse meio tempo, aconteceu uma coisa chatíssima: o *JB* foi a Miami, fez uma entrevista doida com o Pedro, que, mais doido ainda, disse um monte de coisas que nem iam entrar no livro, e percebi que, se eu quisesse continuar, não podia ficar longe dele. Primeiro, abandonei o projeto. Disse: "Você convide o Teodomiro Braga" – que era quem tinha feito a entrevista para o *JB* – "para escrever o livro!" Mas acabou tudo se acertando, fui para Miami e lá fiquei dois meses junto dele refazendo os 12 capítulos, porque ele achou o meu jeito de escrever fresquíssimo. Claro, era eu escrevendo

---

[12] Ver neste volume o depoimento de Eliane Cantanhêde, nota 11.

[13] *Gazeta de Alagoas*, jornal de Maceió pertencente à família Collor de Mello.

na primeira pessoa! Mas conseguimos acertar isso, e consegui montar a divisão que eu queria. Eu escolhia a história: "Agora, quero a história do casamento". Ele sentava, contava a história do casamento, e aí, ou eu ia para uma outra sala, ou ia para o hotel, e transformava aquilo num relato, pondo as coisas na boca dele e inventando muito, porque de muita coisa ele não se lembrava. Foi bárbaro.

Você não fez nenhum levantamento de dados em arquivo?

Nada. Era o depoimento dele, não era o *meu* livro. Tanto que eu não assino na primeira página. Acabei o trabalho e lançamos o livro em abril de 1993.[14] Tiro umas férias do *Estadão* – porque na hora em que terminei o livro eu era um pano de chão, não era uma pessoa – e, enquanto estou em férias, o *JB* começa a me assediar. Foi Marcelo Pontes quem me chamou. Àquela altura, a vida tinha rolado e já éramos amigos. Rosângela Bittar, que tinha saído do *JB* para o *Estadão* um pouquinho antes de mim, estava convidada para voltar e ser chefe de redação, e ela e Marcelo me chamaram. Fechei com o *JB* e vim ser subchefe de redação da Rosângela.

Isso era agosto de 1993. De 15 em 15 dias, eu fazia a *Coluna do Castello*.[15] Marcelo Pontes era o titular, algumas vezes Regina Zappa fazia, e eu fazia duas segundas-feiras por mês. Além disso, fazia reportagens especiais e respondia pela subchefia de redação – coisa que eu odiava; tinha pavor de estar falando com repórter, de estar mandando fazer matéria, queria detonar todas as matérias do computador, explodir tudo... *Odiava* a burocracia. E comecei a *amar* fazer a coluna de 15 em 15 dias; era a coisa melhor do mundo. Até que Regina Zappa, que era editora de política, sai da editoria. Então eu pego todas as segundas-feiras, e todas as substituições do Marcelo. Um belo dia, Marcelo ia sair de férias por um mês, e instalou-se o pânico: "Quem vai fazer a coluna? A Dora vai dividir com o Villas! Como é que faz?" Um drama! Até que Dácio Malta, que era o editor, me ligou e perguntou o seguinte: "Você quer escrever muito ou pouco?" Eu disse: "Quero escrever muito". Ele: "Então vá escrevendo, até pedir penico". Foi a frase do Dácio Malta. Eu não ia pedir penico coisíssima nenhuma! Escrevi um mês, sábado, domingo, segunda, todos os dias. E vi que aquilo era o máximo para eu fazer. Eu brincava muito com o Marcelo, dizia: "Ah, Marcelo, vai ser embaixador em Portugal..." Mas jamais me passava pela cabeça, jamais, que eu pudesse ser

---

[14] Pedro Collor de Mello, *Passando a limpo: a trajetória de um farsante*. Coord. e ed. Dora Kramer (Rio de Janeiro, Record, 1993).

[15] Ver neste volume o depoimento de Eliane Cantanhêde, nota 3.

titular da coluna. Se passasse, eu não ia fazer essa brincadeira, porque ia pegar mal. Mas estava adorando fazer aquilo.

Em 1994, cobri a campanha do Fernando Henrique. Em 1995, Teodomiro Braga, que fazia o *Informe JB*, foi para a *Gazeta Mercantil*, e fui chamada para fazer o *Informe*. Eu teria que me mudar para o Rio. Foi o drama do drama, uma coisa! Primeiro, eu não queria fazer o *Informe* de jeito nenhum, porque eu não gosto de coluna de notas, não sei fazer. Não sou engraçada. As pessoas me escolheram porque achavam que eu era engraçadíssima, mas não sou. E eu também não queria me mudar para o Rio, queria ficar em Brasília, achava que ainda não tinha esgotado, não tinha aprendido tudo. Mas afinal fui fazer o *Informe*. Você não recusa uma coluna diária, isso é amador. Fiquei quatro meses na ponte-aérea até poder me mudar. Dia 7 de agosto chego ao Rio com as crianças – tenho dois filhos – já matriculadas na escola, tudo direitinho, maravilhoso, dia 11 Dácio Malta cai, Marcelo Pontes assume o lugar dele e me comunica que eu seria a titular da *Coluna do Castello*. Dia 22 eu estava com criança, mudança, tudo de volta a Brasília, morando em hotel, porque tinha entregado o meu apartamento.

Assumi a coluna exatamente assim. Estava fazendo o *Informe* numa segunda-feira, às cinco da tarde Marcelo Pontes me chamou para dizer que eu seria a titular, perguntei quando eu começava, e ele disse: "Quando você quiser". Respondi: "Então é agora, é hoje". Entrei na sala do *Informe* e disse para as minhas duas ajudantes: "É com vocês, até logo, que eu vou ali na outra sala fazer a coluna que eu quero fazer". Eu não suportava fazer o *Informe*. Não suportava as mulheres do Rio de Janeiro. Havia uma que era o paradigma, me ligava para dizer que encontrara Ocimar Versolato no aeroporto e que ele ia fazer o vestido dela. Ora, isso pode ser a praia sei lá de quem, mas a minha é que não é! Não agüento essa plantação, não agüento estar falando com assessor de imprensa do secretário municipal... Não gosto de fazer essas pílulas. Fiquei superfeliz de voltar para Brasília. Costumo dizer que eu tenho o melhor emprego da República![16]

Como é que você trabalha?

Como você faz a sua coluna? Você recorre muito a fontes?

Mais ou menos. Eu penso muito. Falo muito pouco com as pessoas. É claro que tenho fontes, porque já fui repórter e nesse trabalho fui formando

---

[16] Em setembro de 2004, a coluna de Dora Kramer deixou de ser publicada no *Jornal do Brasil* e passou a ser publicada no jornal *O Dia*. É publicada também no *Estado de S. Paulo*.

fontes; você não cai de pára-quedas para fazer fonte. Não tenho exatamente um procedimento para fazer a coluna. Geralmente, decido o assunto de manhã. Leio os jornais do Rio em casa e os de São Paulo na redação. Mas com os dois do Rio eu já me viro, começo a ter um *insight* do assunto. Muitas vezes é um assunto sobre o qual eu não preciso falar com ninguém, já tenho uma opinião. Isso eu fui adquirindo. No começo eu não fazia isso, não, era quase tudo matéria apurada. Agora não, às vezes eu penso, venho para a redação – poderia escrever em casa, mas não gosto – e por volta de cinco e meia, seis horas da tarde, escrevo.

Você não vai ao Congresso?

Às vezes vou ao Congresso, vejo como as coisas estão se passando, vejo uma cena, entro numa comissão... Mas hoje faço isso muito pouco, porque tenho medo de ficar com sotaque brasiliense na coluna. Acho que isso não é bom, acho que as pessoas não estão interessadas em saber o que o deputado fulano disse do deputado sicrano. E acho que as colunas fazem muito isso, acabam só transmitindo o que essa gente está falando. Por isso eu freqüento pouco, vou pouco a festas, não vou mais ao Piantella. Já fiz muito isso, mas não faço mais. Agora, às vezes a coluna sai de um almoço. Geralmente as pessoas me convidam, dificilmente eu convido alguém para almoçar. Gosto muito, também, de ir a São Paulo conversar, de ir ao Rio, porque assim não fico falando só dessa coisa auto-referida que é Brasília.

Deixa eu entender um pouco melhor: você tem muita informação, vinda daqui, dacolá, e a partir desse material você monta uma história, faz o seu enredo. É isso?

É exatamente assim. Escrevo a partir de uma informação que não precisa ter sido dada hoje, que pode estar armazenada. Tiro daqui, dacolá, vou juntando... O básico é escolher um tema. Como disse, não tenho exatamente um procedimento para fazer a coluna, tenho apenas algumas manias, que são: escrever no final da tarde; escrever a coluna de domingo na sexta – eu poderia escrever no sábado, mas escrevo sexta à noite. Também tenho que escrever sozinha, num silêncio absoluto. Muito cigarro, e pronto, a coluna vai pintando. Às vezes eu tenho gaveta. Semana Santa agora, por exemplo, fui para São Paulo absolutamente tranqüila. Eu tinha umas cinco colunas prontas. É fácil fazer a coluna? Todo mundo me diz: "É muito difícil escrever, são 85 linhas!" Eu digo:

"Não é. É, se você não gosta. Mas eu gosto tanto!" José Serra costuma dizer que a minha facilidade para escrever a coluna é doentia... É. Porque às vezes eu não sei nada, escrevo o título, escrevo Dora Kramer, e a coisa vai saindo. Às vezes, está tão gostoso que eu paro para tomar um café, de tão bom que está. É bárbaro. É genial.

Liberdade para escrever

DA DÉCADA DE 1970 PARA CÁ, A IMPRENSA SOFREU UMA SÉRIE DE TRANSFORMAÇÕES. COMO VOCÊ PERCEBE ESSAS MUDANÇAS?

Sou péssima de perceber, porque sou absolutamente autocentrada. Mas a coisa básica é que nos anos 70 estávamos na ditadura. Hoje, o jornalismo, a maneira de abordar os assuntos, mudou. Eu teria curiosidade de saber como era Brasília naquela época. Tenho a impressão, pelo comportamento das pessoas que sobraram daquela época, que o jornalismo era inteiramente diferente, mais reverente, mais medroso.

NOS ANOS 70 VOCÊ AINDA NÃO ESTAVA EM BRASÍLIA, MAS ESTAVA COMEÇANDO A TRABALHAR EM SÃO PAULO. COMO VOCÊ VIVEU O CLIMA DO FIM DO REGIME MILITAR?

É difícil dizer, porque era um trabalho incipiente, de repórter rasíssima, em que eu pegava a pauta e cumpria. Eu não tinha contato com as circunstâncias do regime militar, com as proibições, não trabalhava com opinião, não trabalhava com política. É claro que era muito diferente de hoje, havia um ambiente mais temeroso nas redações. Cobri as passeatas estudantis em São Paulo, as greves do ABC, tudo isso, e todo o trato da coisa era muito mais cuidadoso. Havia policiais pela redação, não é.

VOCÊ TINHA QUE ESCREVER COM UMA LINGUAGEM ESPECIAL?

Não, porque eu escrevia a notícia. Se você cobre uma passeata, diz o que aconteceu. Se havia censura interna, era algo que estava acima de mim. A relação da imprensa com a censura, com a polícia, foi um problema que eu não vivi. Quando comecei na reportagem política, nos anos 80, a coisa já estava acabando. Na época da faculdade, tudo era muito fechado, o diretório acadêmico servia para fazer festas, para jogar damas. O ambiente era de um medo difuso. Não consigo dizer mais que isso, seria uma ficção, porque não tenho a vivência da ditadura propriamente dita no meu trabalho.

Você não viveu os problemas da imprensa no período militar, mas viveu o período Collor, em que alguns jornalistas se queixam da censura feita pelas próprias redações. Você teve essa experiência?

Não. Como contei, vivi exatamente o contrário. Etevaldo Dias estava dirigindo a sucursal do *JB* em Brasília, eu me bandeei para Alagoas e nunca tive nenhum problema. Ele dizia: "Cláudio Humberto reclamou..." Eu perguntava: "E o que é que você vai fazer?" Ele: "Nada". Eram coisas que dava para você ir administrando. Não acho nada dramático. É um problema, também, de personalidade: não gosto desse tipo de heroísmo, de ficar sofrendo, acho isso chatérrimo. Collor fazia um governo superfechado, super de corriola, só para os amigos, e não adiantava você ficar batendo naquela porta só para ficar de vítima de uma circunstância adversa. Ora, vai procurar outra circunstância! Foi o que eu fiz. Aquilo ali era muito ruim de trabalhar, e eu teria ficado danada se tivesse insistido em ligar para o Cláudio Humberto e ele não me atendesse. Mas resolvi fazer outra tentativa: se não dá por aqui, vou por lá. Não adianta ficar insistindo, só para produzir um embate em que você sabe que é perdedora. Não gosto de entrar de perdedora, para poder fazer de vítima. Quero saber o que é que a vítima ganha. Nada! E acho que você tem que ganhar. Perde e ganha, para mim, não é jogo. Jogo, para mim, é ganhar.

Ao longo da vida você nunca recebeu orientação para escrever de uma maneira ou de outra?

Não, ao contrário. Agora, sei também que não estou onde estou por ser uma doida. Não posso me comportar como uma louca, mas posso perfeitamente fingir que não sei que determinado político é amicérrimo da casa, assim como posso ignorar que outro é inimigo mortal. Ninguém diz nem A, nem B, nem C sobre o que eu escrevo, mas é claro que não vou chegar e fazer a maluquice de usar a coluna para xingar, fazer e acontecer. Não. Você tem que ter bom senso e tem que ter clareza – e todo mundo tem – de até onde deve ir. No mundo, na vida, não só no jornalismo, não dá para fazer qualquer coisa. Tudo, a qualquer preço, não pode ser. Tudo tem que ser ajeitado, não é? Vou direitinho, porque senão eu também perco. Você tem que garantir o seu espaço de ousadia e ir avançando de pouquinho.

Eu transitei na coluna – e acho até que o meu trânsito foi imperceptível – da informação para a opinião rasgada, pura opinião. No começo, eu fazia a coluna só com fatos. Hoje, é raro o dia em que isso acontece. Faço a coluna só com opinião, que é o de que eu mais gosto, e vejo que as pessoas mais gostam, até para discordar. Mas nunca ninguém interferiu. *Jamais*. E eu, do meu lado, não crio confusão. No dia em que tenho uma notícia maravilhosa, tudo bem. Agora, dar qualquer notícia, para estar criando problema numa turma em que eu não sei avaliar quem é o mocinho, quem é o bandido, não faço isso.

VOCÊ CONVERSA COM JORNALISTAS MAIS ANTIGOS, MAIS EXPERIENTES, SOBRE ESSE TIPO DE ASSUNTO? COM WILSON FIGUEIREDO, POR EXEMPLO?

Wilson Figueiredo é o máximo. Está aí um cara que eu ouço à beça. Às vezes entro num drama, fico um pouco no ar e preciso de pilotagem, para saber se não estou voando como uma doida. Converso então muito com o Wilson, com o Villas... Essa gente está aí há 50 anos trabalhando na política e sabe onde as cobras andam. Geralmente procuro ignorar as cobras, para não me limitar, mas não dá para ignorá-las de todo. Ouço muito essas pessoas, peço: "Me avisa se eu estiver exagerando, olha o tom..." Adoro eles. A experiência deles é um negócio maravilhoso. A capacidade de avaliação do Wilson é esplêndida.

AO CONTRÁRIO DO QUE ACONTECEU COM VOCÊ DESDE QUE ENTROU PARA O *JB*, OS JORNALISTAS EM GERAL MUDAM MUITO DE JORNAL. POR QUE ISSO ACONTECE?

É verdade, as pessoas mudam muito. Principalmente aqui em Brasília, que é um mercado muito aquecido. Agora, existe um patamar. Quando você chega a um determinado patamar salarial, o outro jornal não tem mais como tirar você, e a guerra pára. Mas na faixa intermediária é uma guerra, é um mercado de alta rotatividade. Acho que as pessoas só mudam de jornal por causa de salário. Dificilmente vejo alguém falar em projeto, só em dinheiro. Como não há mecanismos para aumentar o salário, a maneira de aumentar é receber outra proposta. Existe uma indústria de produção de propostas. Na verdade, há gente que diz que recebeu proposta e não recebeu.

O mercado em Brasília também fica muito aquecido porque as pessoas são poucas, as boas são pouquíssimas, e há muita coisa para cobrir, há muito o que fazer. É um mercado onde não há desemprego. Há, por exemplo, muita assessoria de imprensa, onde você precisa de gente qualificada. Trabalho muito com assessor de imprensa, não tenho o menor constrangimento. Acho que a função, quando é bem exercida, facilita muito o nosso trabalho. Por que você vai estar fazendo uma guerra com a secretária de um ministro ocupadíssimo, que não pode atendê-la, se você tem um belíssimo assessor de imprensa, que tem todas as informações, é um cara confiável, decente, responsável? Eu gosto muito.

Os jovens jornalistas

VOLTANDO ÀS MUDANÇAS NA IMPRENSA DOS ANOS 70 PARA CÁ,[17] O QUE MAIS CHAMA A SUA ATENÇÃO? QUE AVALIAÇÃO VOCÊ FAZ?

Não gosto de fazer uma avaliação apressada, porque tenho medo de estar errada, mas a constatação um tanto óbvia é de que houve uma queda de padrão muito grande. Tenho medo de isso parecer coisa de saudosista: "Ah, a nossa geração..." Mas o que eu noto, pelo comportamento dos jornalistas nas coletivas, é que as pessoas hoje estão absolutamente desinformadas, despreocupadas com o contexto das coisas. Elas vão fazer aquilo que lhes é mandado, que deu no jornal, que está na televisão, sem a percepção do conjunto. Às vezes a coisa não é só aquilo que está ali, é diferente. Mas as pessoas não têm essa preocupação. Existe uma preocupação quase louca, doentia, com a denúncia, e aí se faz qualquer acusação, se diz qualquer coisa. Sinto uma ligeireza na avaliação, e isso é uma coisa que me incomoda muito. Já me incomodava como repórter, na corrida diária: acreditar no que as pessoas estão lhe dizendo e reproduzir, não ter o trabalho de pensar sobre aquilo que está sendo dito e de traduzir para o leitor o que aquilo quer dizer. Mesmo sem dar opinião. Traduzir. Daí criam-se aquelas coisas: "O rolo compressor da base de sustentação do governo aprovou ontem"... O que é isso? Isso não quer dizer nada! O que tem que ser dito é: "Tantos deputados, que apóiam o governo, aprovaram..." Pela reprodução de certos chavões, criou-se na imprensa uma linguagem, na minha opinião, muito empobrecida.

QUAL FOI A CAUSA DESSE EMPOBRECIMENTO?

Não sei dizer a causa concreta, não consigo formar uma opinião. Tudo tem vários lados. Há os que dizem: "Não tem que ter faculdade, porque jornalismo é talento". Acho pobre esse pensamento. Não tem que ter faculdade, ou a faculdade tem que ser boa, tem que ser capaz de preparar? Como é que você vai negar algo que é um canal de educação? Não me parece bom fazer isso. Culpar a faculdade? Antes, quando não havia faculdade, eram todos brilhantes? Ao buscar razões únicas e prontas para alguma coisa, você corre o risco de dar uma definição idiota, superficial e apressada, que apenas faz sentido, mas não necessariamente guarda relação com as causas reais. Uma modificação que vejo hoje é que, quando eu comecei, ninguém começava sendo repórter de política, de economia, ganhando

---

[17] É importante lembrar que esta entrevista foi concedida em abril de 1998.

milhões. Você era radioescuta, revisor, vinha pegando a coisa, vivendo o ambiente, depois ia fazer geral... Passei dez anos fazendo geral!

PODE-SE DIZER QUE HAVIA UMA ESCOLA DENTRO DA REDAÇÃO?

Uma escola! Que não era institucionalizada, era implícita. Hoje, as pessoas saem da faculdade – principalmente em Brasília, que como eu disse é um mercado superaquecido, com crianças ganhando milhões –, e todo mundo quer ser repórter de política e de economia. Então você se depara, nessas áreas que são importantes, que mexem com a vida das pessoas, onde, se a informação não for bem tratada, você incorre em irresponsabilidade, com crianças absolutamente despreparadas para lidar com aquele tipo de assunto, que não entendem o que a pessoa está dizendo, ou supõem entender e inserem aquilo no figurino que o chefe quer. Aquilo sai de uma maneira que fica impossível. Vejo isso quando às vezes assisto a coletivas e no dia seguinte leio o que está escrito. Digo: "*My God*! Não foi isso que foi dito, não foi assim!" No Palácio do Planalto tem muito isso. O presidente diz uma coisa, e aquelas crianças mais atrevidas escrevem assim: "O presidente mandou um recado aos..." Elas inventam! E todas combinam entre si.

Esse, eu acho, é um problema que vem da faculdade. Os professores das faculdades são desqualificados, geralmente não são jornalistas da ativa e ensinam, por exemplo, que o furo não existe, é uma besteira. Quer dizer, ensinam a pasteurização do *press release*, o que, isso sim, é uma estupidez. Formam amebas paralíticas, massas amorfas, sem vontade. Não gosto da concepção de furo que se tem hoje – ou seja, de denúncia –, mas gosto da notícia nova, gosto do diferente. Não gosto de ir para o Congresso e andar em turmas, pegando a declaração de um aqui, a de outro ali. Prefiro ir a uma comissão e ver o que está sendo feito, prefiro uma boa discussão. Como hoje não se procura isso, ficou tudo reduzido a uma repetição. Você pega os jornais, e eles são mais ou menos iguais. Você não tem a criatividade, não tem o toque pessoal – às vezes é até bom que não tenha, porque quando eles vêm com toque pessoal é uma desgraça generalizada. Quando querem se colocar, fazer literatura, é um horror. Não têm capacidade, porque não lêem.

A HOMOGENEIDADE DA IMPRENSA HOJE REALMENTE CHAMA A ATENÇÃO. COMO É QUE VOCÊ EXPLICA ISSO? SÓ PELA FORMAÇÃO DOS NOVOS JORNALISTAS?

Acho que isso também é um *modus operandi* que as redações encontraram. As pessoas trabalham sempre com os mesmos assuntos, porque trabalham com medo de errar, e não com vontade de acertar. Fica todo mundo na retranca. "Não posso perder a reunião do PSDB!" Às vezes, a reunião da executiva do PSDB não tem a menor importância, mas todo mundo dá aquela notícia. É uma besteira, que não interessa a ninguém, mas as pessoas ficam auto-referidas, autocentradas, achando que aquilo tem interesse.

VOCÊ PERCEBE ALGUMA MUDANÇA NA ORIGEM SOCIAL DAS PESSOAS QUE ESTÃO ENTRANDO HOJE NOS JORNAIS, EM RELAÇÃO AO PERÍODO EM QUE VOCÊ ENTROU?

Não. Acho que as pessoas têm a mesma origem de classe média. Se houve mudança, não é perceptível.

UMA COISA QUE OUÇO MUITO DIZER É QUE O PESSOAL MAIS JOVEM DAS REDAÇÕES É MUITO PETISTA. VOCÊ PERCEBE ISSO?

Já percebi há mais tempo. Hoje o petismo, aquele que entrou nas redações, já está em cargo de chefia. O jovem que entra hoje é muito mais conservador, muito mais crítico do PT. Mas esse petismo existiu, e foi naturalíssimo, assim como foi natural a época em que o emedebismo grassava. Por quê? Porque você tinha a ditadura. E porque jornalismo é uma profissão crítica; não é uma profissão a favor, é uma profissão contra. Estava todo mundo junto no MDB, aí vem o PT, racha a esquerda, todo mundo briga, mas o PT se mantém como força hegemônica na esquerda; portanto, é natural que tenha a maioria. Era a proposta mais fácil de repetir, de apoiar. E isso, realmente, criou situações interessantíssimas, como a campanha do Gabeira, que eu fui cobrir, e por conta da qual quase me massacraram. As pessoas achavam que eu tinha que cobrir o Gabeira como se fosse um guru! Porque ele era do PT, porque usava tanga – meu Deus, que maravilha! –, podia dizer qualquer barbaridade, que estava ótimo. Lula teve essa proteção muito tempo. As pessoas iam na caravana do Lula, achavam uma graça o Lula tomando cachaça, falando igual a um peão, e diziam que aquilo é que era bom, que aquilo é que ia resolver todos os problemas do país.

Hoje, acho que as pessoas já entram bem mais críticas. O jovenzinho que entra hoje, que já não vem mais marcado pela dicotomia da ditadura, que já encontra outras coisas vigorando, já entra para o que der e vier. Já não vejo mais preconceito contra o PFL, que existia, como contei, quando cheguei na Constituinte e fui cobrir o Centrão. É que as pessoas se sentiam na obrigação de ser contra. Na campanha de 1985, por exemplo, as pessoas tratavam o Maluf às bordoadas nas entrevistas, porque era assim que achavam que tinham de se comportar. Hoje não é mais assim. Mas é por isso também que eu acho que a juventude que está entrando agora está despreparada para enfrentar toda essa gama de coisas que a democracia oferece, que são milhões de nuances que é preciso saber selecionar, pesar, juntar e traduzir para o leitor.

NA SUA OPINIÃO, ENTÃO, NESTE FINAL DOS ANOS 90, O PETISMO NÃO ESTÁ TÃO FORTE NAS REDAÇÕES.

Acho que não. Não sei. Digamos que o PT ainda se mostre hegemônico. Mas hegemônico por quê? Porque quando você tem um governo, a tendência das pessoas é se contraporem ao governo, e hoje, contra o governo Fernando Henrique, só tem o PT. Se amanhã Lula for eleito presidente da República, quero saber se o petismo vai continuar vigorando no segundo ano de governo dele. Provavelmente as redações não serão petistas, serão algo que esteja na oposição.

OUTRA COISA QUE OUÇO COM FREQÜÊNCIA É QUE, EMBORA O JOVEM SEJA PETISTA, A IMPRENSA É MUITO OFICIALISTA, MUITO PRÓ-FERNANDO HENRIQUE. COMO É QUE VOCÊ VÊ ISSO?

Eu mesma ouvia diariamente – digo ouvia, porque depois da emenda da reeleição comecei a mudar de opinião – que a minha coluna era muito fernandista. Há duas coisas aí. Uma é a questão do oficialismo de um modo geral. Realmente, com a falta de criatividade geral, o jornalista se pauta com o governo, seja ele qual for. Reproduz o que vem do governo, não cria, não mostra o país, não põe a sociedade *pra jambrar* nos jornais. O jornalista ficou no meio – sociedade aqui, governo aqui, nós entre os dois – transmitindo as notícias. Nesse sentido, eu acho, qualquer que seja o governo, a imprensa é oficialista.

Com relação ao Fernando Henrique, existe um outro problema: não há um contraponto. Houve uma reforma ministerial vergonhosa, e a oposição não produziu uma frase sequer. Já não digo um projeto, uma frase interessante. Quer dizer, só vigora Fernando Henrique. Mas se só ele está se movimentando! E também há outro aspecto: Fernando Henrique entra com um projeto – era ele quem tinha projeto; aponte outro: não há –, e o projeto, que é a tal da estabilização, ainda por cima dá certo! Ele só começa a ser criticado quando começa a pisar na bola, que, a meu ver, é a reeleição. Aí a imprensa começa a criticar o governo. Mas ela não é a única força! Vamos então produzir forças contrárias nesta sociedade, para que a imprensa possa reproduzir os movimentos delas. Querem que a imprensa seja delegacia de polícia, Judiciário *e* oposição? Tudo ao mesmo tempo?

A nota curta

Você disse há pouco que não gostou de fazer o *Informe JB*. Mas parece que uma tônica da imprensa brasileira hoje são as colunas de notas curtas. Como você vê isso?

Eu não gosto de fazer. Leio todas, mas acho que vivemos um momento em que elas não estão boas, estão repetitivas, estão *press release*, estão sendo campo de plantação total. Como esse tipo de coluna se banalizou muito, hoje você tem uma indústria de notas. Tudo é nota. Qualquer plantação, qualquer derrubação que alguém queira fazer com alguém, faz via nota. E acho que os colunistas dão as coisas com muita facilidade.

Pessoalmente, não gosto de fazer nota, acho um texto empobrecedor. Acho que você ter uma coluna de notas para dar coisas saborosas, diferentes, de bastidor, engraçadas, tudo bem. Mas da forma como está, com a obrigatoriedade de preencher aquele espaço, se você espremer, não sai quase nada. Sai alguém acabando com a vida de uma pessoa, ou alguém botando outra muito bem. Há notas que são frases de pessoas: "fulaninho disse isso". Meu Deus, e daí? Me parece sem sentido, acho ruim, sem filosofia. Acho que tem mais sentido, por exemplo, o chamado colunismo social.

A origem da coluna de notas curtas não é exatamente a coluna social?

É. Essa é a matriz. Foi com Ibrahim Sued[18] que começou a história de dar notas políticas na coluna social. Mas hoje, para mim, nota virou uma banalização. Qualquer pessoa sem importância, o vereador do interior que diz uma coisa, vira uma nota, porque a criatura que está fechando a coluna – eu já fiz isso – tem a premência de preencher aquele espaço. Como há uma concorrência brutal com o noticiário do dia, sobra pouco material para manejar. As coisas saem no noticiário, saem nas outras colunas do jornal, porque existe também a concorrência interna, os plantadores ficam plantando em tudo quanto é lugar... Chega uma hora em que você tem a mesma nota em três, quatro colunas, no dia. Isso é muito comum.

---

[18] Considerado por alguns o "pai" do colunismo social no Brasil, Ibrahim Sued começou a escrever diariamente sua coluna em 1951. A partir de 1954 até falecer, em 1995, publicou-a no jornal *O Globo*. Ver Isabel Travancas, A coluna de Ibrahim Sued: um gênero jornalístico, in: www. antropologia. com.br.

124 Elas ocuparam as redações

VOCÊ ACHA QUE A NOTA CURTA É UMA TENTATIVA DA IMPRENSA ESCRITA DE FAZER CONCORRÊNCIA, OU DE SE APROXIMAR DA TELEVISÃO?

Acho que não tem nada a ver com televisão, tem a ver com concorrência de modelos. Há modelos que deram certo, como o Zózimo,[19] há o *Informe*, que sempre teve grande repercussão, e acho que o problema está mais aí, na cópia de modelos. Um determinado jornal tem uma coluna que é o maior sucesso, e aí você começa a reproduzir aquilo, embora a chance de não sair bom, de não chegar nem perto do original, seja muito grande, porque você quer repetir o modelo sem ter a pessoa correta. Qualquer pessoa, hoje, é posta para fazer nota. Ora, alguém pensar em mim para fazer nota é maluquice, porque é o tipo de perfil que eu não tenho! Não gosto de estar caçando nota!

A VOGA DA COLUNA DE NOTA CURTA TERIA ALGUMA COISA A VER COM O PERÍODO MILITAR, QUANDO A INFORMAÇÃO ERA CENSURADA?

Justamente. Por que no regime militar a coluna de notas foi importante? Porque qualquer ironia que você fizesse, qualquer insinuação, era um grande sucesso. Mas a partir daí o modelo degenerou, foi distorcido. No regime militar, a coluna era um espaço onde você podia brincar. Na matéria, você tem que trabalhar com fatos; na coluna, você pode voar, pode ousar, pode dizer coisas, sem atribuir necessariamente a ninguém. Acho que essa foi a origem. Mas daí a coisa veio num trambolhão, que hoje eu acho um inferno. Um inferno!

MAS O FATO É QUE AS COLUNAS DE NOTAS FAZEM MUITO SUCESSO...

As pessoas lêem porque é curto, rápido, tem um título. O leitor vai na expectativa de que a coluna contenha uma coisa nova, uma grande revelação, aquela que não serve para ser uma matéria. Uma frase genial às vezes é uma bela nota. Só que hoje as pessoas fazem nota de qualquer frase!

Jornalistas e o jornalismo

COMO É QUE VOCÊ SE VÊ? O QUE É SER JORNALISTA?

É engraçado, essa questão é difícil e, ao mesmo tempo, fácil. É difícil porque eu não consigo me imaginar fazendo outra coisa. Houve um certo tempo em que eu tinha muita pena de quem *não* era jornalista. Eu não sabia como as

---

[19] Ver neste volume o depoimento de Míriam Leitão, nota 6.

pessoas conseguiam viver. "Como é *não* ser jornalista?" – essa é a pergunta que eu podia fazer às pessoas. Mas o que é ser jornalista? É ter a perfeita noção de que você trabalha com um produto de uma responsabilidade e de uma importância cruciais, que é a informação. Às vezes eu acho que as pessoas não se dão conta disso e maltratam, não tratam com carinho, tratam de qualquer maneira a informação. Acho que ser um bom jornalista – e ser um jornalista qualquer, para mim, é ser jornalista nenhum – é ter essa perfeita noção: de que você é o responsável, na sua área de atuação, por informar a população do que está acontecendo, e de que, portanto, você tem que ter certeza da justeza, da clareza da sua informação.

Sempre que afirmo isto em palestras etc., digo para as pessoas que sei que elas vão pensar que é demagogia, mas não é: o único compromisso que o jornalista tem que ter é com aquele cara que chega na banca, tira um real do bolso e diz assim: "Dá um *Brasil*!", ou "Dá um *Globo*!" Esse é o seu compromisso primeiro. Porque o seu patrão, ele muda; mas o seu leitor, se você é um jornalista de destaque, ele vai atrás de você. O leitor é todo mundo, é a massa, é essa gente que está aí, é o público, é o Brasil, é o cidadão para quem você fala. O seu compromisso tem que ser com ele. É por isso que eu digo que não posso estar só reproduzindo o que pensa o deputado x ou y. Seria mais fácil para mim: dou um telefonema, ele me atende, a gente conversa, e eu produzo uma coluna, mas e daí? É isso que o leitor está querendo saber? A história é boa?

A minha relação não pode ser exclusivamente com o meu patrão, nem exclusivamente com a minha fonte; ela tem que ser com o cara que compra o jornal. Evidentemente eu não posso ser uma maluca, tenho que ter bom senso o tempo inteiro, tenho que manter a relação com o patrão e com a fonte, mas o compromisso final é com quem vai ler. Não tem outro jeito, porque se você se ferrar lá no cara da banca, acabou. Você vive é disso, desse compromisso bárbaro, estonteante, maravilhoso, que lhe permite entrar num avião e ter pessoas lendo o que você escreveu. Se você não encarar isso com responsabilidade, é uma maluquice total.

Você então se vê mesmo como uma pessoa que escreve para o leitor. Você não escreve para os seus chefes, nem para os seus pares.

Mas nem morta! Muito menos para os meus pares! Até porque eu sou arrogantésima, entendeu? Quero saber é do leitor! Não há nada melhor do que ir a São Paulo e ver que lá as pessoas lêem a coluna. Entrar Hebe Camargo no restaurante, lhe apresentarem Hebe Camargo, e ela dizer: "Ah, você é aquela que faz a coluna? Eu leio". Jornal do Rio. Ela lê. Ou então, como aconteceu outro dia no Rio, estar no restaurante e vir uma velhinha: "Você é que é Dora Kramer?" Eu digo: "Sou. Como é que você sabe?" Ela: "É que vocês estavam falando de jornal, as pessoas te chamaram Dora, e meu marido e eu lemos você, então eu vim perguntar e dizer que adoro tudo o que você escreve". O marido lá na porta, morrendo de vergonha, fui lá buscar para dar beijo e abraço... Pessoas absolutamente comuns, que lêem e acreditam no que você está escrevendo. Isso é um negócio! As cartas... É incrível! Guardo todas, respondo a todas, no final do dia. Telefonema, e-mail. É lindo, a pessoa ficar preocupada em fazer essa linkagem com você. É aí que você começa a perceber a importância da informação. É um negócio deslumbrante! Você não faz idéia. Costumo dizer para o jornal: "Não sei por que vocês ainda me pagam para fazer a coluna..." Porque é genial, entendeu, é genial! É bárbaro!

VOCÊ SE VÊ COMO UMA DEFENSORA DA POPULAÇÃO?

Não, não consigo me ver assim. Sabe por quê? Porque acho que, no momento em que eu começar a me ver assim, vou começar a impostar, e aí não vai dar certo. Quando você assume o papel de defensor, fica uma droga, vira um pastiche. Acho que você tem que ir tratando com naturalidade a informação. Dizer as coisas que você sabe, não esconder nada, na medida do possível, se for tudo verdade... Eu só escondo, só não dou aquilo de que não tenho certeza. As pessoas costumam me dizer o seguinte: "Nós sabemos que você sabe tudo, mas conta só um pouquinho". Eu digo: "Não, eu vou fazer sucesso se contar mais e mais coisas, e tenho o compromisso de contar; agora, não posso é contar barbaridade, mentira". É por isso que, se eu escrevo alguma coisa errada, e a pessoa me liga, eu dou espaço, respondo. Depois a pessoa fica agradecida, e eu digo: "Não é para você que eu estou fazendo isso, é para mim". Porque o meu leitor tem que perceber que aquilo que estava errado foi corrigido; o que não é corrigido está certo. Às vezes, se a pessoa vem corrigir e não tem razão, eu não dou. Só dou quando tem razão.

Voltando à pergunta, quando você veste qualquer tipo de fantasia, começa a não ser legal. Assim como, quando você começa a se achar o máximo – "bom, agora eu sei tudo" –, você começa a se perder. Esse negócio de se ter em alta conta é um horror, porque você se avalia errado. Não gosto de ser humildezinha, mas acho que você tem que ter uma dose de humildade perante a informação. Ela é sempre mais importante que você. Por isso é que não se pode fazer denúncia a qualquer preço. Se a denúncia está errada, você tem que abandoná-la, não tem que ceder à tentação de ter o seu nome debaixo da denúncia, seja ela qual for.

Você já deixou de dar informação? Por exemplo, você sabe que determinado banco vai falir, mas não dá essa informação porque isso teria conseqüências?

Deixar de dar informação porque não tenho certeza de que é verdade, já deixei inúmeras vezes. Quanto a dizer que tal banco vai falir, há um problema: dá processo, é ilegal. Também não dou vida pessoal, não gosto de dar doença, coisas como juntou, separou, namorou. Por isso é que eu não gosto de coluna de notas. Porque acho que, para o coletivo, não tem importância.

E no caso da notícia que pode criar um problema de Estado? Você evita dar?

Ah, não. Não sou correspondente de guerra, não sou soldado. Não vou querer trazer processo para mim nem para o jornal, ou seja, no que puder, vou me manter dentro da lei, agora, ter uma notícia comprovada, maravilhosa, com documento, e não dar porque vai dar problema? Ah, não! Não há hipótese. Nunca vi ninguém se transformar num grande jornalista fazendo o morninho. No morninho você não vai. Você tem que ousar. Mas tem que ser com responsabilidade. Aquilo de que não tenho certeza, eu não dou. Se não agir assim, vou perder a credibilidade, vai dar processo, vai todo mundo se ferrar, e o leitor vai dizer: "Ah, que bando de mentiras!" Quero saber qual é o ganho disso. Você tem que trabalhar – isso eu aprendi no Partidão – com a coisa real, não adianta trabalhar com a ficção, porque dali a dois minutos ela se mostra ficção, e você se ferra. E aí? Grande esperto foi você, pego na mentira.

A mídia forma a opinião pública?

Acho que sim, acho que formamos a opinião pública. Muito mais a televisão, porque, com todos os problemas da nossa sociedade, o número de leitores é ínfimo neste país. Mas o papel da imprensa na formação da opinião é decisivo, é fundamental. A própria imprensa também tem a capacidade de mudar e de ir atrás da opinião pública. Olha o caso das Diretas, em que a TV Globo mudou e foi atrás. Imaginar que a imprensa tem influência zero, não tem, não. Daí a responsabilidade.

Você acha que o jornalista tem credibilidade entre os políticos?

Depende do jornalista. Eu tenho. Você não pode dizer: "Agora eu quero credibilidade, moçada!" Você tem que chegar lá e ser direita com as pessoas, goste ou não goste delas. Eu não gosto de um monte de gente e gosto de outro monte de gente. Agora, você tem que ser *tranchant*. Aí você consegue credibilidade, não precisa fazer nada de genial.

EM GERAL OS JORNALISTAS OUVEM SEMPRE OS MESMOS INFORMANTES, SEJA EM POLÍTI-
CA, SEJA EM CIÊNCIA, SEJA EM QUALQUER OUTRO ASSUNTO. POR QUE ISSO ACONTECE?

Existem alguns motivos. Um deles, claro, é a preguiça: há alguém que se destaca num setor, e você já conhece, já tem o telefone... Quando, se você come-çasse a sair por aí, a freqüentar seminários, a ler livros, iria descobrir gente nova bárbara. Além disso, na política, também acontece o seguinte: são sempre os mesmos que têm a informação; são poucos os que transitam nas áreas onde a informação é quentésima; são poucos os que não põem o jornalista em fria, os que falam em *off* e não dizem mentira, não fazem plantação. As pessoas ouvem o Antônio Carlos, por exemplo, porque a informação dele é bárbara. Você não pode é ser boba, achar que ele vai contar uma coisa que não interessa a ele; tem que ter bom senso para filtrar. Antônio Carlos é fundamental? É. Mas eu falo com ele, no máximo, uma vez a cada dois meses, porque também não quero me transformar em correia de transmissão dele. Quero ligar para ele, como já fiz, e perguntar: "Senador, a CPI dos bancos vai sair ou não vai sair?" Ele me disse: "Não vai sair. Por causa disso e disso". Você escreve, e tudo acontece como ele falou. É fonte confiável, fonte que sabe das coisas.

Existem os que sabem das coisas, mas existem também os que querem dizer que sabem, e põem você numa fria do tamanho de um bonde. Eu, que trabalho quase que só com *off*, vou pôr meu nome lá e contar uma mentira, uma besteira? O cara pode fazer isso comigo uma vez, mas não faz a segunda. Por isso é que, no final, as fontes que sobram, as que são firmes, batata, são muito poucas. Você tem que se virar com elas.

OS JORNALISTAS POLÍTICOS EM GERAL OUVEM MUITO AS PESSOAS QUE ESTÃO NO CEN-
TRO DO PODER, TANTO NO LEGISLATIVO COMO NO EXECUTIVO.

Exatamente. Às vezes, no Executivo, você tem pessoas que estão no centro do poder, mas não são necessariamente as de mais destaque. Às vezes um secretá-rio-executivo de um ministério, um bom assessor, são caras bons, que sabem das coisas, que têm responsabilidade e não ficam passando maluquice. É por isso que você precisa ter experiência. Não dá para chegar e soltar uma criança, porque a criança não vai ter pilotagem para saber quem está enganando, quem não está. Gente mais velha não tem! Você vai sempre aprendendo!

VOCÊ ENSINA O QUE SABE DENTRO DA REDAÇÃO?

A quem me procura, eu tenho o maior prazer de ensinar. Mas são poucos. Todo mundo acha que sabe tudo. Eu, que ainda tenho o que aprender, vou aprendendo, não quero nem saber. Gosto muito de estar perguntando como é, como não é. Porque os caras estão aí para enganar você o tempo todo! Você tem que partir do pressuposto de que eles querem contar mentira. Aí, você vai chegando à verdade.

A invasão das mulheres

AS SUCURSAIS DOS GRANDES JORNAIS EM BRASÍLIA SÃO DOMINADAS POR UM VERDADEIRO MATRIARCADO. COMO VOCÊ EXPLICA ISSO?

Eu não explico. Não sei o que aconteceu. Contei aqui como é que eu vim parar na coluna. Não teve nada de "vamos escolher uma mulher".

MAS O FATO É QUE HÁ MUITAS MULHERES COLUNISTAS EM BRASÍLIA.

Acho que, de repente, houve uma conjunção de planetas, uma coincidência. Não houve nenhum plano. Para entender por que tantas colunistas, você teria primeiro que explicar por que o jornalismo se transformou numa profissão feminina. As mulheres que hoje são colunistas antes eram repórteres. Por que essas mulheres se destacaram tanto, a ponto de serem escolhidas titulares de colunas? Às vezes vejo que o olhar feminino, principalmente para a política, funciona muito, porque é mais sutil. Como a mulher é relativamente nova na profissão, talvez ela não repita alguns cacoetes e consiga ter uma linguagem nova. O olhar feminino é diferente, e a linguagem feminina é diferente. Se você tapar o meu nome e ler a coluna, saberá que é uma mulher que está escrevendo. Talvez o texto feminino soe mais gostoso aos ouvidos porque é novo. Mas daqui a pouco as pessoas também poderão enjoar.

Agora, não vejo como grupos separados os colegas homens e as colegas mulheres. Não posso dizer que quando chego ao Congresso os homens estão devagar e as mulheres estão dando um banho, trabalhando loucamente. Está todo mundo trabalhando loucamente. Só acho que talvez possa haver alguma diferença na sutileza do olhar feminino, que olha mais por trás. Serra, por exemplo, acha que jornalista mulher é melhor. Aí começa o machismo. "Por que mulher é melhor?" "Porque a capacidade de vocês de fantasiar é muito maior." "Ah, a capacidade de *fantasiar* é maior?" Se procurar explicação, você vai acabar achando uma na teoria da raça superior. Aí não vai dar...

Há também a história de que no jornalismo trabalha-se com vaidade, as mulheres seriam mais vaidosas e por isso começaram a entrar na faculdade, quando o canal de entrada no jornalismo deixou de ser a boemia. Quando o canal era a boemia – que não é um ambiente freqüentado majoritariamente por mulheres –, não havia mulheres nos jornais. Quando vem a faculdade, você amplia a entrada, e é aí que as mulheres vão fazer jornalismo. Por quê? Sensibilidade, vontade de escrever, vaidade, desejo de aparecer? Jornalismo é uma *egotrip* completa. Pode ser essa a explicação? Acho que esse estudo está faltando. É um estudo loucamente interessante, para a gente fugir dessa coisa empírica, de ficar chutando.

NÃO É UM PROBLEMA PARA A MULHER CONCILIAR UMA PROFISSÃO QUE É TÃO EXIGENTE, ONDE NÃO HÁ HORÁRIO, QUASE NÃO HÁ VIDA PESSOAL, COM A VIDA FAMILIAR?

Aí vai de cada um. Vejo que na maioria dos casos a profissão sacrifica todo mundo, é abandono do lar. Mas você vai dando jeitos. Você tem que ter – eu tinha – um marido ótimo. Meus dois filhos, Guilherme e Bárbara, nasceram em anos eleitorais, e ele ficava com as crianças. Se não fosse esse marido, como é que eu teria feito? Não sei. A minha circunstância foi essa. Arrumei também uma boa empregada. Quanto à culpa, batalho com ela, administro. Acho que essa administração é toda pessoal. É claro que a carga de funções da mulher é maior. Mas não é impossível administrar, e você também não precisa dramatizar, se achar a vítima, a heroína, a Joana D'Arc, porque também não é assim. Dá para fazer. Porque é novo, fica a impressão de que não dá. Mas dá. Não sei qual será o dano para as crianças, mas também não sei qual é ganho de ter uma mãe neurótica, enchendo todo mundo dentro de casa!

No fundo, você tem de estabelecer determinadas regras. Tudo na vida é assim. Viajo de segunda a sexta, mas no fim de semana não viajo, fico com as crianças. Também não tenho programa no fim de semana. As crianças não gostam de ir a programa de adulto, o que eu acho maravilha, e então não vou obrigar os dois a irem comigo a almoços, a churrascos – tem muito aqui em Brasília. E eu também não vou. Preciso? Vou morrer? Almoço e jantar com fonte no fim de semana, nem pensar. É uma regra, pronto. Não dá para fazer durante a semana? Dá. É administrar isso, levar junto com as crianças. Elas, depois, vão achar legal ter uma mãe que escreve coisas, que todo mundo conhece.

DEVEM TER O MAIOR ORGULHO DA MÃE!

Pois é. Isso é legal. Agora, tudo tem um custo na vida. Os homens fizeram suas carreiras à nossa custa, o ônus foi nosso também. Está na hora de a gente distribuir esse ônus, ora bolas! Mas aí, vai de cada um. Se você não quiser distribuir o ônus, se quiser fazer tudo sozinha, em alguma coisa você vai claudicar; não dá para fazer tudo maravilhosamente bem. Acho que tudo é um pouco de opção, um pouco de sacrifício, corre daqui, vai ali... É mais difícil? Não sei. Acho que é mais divertido, é muito mais gostoso do que ser aquela mãe que é uma chata, a proibir televisão, a ficar inventando demandas, porque não tem o que fazer na vida, a deixar todo mundo louco, neurótico. Está todo mundo bem, nessa geração em que as mães ficaram dentro de casa? Não! Está todo mundo maluco! Então, pronto!

Tereza Cruvinel

Tereza Cruvinel

Entrevista a Alzira Alves de Abreu
feita em Brasília em 16 de abril de 1998 e atualizada em março de 2005.

Pergunta: jornalista ou líder política?

VAMOS ÀS SUAS ORIGENS: QUANDO E ONDE VOCÊ NASCEU, O QUE FAZIAM SEUS PAIS?

Nasci em 23 de maio de 1955 em Minas Gerais, numa fazenda rústica, porém chamada Parnaso, entre os municípios de Coromandel e Abadia dos Dourados, região do Alto Paranaíba. Meus pais e meus avós eram pequenos proprietários rurais, pessoas humildes, de pouca instrução, mas profundamente comprometidas com o trabalho e a educação dos filhos. Fizeram muitos sacrifícios para isso, pois a família era grande e do tipo agregada. Estudei na escola rural e depois, nas cidades da região, na boa escola pública dos anos 60. Mas a vida foi ficando difícil e empurrou minha mãe com quatro filhos para Brasília; outros membros da família mudaram-se para São Paulo, em busca de oportunidades.

Viemos em 1971, época das grandes migrações do interior para as metrópoles, quando ainda chegavam a Brasília levas de migrantes vindos do Nordeste, Goiás, Minas e outros estados. Para nós, Brasília era uma oportunidade de continuarmos os estudos e de nos urbanizarmos. Sobretudo, de conquistarmos a independência econômica em relação à grande família, que já fora mais próspera e entrara em decadência. Meu pai, muito apegado à terra, continuou em Minas, mas vinha a Brasília com alguma freqüência. Acabou morrendo em São Paulo, numa tentativa de transplante de coração. O mal de Chagas ainda é uma doença endêmica no interior do Brasil, embora se preste pouca atenção a ele.

Você fez o curso de jornalismo em Brasília?

Fui funcionária pública antes de fazer o curso de jornalismo. Com 18 anos comecei a trabalhar no Ipea, então um importante núcleo de planejamento econômico, criado por Reis Velloso,[1] e resolvi estudar economia influenciada pelo convívio com os economistas. Estavam no Ipea, na época presidido por Roberto Cavalcanti de Albuquerque, técnicos como Edmar Bacha, Pedro Malan e muitos outros que vieram a ter projeção nacional. Eu era assistente de um grande economista rural, Eduardo Martini, que morreu muito jovem, num acidente estúpido. Pensava em fazer carreira no Ipea, trabalhar em planejamento agrícola – continuava tendo um pé na fazenda –, e comecei o curso de economia na Faculdade Católica, mas não gostei. Acabei me politizando e decidi estudar na UnB, onde estava o foco do movimento estudantil na cidade. Já pensava em jornalismo, mas resolvi fazer vestibular para letras, pois gostava e gosto muito de literatura. Comecei a gostar de jornalismo no próprio Ipea, que era um lugar muito freqüentado por repórteres econômicos – Eduardo Almeida, Adriano Lopes, Fernando Martins e muitos outros andavam sempre por lá. Estávamos na ditadura, e a imprensa alternativa também me interessava muito. Acabei fazendo um terceiro vestibular, agora para comunicação.

Não chegou a concluir letras?

Não, fiquei só um ano em letras. Embora gostasse de literatura, o departamento me decepcionou, era muito conservador e bem comportado para as minhas expectativas juvenis. Muitas senhoras de diplomatas, muita gente arrumadinha... Era um departamento em que o movimento estudantil não penetrava, e na época eu já estava engajada. Até então eu ainda era militante independente, mas quando fui para comunicação, que era uma faculdade muito quente, entrei para uma organização trotskista, o Port, Partido Operário Revolucionário Trotskista, um dos braços quebrados da IV Internacional fundada por Trotski.

---

[1] O Instituto de Pesquisa Econômica Aplicada (Ipea) foi organizado em 1964 pelo economista João Paulo dos Reis Velloso, a pedido do então ministro do Planejamento Roberto Campos. Reis Velloso chefiou a instituição até 1968 e foi ministro do Planejamento de 1969 a 1979, nos governos Médici e Geisel. Como tal, foi responsável pelo Plano Nacional de Desenvolvimento I e II. Ver *Ipea, 40 anos: uma trajetória voltada para o desenvolvimento*. Org. Maria Celina D'Araujo, Ignez Cordeiro de Farias e Lucia Hippolito (Rio de Janeiro, FGV, 2005).

EM MEADOS DOS ANOS 70 OS MOVIMENTOS DE RESISTÊNCIA AO REGIME MILITAR JÁ ESTAVAM EM DECLÍNIO. AINDA HAVIA MILITÂNCIA EM BRASÍLIA?

Sim. A ditadura havia destruído as organizações da luta armada, mas nessa época o movimento estudantil estava se reorganizando, depois da derrocada que se seguiu à repressão de 1968, quando a agitação chegou aos píncaros com a Passeata dos Cem Mil. Brasília se mobilizou muito a partir da morte de Juscelino, em agosto de 1976. Nós tivemos então uma grande manifestação de massa, que acompanhou o cortejo protestando contra a ditadura e cantando o *Peixe vivo*. Foi minha primeira participação numa grande manifestação política. No ano seguinte, 1977, os estudantes da UnB fizeram uma greve que durou quase um ano. Foi uma greve essencialmente política, pedindo a demissão do reitor José Carlos Azevedo, um homem do regime, capitão de mar-e-guerra. A repressão foi violenta, e a vanguarda do movimento foi toda expulsa da universidade. Uma nova vanguarda assumiu o controle do movimento, e eu já participava dela, já era uma liderança importante e ativa. Fomos todos presos muitas vezes ao longo daquele ano agitado. Havia também na época os comitês de anistia, o movimento pela representação política de Brasília, que era um movimento local muito forte, e eu atuava nesse segmento, com uma confusão muito grande na cabeça entre ser jornalista e ser líder política. Eu não tinha isso muito claro na época, achava que era possível ser as duas coisas. O modelo que eu tinha era o do jornalistas revolucionários, que escreviam grandes panfletos em jornais leninistas, aquela coisa meio Rosa Luxemburgo.

MAS NESSA ÉPOCA VOCÊ AINDA NÃO ESTAVA TRABALHANDO EM JORNAL.

Não trabalhava em jornal, continuava no Ipea, mas já escrevia algumas matérias como *freelancer* para o *Jornal de Brasília* e para o *Cidade Livre*, um jornal alternativo local. Participava também do *Versus,* que era uma publicação ligada à organização a que eu pertencia – àquela altura eu tinha saído do Port e entrado na Liga Operária, que depois se transformou na Convergência Socialista e mais tarde no PSTU.[2] A Liga Operária tinha como ideólogo o argentino Nahuel Moreno, era outro braço da IV Internacional. Até que aconteceu uma mudança importante. Eu estava no Rio em 1978, participando de uma reunião de organizações

---

[2] A Liga Operária, organização trotskista clandestina fundada em 1974, deu origem em janeiro de 1978 à Convergência Socialista, que por sua vez deixou de existir em 1994, quando seus membros fundaram o Partido Socialista dos Trabalhadores Unificados (PSTU). Ver *DHBB*.

trotskistas, com vistas à unificação dessa família fragmentada, quando a Polícia Federal estourou um aparelho nosso no Guará, cidade-satélite de Brasília, muito associado a mim e a duas outras pessoas. Oito companheiros que estavam no apartamento foram presos e barbaramente torturados. Foram os últimos torturados pela ditadura, até onde se sabe. Eram os presos da Convergência, como se dizia na época. Os que estávamos no Rio, eu, Lúcia e Antônio Carlos Pereira Ramos, futuro deputado estadual pelo PT de Minas, não fomos presos, mas fomos processados com base na Lei de Segurança Nacional. A organização decidiu, naturalmente, nos manter clandestinos no Rio.

Qual era a situação do país naquele momento? A abertura estava em marcha e a luta armada era um sonho arquivado e destruído. O movimento estudantil se rearticulara, havíamos feito vários Encontros Nacionais de Estudantes – Enes, preparando a recriação da UNE, e estavam em expansão os movimentos mais amplos pela redemocratização. Algumas organizações de esquerda passaram também a se interessar pelo que começava a acontecer no meio sindical, onde surgiam os novos sindicalistas, principalmente no ABC. Falava-se na criação de um partido dos trabalhadores, e em breve aconteceriam reuniões nesse sentido em São Bernardo. Algumas organizações adotaram então a política, que hoje acho equivocada, de implantar quadros de classe média na classe operária para inseminá-la ideologicamente. Isoladamente, pode até acontecer de uma pessoa transplantar-se e afirmar-se como uma liderança de classe por tal processo. Mas isso não pode ser uma política de massas. Não funciona, não pode funcionar, porque pesam muito as diferenças de origem, as diferenças culturais, o despreparo para viver num mundo completamente diferente do seu. Mais do que artificialismo, isso refletia um imenso voluntarismo político.

Mas o fato é que começou então um processo, na minha organização, de transferência de militantes para a classe operária. E os mais indicados eram aqueles que estavam "queimados" em seu setor de origem ou que tinham sido obrigados a cair na clandestinidade. Muitos foram mandados para o ABC e outros núcleos operários. Como eu já estava clandestina no Rio e não podia voltar para Brasília, fui transferida para a Baixada Fluminense. Essa foi uma das experiências mais traumáticas da minha vida. Na cultura das organizações não havia espaço para queixas, muito menos para discussões francas. Você seria acusada de estar sofrendo pressão pequeno-burguesa – "Pressão de classe, companheira", como ouvi muitas vezes. Então, lá fomos nós, disciplinadamente, um núcleo de umas 40 pessoas, para a Baixada, em busca da classe operária e da implantação de um núcleo revolucionário. Casei com um companheiro, Júlio Cesar de Souza Tavares, que hoje faz uma bem-sucedida carreira acadêmica – é antropólogo cultural, titular da UFF, professor visitante em várias universidades americanas –, esqueci o jornalismo, a universidade, e fui operária por algum tempo. Ia com freqüência ao ABC paulista. Toda a esquerda, além dos intelectuais e igrejeiros, iam a essa Meca da classe operária, onde se discutia a criação do novo partido. Lula era a grande novidade.

Vivi na Baixada Fluminense até 1980. A Baixada era um dos lugares mais tristes do Brasil. Não havia lá exatamente uma classe operária, como imaginavam os dirigentes. O que havia era um grande lumpesinato urbano. A violência já era grande, a economia extremamente desorganizada, a sociedade civil como tal não existia. Afora poucas grandes indústrias, a Reduc, a FNM em Caxias, o que havia eram pequenas fábricas, comércio local, microeconomia regional.

Os FAMOSOS DORMITÓRIOS. VOCÊ FICOU ONDE, EXATAMENTE, NA BAIXADA?

Ficamos instalados em Nova Iguaçu, mas atuávamos também em Caxias, Nilópolis, São João do Meriti, toda a região. Outras organizações tinham quadros na Baixada, como o PCdoB, o MEP, o Partidão. Em 1978, adotamos a política de apoiar candidatos do PMDB, antes praticada apenas pelo PCB, enquanto o resto da esquerda pregava o voto nulo. Na época da eleição fizemos campanha para José Eudes e Edson Khair.

Dom Adriano Hipólito mantinha em Nova Iguaçu o Centro de Formação de Líderes, freqüentado por toda a esquerda. A diocese liderava também um movimento importante, o MAB, Movimento de Amigos de Bairros, que lutava contra a carestia, procurava organizar os interesses das comunidades. Foi naturalmente infiltrado pela esquerda. Trabalhei numa fábrica de máquinas de costura e numa confecção. Depois, desviei minha atuação para um movimento junto à juventude local, organizando atividades culturais, criando cineclubes ambulantes que iam aos bairros mais pobres levar cultura, filmes de arte e discussão política. Essa parte foi a melhor. Criamos grupos culturais em vários bairros, íamos aos colégios, conseguimos nos implantar como pessoas da região. Criamos também embriões de grupos feministas e até mesmo oficinas literárias. Outros atuavam na frente sindical e operária. Vivíamos em pleno ativismo, naquela sofreguidão de mudar o mundo. Onde havia sinal de vida, lá iam os jovens missionários, achando que levavam a boa nova.

VOCÊ NÃO FEZ NADA LIGADO A JORNALISMO NESSE PERÍODO?

Meu vínculo com o jornalismo nessa época limitou-se a escrever alguma coisa para o *Versus*. O jornal nascera no *boom* da imprensa alternativa, tendo à frente Marcos Faerman e Jakobskind. Depois foi aparelhado pela Convergência.[3] Era um jornal muito bonito, que, mesmo partidário, era aberto a participações externas, de artistas e intelectuais. Embora fosse sofisticado demais para a Baixada, tínhamos uma cota mensal para vender na base. Era uma luta vender *Versus* na Baixada. Continha textos políticos sofisticados, na melhor tradição marxista, e panfletos nem tanto. Você podia encontrar ali, por exemplo, um texto de Michel Foucault.

Em pouco tempo concluí que a Baixada não era lugar para se trabalhar a classe operária. Acontecera um erro de avaliação, aquilo era outro mundo, não era um centro operário. Ainda assim fiquei lá dois anos. Conheci a violência, a pobreza, a vida triste da periferia, andei de trem da Central, enfrentei engarrafamentos na Dutra e na avenida Brasil, sofri assaltos, tudo que ainda é muito natural por lá. Eu era uma militante ativa, de grande disposição, mas tinha uma saudade secreta do meu mundo perdido. Mesmo tendo vindo da roça, eu era uma menina de Brasília. É claro que conheci Brasília quando tudo ainda era poeira, e já escrevi muitas crônicas sobre essa fase, mas mesmo assim a cidade era organizada, tudo funcionava. Na Baixada, tudo era o caos. Eu estava me separando da família pela primeira vez, tinha interrompido os estudos que sempre me atraíram tanto... E o trabalho político, apesar dos progressos, era frustrante. Enquanto a esquerda ainda acreditava que a queda da ditadura poderia ensejar a revolução perdida dos anos 60, que terminara em golpe, comecei a sentir que tudo estava sendo inútil, que eu estava perdendo o futuro e que não haveria revolução alguma.

Em 1980, portanto, eu já estava questionando tudo, a linha política das organizações de esquerda e o seu ingresso no partido nascente, o PT.[4] A Convergência foi das primeiras a entrar no movimento pela criação do partido, mas eu enxergava nisso um certo aparelhismo, pois a estrutura paralela foi mantida, com direção e tudo. Eu achava que, se era para criar um partido operário de massas,

---

[3] O jornal *Versus* foi lançado em São Paulo pelo jornalista gaúcho Marcos Faerman em outubro de 1975 como uma publicação de caráter essencialmente cultural. Embora, em seus dois primeiros anos, já incluísse em seus quadros jornalistas de esquerda de orientação trotskista, foi a partir da criação da Convergência Socialista, em janeiro de 1978, que o jornal se voltou abertamente para a política. As dissensões internas não tardaram a se manifestar, levando à saída de Marcos Faerman em setembro de 1978 e ao fim do próprio jornal em outubro de 1979. Ver *DHBB*, verbetes "Imprensa alternativa" e "Convergência Socialista".

[4] O Partido dos Trabalhadores (PT) foi criado em 10 de fevereiro de 1980. Ver *DHBB*.

todas as organizações deveriam se dissolver nele. Ingenuidade, pois elas entraram para disputar o poder interno, e mais tarde se organizariam em tendências. Afinal, eu e Júlio acabamos rompendo com a Convergência, que já estava dentro do PT e criara vários núcleos na Baixada, e fomos morar no Rio. Queríamos retomar os estudos, levar uma vida normal, trabalhar, ir ao cinema, nos vestir como todo mundo. Na Baixada, até para isso havia regra. Tínhamos que parecer com as pessoas da região também no aspecto exterior.

Tentei estudar no Rio, mas havia um problema de diferença de currículo. Fiz dois semestres na Faculdade Hélio Alonso, que tinha o currículo mais compatível com o da UnB, mas onde, assim mesmo, eu levaria três anos para me formar. Eu agora tinha pressa, mas de qualquer forma foi um período importante. Havia bons professores, como Nilson Lage, Zuenir Ventura, Carlos Henrique Escobar, André Lázaro. Conheci muita gente interessante, convivi com jornalistas profissionais e fiz alguns *freelances*. Afinal, com a morte inesperada de minha mãe, decidi voltar para Brasília. Precisava estar com meus irmãos, todos ainda muito jovens. A anistia fora aprovada em 1979, não havia mais processos a responder, e seria possível reingressar na UnB, onde a punição disciplinar também havia caducado. Voltei, terminei o curso em três semestres e imediatamente comecei o mestrado em comunicação. A essa altura, eu já tinha entendido a incompatibilidade entre militância e jornalismo.

Resposta: jornalista política

Vamos então à sua carreira de jornalista: como foi que ela começou?

Meu primeiro emprego foi na TV Brasília, em 1982. Fiquei uns dois ou três meses fazendo reportagem de cidade, polícia, essa coisa chamada geral. Mas eu não tinha nervos para televisão, não fazia um bom trabalho. Achei que não era a minha praia, que nunca ia ter um bom desempenho, e resolvi sair.

Qual era o seu problema com a televisão?

Insegurança, tremia ao segurar o microfone. A televisão exige autocontrole, e acho que eu não tinha, entrava em pânico. Mais tarde, na Globo News, superei isso, pelo menos como comentarista.

Saindo da TV Brasília, fui então para o *Jornal de Brasília*. Escrever, eu sempre achei que sabia um pouco. Fui repórter de cidade uns poucos meses, e logo me passaram para a editoria de política. Eu vivia politizando minhas matérias de cidade, e Leonardo Motta Neto, editor-geral, sentiu que minha experiência

140   Elas ocuparam as redações

poderia ser aproveitada na reportagem política. Foi nesse período que fui fazer minha primeira matéria no Congresso. Minha tarefa era entrevistar Paulo Brossard, grande orador, um dos monstros do PMDB. Para mim, aquilo foi um desafio: "Vou conseguir conversar com ele?" Derramei uma xícara de chá durante a entrevista... Em 1982 houve também a primeira eleição direta para governador depois de 1964, e fiz algumas viagens de cobertura aos estados.

Em 1983, fui para o *Correio Braziliense* e algum tempo depois, ainda no mesmo ano, vim para o *Globo*. Fui indicada por Jorge Bastos Moreno, que fora meu colega de universidade e já era um grande repórter político. A sucursal de Brasília era chefiada por José Carlos de Andrade, irmão do Evandro, diretor de jornalismo do *Globo*.[5] Antonio Martins era o coordenador de política. Estas e outras pessoas foram muito importantes na minha formação de repórter. Aprendi muito no *Globo* e vivi um período político muito interessante. Em 1984, cobrindo a Campanha das Diretas, viajei muito, conheci melhor o Brasil. Em seguida veio a campanha do Tancredo, cobri toda aquela movimentação, o racha do PDS, a formação da Frente Liberal, da Aliança Democrática, a eleição no Colégio Eleitoral, a composição do governo. Aquele foi um dos processos políticos mais ricos que vivemos. Foi um privilégio ver e registrar tudo aquilo, conviver com figuras da grandeza de Ulysses e Tancredo. Depois, veio a doença e a morte de Tancredo. Estive em São Paulo, no Incor, durante toda a internação dele, juntamente com Moreno, Luiz Erlanger e colegas da sucursal de São Paulo. Foi tudo muito doloroso. Com a posse de Sarney, cobri os primeiros tempos do governo dele, o Plano Cruzado, fiz muitas viagens domésticas e algumas internacionais. Até que em 1986, sem mais nem menos, virei colunista. Na época da Constituinte, embora tenha feito muitas matérias, já não era repórter.

A coluna, no começo, ainda não era o *Panorama Político*. Era uma coluna quadrada, se é possível dizer isso, na página quatro, bem em baixo do editorial, que naquele tempo era a expressão muito pessoal do dr. Roberto Marinho. Isso me pressionava e impressionava um pouco. Uma nota em conflito com o editorial já resultara na demissão de outro jornalista que fazia a coluna. Mas depois Evandro transferiu a coluna para a página dois, onde está até hoje.

Você então está no *Globo* desde 1983?

Não. Ainda em 1987 saí do *Globo* e fui para o *Jornal do Brasil*, mas acabei retornando. Entrei no *Jornal do Brasil* num momento de crise: Ricardo Noblat,

---

[5] Ver neste volume depoimento de Eliane Cantanhêde, nota 18.

chefe de redação, que me convidara, em seguida perdeu o cargo. Minha ida para o *JB* poderia ter sido diferente, mas naquele momento foi muito ruim. Não me adaptei. E depois, Carlos Lemos, diretor da sucursal do *Globo*, grande amigo e estimulador do meu trabalho na coluna, ligava quase todo dia me chamando, trazendo recados do Evandro para que eu voltasse. Voltei com uma proposta muito boa, de assinar a coluna, que até então não era assinada. Na época o *Globo* tinha pouquíssimas colunas, acho que apenas as do Ibrahim Sued e do Swann tinham grande projeção. A política de assinaturas, mesmo de matérias, era muito restritiva.

O prestígio das colunas

COMO FOI A EXPERIÊNCIA DE PASSAR A ASSINAR UMA COLUNA NO *GLOBO* A PARTIR DE 1987?

As colunas ainda não tinham então o prestígio que têm hoje. E também nenhuma jornalista mulher assinava uma coluna política ou econômica, como hoje. No jornal concorrente, o *JB*, o colunista era um monstro sagrado, Carlos Castello Branco.[6] Não foi fácil. Eu era jovem e inexperiente para assumir aquela responsabilidade, mas Evandro confiava no meu potencial. Apostou em mim, eu acho. Foi também um mestre severo, e aprendi muito com ele, com suas broncas, seus bilhetes. Castelinho foi outro que me estimulou muito, sempre que nos encontrávamos dizia: "Você está indo bem". Mas eu tinha, nesse início, uma certa desconfiança dos políticos. Um tratamento de "minha filha" me deixava irritadíssima. Achava que estavam dizendo: "Você não entende nada disso, política é coisa para homens". Era uma bobagem, mas me incomodava profundamente.

Apesar das dificuldades, da insegurança inicial, fui fazendo a coluna. O comentário de abertura era então uma nota pequena, e algumas pessoas me estimulavam: "Continue aumentando o comentário inicial!", dizia Carlos Chagas, meu professor no mestrado e grande incentivador. Fui criando assim o formato atual da coluna, um formato que ainda acho ideal. A coluna não tem apenas um texto grande, que possa cansar o leitor com um só tema, permite a quebra do texto em várias notas quando há muitos assuntos disponíveis.

O "prestigiamento" das colunas veio com o tempo. Os jornais passaram a lidar com um público mais exigente, que esperava, além da notícia, a sua interpretação. A partir dos anos 90, outras colunas surgiram, e com elas, outras colunistas mulheres. O *Estadão*, por exemplo, não tinha uma coluna de notas, como a que

---

[6] Ver neste volume depoimento de Eliane Cantanhêde, nota 3.

foi feita pela Cristiana Lobo durante algum tempo. O *Globo* mesmo acabou criando mais e mais colunas, contratando grandes nomes na concorrência, sobretudo a partir do declínio do *Jornal do Brasil*. Trouxe Veríssimo, Zuenir, Xexéo e tantos outros.

POR QUE HÁ TANTAS COLUNAS NA IMPRENSA BRASILEIRA? NA IMPRENSA ESTRANGEIRA ISSO NÃO ACONTECE.

Há jornais estrangeiros, sobretudo europeus, que têm muitas colunas, mas a proliferação no Brasil é ditada por circunstâncias nacionais mesmo. Acho que isso decorre das exigências crescentes dos leitores. Eles gostam de ter uma referência permanente no jornal que lêem. As pesquisas indicam que as colunas têm grandes índices de leitura, sejam elas mais opinativas ou interpretativas, de textos longos ou de notas. O importante é a credibilidade do colunista. Outro fator de sucesso pode ser a falta de tempo das pessoas nesta vida contemporânea. Conheço pessoas que dizem: "Compro o *Globo*, leio a sua coluna e me dou por informado em política". É claro que a coluna não substitui a edição política toda, esse leitor teria muito o que ler nas matérias, mas, como lhe falta tempo, ele se contenta com a coluna, que geralmente é baseada no noticiário.

VOCÊ ACHA QUE A TELEVISÃO TEM UMA INFLUÊNCIA NO SUCESSO DAS COLUNAS?

Talvez, no sentido de marcar a individualidade. Na televisão, você assina uma matéria com a sua cara. A coluna traz um retratinho, um bico de pena, que tenta substituir a imagem televisiva. Atualmente, a televisão está se abrindo muito para os colunistas. Eu mesma passei a fazer comentários para a Globo News. E com isso a televisão também busca suprir uma demanda por mais informação de conteúdo e interpretação. Estar na televisão acaba fortalecendo a coluna e a identificação com os leitores.

Como é que você trabalha?

COMO VOCÊ FAZ A SUA COLUNA? COMO VOCÊ LIDA COM AS SUAS FONTES?

Cada dia é um dia. Brinco que fazer a coluna é como ter uma padaria: você faz o pão fresquinho, mas no dia seguinte ele já está velho e é preciso fazer outro. Mas, na verdade, todo colunista tem massa em estoque, que é a sua *background information*. Sem isso, não adianta recolher notícia todo dia, porque você estará fazendo matéria, não coluna. Nunca se começa exatamente do zero.

Eu, particularmente, faço uma coluna muito relacionada com o noticiário do dia. Geralmente o comentário de abertura tem a ver com o fato político mais importante. Uso muito o telefone, mas gosto de circular, acho importante ir ao Congresso, sentir o clima, ir ao Planalto com alguma freqüência e fazer os inevitáveis cafés, almoços e jantares, nos quais é possível conversar com as chamadas fontes com mais tranqüilidade. É preciso também estar sempre atenta ao que se passa na sociedade, sentir o pulso da opinião pública, o que se passa nas igrejas, ONGs, sindicatos, MST, movimentos sociais em geral. O Congresso é um grande manancial de notícias e matéria-prima para comentários, mas se você não prestar atenção à sociedade, fará uma coluna parlamentar, atenta apenas aos jogos de poder entre os partidos, política menor.

É VERDADE QUE OS MINISTROS DA ÁREA ECONÔMICA NÃO GOSTAM DE FALAR, ENQUANTO OS POLÍTICOS GOSTAM DEMAIS?

É verdade. Como colunista política, não tenho a pretensão de falar muito sobre a área econômica, até porque temos no *Globo* uma excelente colunista econômica, que é a Míriam Leitão. Os políticos em geral falam compulsivamente, mesmo quando não têm muito o que dizer. Aparecer, estar na mídia, para eles é uma necessidade: afinal, vivem de voto. Já quem está no Poder Executivo, não importa a área, tende a se fechar mais, seja por falta de tempo, seja por estratégia de defesa em relação à imprensa. Mas mesmo entre os ministros, os que têm origem política falam muito mais que os técnicos. Há também o que chamamos de fontes secundárias: o assessor, o técnico de segundo escalão, até mesmo uma secretária. Há muita gente que tem informação e sempre pode ajudar, dar uma dica que poderá ser mais bem apurada.

O Palácio do Planalto é um lugar, como sempre, muito difícil, em qualquer governo. Há o porta-voz, há os ministros da casa, mas todos controlam muito a informação, inclusive porque estão muito próximos do presidente, que está sempre cobrando os vazamentos. O Judiciário também é muito fechado, mas é sempre possível construir algumas boas fontes por lá. No Congresso, há alguns anos vem ocorrendo um processo de centralização da informação numa chamada elite parlamentar, que reúne no máximo 10% ou 15% dos congressistas. São os líderes, os presidentes das duas casas, os membros da mesa, alguns luminares, notáveis, que, mesmo não tendo um posto oficial, participam das decisões legislativas ou transitam no governo. A informação sobre o que se passa no Executivo chega muito à imprensa através do Legislativo. Afora a elite, há o baixo clero, os deputados sem importância que não têm informação, e exatamente por isso, e não por preconceito, são pouco procurados pelos jornalistas.

Por isso é que se diz que são sempre os mesmos políticos que são ouvidos. São sempre os mesmos que têm todas as informações...

É isso. O baixo clero não é um amontoado de ignorantes e de estúpidos, tem pessoas muito preparadas, mas que estão exiladas do poder decisório, mesmo pertencendo a partidos que estão no governo. A elite parlamentar sempre existiu, mas com a proliferação dos partidos, depois da Constituinte, a centralização das decisões aumentou e fortaleceu os líderes e os notáveis. Jornalista procura é quem tem notícia. Aí surgem expressões do tipo "jornalistas de Brasília bajulam certas figuras". Engano, os jornalistas querem ter acesso a figuras que têm o que eles procuram, sejam de que partido forem. Quando começa uma legislatura, os jornalistas procuram conhecer os tipos novos, mas no final acabam sempre no mesmo pequeno grupo dominante.

Agora, como é que os jornalistas operam? É muito simples. Em primeiro lugar, você precisa ter consciência de que está prestando um serviço público. De que está procurando notícias que sejam de interesse público, está procurando dizer coisas que interessem à sociedade. Para isso, você precisa ter acesso. Para ter acesso – o que é diferente de ter amizade, camaradagem etc. –, você precisa construir uma boa relação com as suas fontes, uma relação de confiança, que dê a elas a segurança de que você usará corretamente as informações que elas lhe derem. Isso é essencial, sobretudo no uso do chamado *off the record*. O *off* não funciona onde não há confiança.

Além de fontes, é importante também ter interlocutores, pessoas com quem você conversa para avaliar o quadro político, ainda que elas não lhe contem nada de novo. É importante hierarquizar e classificar as suas fontes de informação. Algumas servem para lhe dar boas declarações, outras para lhe fornecer pistas, outras para confirmar informações reservadas, outras ainda para trocar impressões. Agora, se o sujeito falhou com você, forneceu informação incorreta ou lhe tirou de uma boa pista, pode riscar do caderno.

É muito comum, hoje, no Brasil, o uso do *off*. Por que isso?

O *off* realmente se vulgarizou muito, sobretudo na área política. Muitas vezes o político não pode se expor, por razões partidárias, de conveniência política etc. Mas muitas vezes ele está pedindo o *off* porque tem segundas intenções, está querendo atingir um adversário ou alcançar um objetivo. Por isso é importante, sempre que possível, conferir o *off* com alguma outra fonte de confiança. Muitas vezes uma informação em *off* não passa do que chamamos de uma "plantação", um balão-de-ensaio, um torpedo para atingir objetivos nem sempre lícitos ou defensáveis. E você estará sendo usado se não tomar cuidado. Mas se a informação, mesmo tendo segunda intenção, é de interesse público, isso é que vale.

A ORIGEM DO *OFF* NO BRASIL ESTARIA LIGADA AO PERÍODO DA DITADURA, QUANDO AS PESSOAS PASSAVAM ALGUMAS INFORMAÇÕES MAS NÃO PODIAM APARECER? ISSO TERIA VIRADO MODA A PARTIR DAÍ?

Não cheguei a trabalhar profissionalmente em política durante a ditadura, mas sei que havia isso a que você está se referindo. Mas acho que mesmo naquele tempo o *off* era usado com mais critério. Durante a censura, por exemplo, um *off* corria o risco de não ser publicado. Na abertura e na transição, em que já atuei, também não havia abuso do *off*. A disciplina partidária era maior. Os governos, mais coesos. Hoje se faz muito política pela imprensa. De certa forma, isso é inerente à democracia e à plena liberdade de expressão. Há um lado bom nisso, que é a maior transparência, mas há também o negativo, que é o risco de manipulação.

Mudanças na imprensa

NA ÉPOCA EM QUE VOCÊ COMEÇOU A TRABALHAR, NOS ANOS 80, ESTAVA EM CURSO UMA SÉRIE DE MUDANÇAS NA IMPRENSA: GRÁFICAS, GERENCIAIS ETC. O PRÓPRIO JOR-NALISTA MUDOU. COMO VOCÊ VÊ ESSAS MUDANÇAS?

A imprensa brasileira, no passado, foi muito partidarizada. Os jornais tinham afinidades políticas muito explícitas, alinhamentos muito claros. Depois de 64, as coisas mudaram. Houve os que se sujeitaram mais ao regime, os que resistiram mais bravamente à censura, como o *Estadão*. Com a redemocratização, os jornais passaram a ter mais preocupação com a isenção, com a objetividade, pois passaram também a atender a um público maior. O número de jornais diminuiu muito, por razões econômicas, e com isso todos tiveram que se tornar mais plurais. Logo, as suas preferências tiveram que ficar mais restritas aos editoriais, ao passo que o noticiário tornou-se mais profissional, idealmente objetivo. A credibilidade tornou-se uma necessidade para atrair leitores. Essas foram mudanças, digamos assim, de conteúdo, que passaram a exigir também maior qualificação dos jornalistas. Podemos ter nossas preferências, nosso passado militante, nossas convicções, mas temos que ser acima de tudo profissionais conscientes de que o nosso compromisso essencial é com a informação, que é um direito do cidadão.

Houve também maior abertura à opinião externa, com todos os jornais criando espaços onde escrevem convidados, acadêmicos, políticos, economistas, líderes de movimentos sociais. A internet trouxe maior acesso dos leitores aos jornais e aos jornalistas, e esse intercâmbio é positivo. Vieram os *blogs*, as cartas de leitores tornaram-se um espaço mais vivo da cidadania. Enfim, houve mudanças de ordem material, gerencial, gráfica, tecnológica. Os jornais mudaram de cara, ganharam cores, diagramação mais moderna, infográficos, uma navegação mais fácil para os leitores, cadernos temáticos, sempre com o objetivo de atingir um universo mais diversificado em suas demandas e expectativas. E aprenderam a se planejar, em todos os sentidos, a trabalhar com metas e com orçamento. Os que não fizeram isso, morreram na praia.

Outra coisa importante que aconteceu foi que, com as novas tecnologias, as notícias em tempo real e a televisão, os jornais foram se tornando cada vez mais interpretativos, foram buscando oferecer ao leitor algo além da notícia, que hoje já não chega a ele apenas por seu intermédio. A televisão dificilmente deixa um furo para os jornais impressos.

Muitas vezes se diz que a imprensa hoje está dominada pelo marqueteiro; é ele quem diz como deve ser feito o jornal. Há quem ache isso um absurdo, mas há quem ache que tem que ser assim mesmo, pois é preciso vender jornal. O que você acha?

Os jornais enfrentam competição, é natural que também recorram ao marketing. O jornal é uma mercadoria, e seus clientes são muito mais exigentes. É preciso estar atento às expectativas dos leitores, que garantem a sobrevivência dos jornais. Sem eles, os anúncios não virão, o faturamento vai cair, as demissões ocorrerão. Acho que os jornais brasileiros levam isso em conta, fazem suas pesquisas, e isso faz parte do jogo. Os que não se prepararam para a nova economia acabaram tendo problemas. Alguns desapareceram.

Existe uma visão bastante difundida, segundo a qual o jornalista antigo era boêmio, romântico; hoje, o jornalista seria o profissional, o *yuppie*, o individualista etc. Como você vê isso?

O jornalista romântico não existe mais. E jornalista romântico era tanto o boêmio como aquele que tinha causas. Aquele que queria escrever panfletos, como eu, quando era militante. Ficamos mais profissionais, mais preparados, mais responsáveis no exercício da nossa profissão. Nossa causa hoje deve ser a da competência e a da ética profissional. Se o jornalista tiver bandeira política, deve deixar a profissão e se filiar a um partido. Os freios éticos já foram muito frouxos, já houve tempo em que jornalistas trabalhavam simultaneamente em órgãos públicos. Hoje, tudo isso acabou. Acho que a imprensa brasileira atingiu um bom padrão de profissionalização. A exigência de diploma, que muita gente critica, também foi importante. Um jornalista que passou pela universidade será sempre mais bem preparado que aquele do passado, muitas vezes autodidata, formado nas próprias redações. Acho que mesmo os cursos que não concluí foram importantes para a minha construção pessoal. Ter feito o mestrado foi importante, ter tido uma formação teórica como militante também.

Por outro lado, hoje existe, como você disse, a imagem do jornalista *yuppie*, preocupado em fazer carreira, alcançar postos e ganhar dinheiro. Mas tudo isso só é possível com base na competência e no bom desempenho. Alguns jornalistas têm talento para administrar suas carreiras, cavar convites no mercado, galgar posições de comando. Eu sou ruim nisso, estou no *Globo* há muitos anos fazendo a mesma coisa, mas admiro quem é bem-sucedido, investe no marketing pessoal. Não há nada de errado com o êxito, desde que observados os parâmetros éticos e profissionais.

COMO VOCÊ VÊ O JOVEM QUE ESTÁ SAINDO HOJE DA UNIVERSIDADE E CHEGANDO ÀS REDAÇÕES?

Alguns ainda chegam cheios de utopias, ilusões, mas logo se ajustam. Chegam muito mais bem preparados que os da minha geração, embora lhes falte uma certa bagagem de cultura humanística. Lêem menos, conhecem menos a história, mas em geral são preparados.

O PESSOAL JOVEM DOS JORNAIS, HOJE, É PETISTA?

Não vejo isso, não. Muito pelo contrário, depois da chegada do PT ao governo a relação PT—imprensa tornou-se extremamente tensa e conflituosa. No passado, o PT teve muita base eleitoral no meio jornalístico, mas isso nunca resultou em deformações no noticiário a favor do PT.

VOCÊ ACHA QUE A IMPRENSA FOI MUITO FAVORÁVEL AO GOVERNO FERNANDO HENRIQUE CARDOSO?

Fernando Henrique é um excelente comunicador, e isso favoreceu muito o seu governo. Mas não impediu que a imprensa fosse crítica, fizesse denúncias, censurasse decisões, sobretudo no segundo mandato. No primeiro, realmente, a oposição quase desapareceu da mídia. A reeleição foi a danação do governo FH. Por ela, as reformas foram paralisadas, praticou-se o fisiologismo, fez-se o populismo cambial. Com isso veio o desgaste, e a imprensa tornou-se mais agressiva, refletindo a desaprovação ao governo, a perda de popularidade do presidente, os maus resultados econômicos, o desemprego etc. Mas é preciso dizer que Fernando Henrique foi um presidente que teve uma relação muito fácil com a imprensa. No dia em que escrevi uma coluna que ele havia odiado, tive uma conversa espetacular com ele. É uma pessoa tolerante.

COMO É QUE VOCÊ SOUBE QUE ELE HAVIA DETESTADO A SUA COLUNA?

Porque há sempre alguém que lhe conta, nem que seja desmentindo o que você escreveu.

OUTRO FENÔMENO QUE ACONTECEU NO JORNALISMO NOS ÚLTIMOS 30 ANOS FOI A ENTRADA MACIÇA DAS MULHERES NAS REDAÇÕES. COMO VOCÊ VÊ ISSO?

Acho isso muito interessante, e acho que faz parte do processo geral de afirmação das mulheres em todos os mercados de trabalho. A presença das mulheres na imprensa brasileira realmente chama a atenção, é maior do que em outros países. Uma pesquisadora da Argentina andou aqui observando isso. Mas isso aconteceu simplesmente porque as mulheres brasileiras demonstraram que podem ser boas repórteres, colunistas, editoras, diretoras de redação etc. Como também já se afirmaram como economistas, médicas, motoristas de caminhão, até como pilotas de avião.

COMO A REDAÇÃO VÊ O FATO DE A JORNALISTA MULHER TER FILHOS E CASA PARA CUIDAR, ALÉM DO TRABALHO?

As chefias sabem que somos heróicas, matamos um leão para dar conta do recado. Que, apesar da dupla jornada, da casa, dos filhos, não descuidamos dos nossos deveres profissionais. As mulheres provam todos os dias que a condição feminina não conflita com o profissionalismo.

Jornalistas e jornalismo

O QUE É SER JORNALISTA PARA VOCÊ?

Como já disse, comecei pensando o jornalismo como ação política. Uma doença infantil compreensível na minha geração. Hoje acho que o jornalista é um prestador de serviço público, embora empregado pela iniciativa privada – ou pelo Estado, se trabalhar numa televisão pública, por exemplo. Mas seu dever fundamental é para com a sociedade, para com a qualidade da informação, ou do serviço que presta. E para isso, é importante até que separe informação de opinião. Sou mais de interpretação que de opinião. Acho que o leitor pode querer saber o que você pensa, mas quer sobretudo que você analise, interprete o que está acontecendo. Nesse sentido, embora não tendo um mandato popular, você está a serviço da cidadania, trabalha para garantir um direito fundamental, assegurado pela Constituição, que é o direito de todos à informação.

PELO QUE VOCÊ DIZ, POSSO CONCLUIR QUE VOCÊ ESCREVE PARA O LEITOR, E NÃO PARA OS SEUS PARES, OU PARA O SEU CHEFE.

Sim. Naturalmente temos chefes, patrões, diretores, pessoas a quem devemos prestar contas funcionalmente, mas eles mesmos sabem que a nossa credibilidade depende da qualidade do nosso trabalho. Se nós escrevermos apenas para agradar o patrão e acabarmos decepcionando o leitor, sobretudo o leitor exigente de hoje, acabaremos de todo modo perdendo o emprego. Com a internet, os leitores tornaram-se extremamente exigentes, vigilantes. Querem e têm o direito de fiscalizar a imprensa também. Mantenho um *blog* no *Globo Online*, dedicado basicamente ao contato com os leitores. E a cobra fuma por ali. Se eles gostam, elogiam, aplaudem; mas se discordam, cobram e criticam.

As organizações Globo passaram por um interessante processo de profissionalização, que tem por base a premissa de que o jornal tem de ser feito por bons jornalistas. E estes são os que, com o seu trabalho, atraem leitores e garantem a credibilidade do jornal, estabelecendo uma relação de confiança com um público plural. Tenho inteira liberdade para escrever e editar minha coluna. Se um dia ela perder a credibilidade que tem, foi por incompetência minha mesmo, não por qualquer limitação vinda de cima.

Você também se referiu aos pares. Claro que existe uma ressonância intra-imprensa, uma avaliação entre coleguinhas dentro das redações. Mas os jornais existem mesmo é para os leitores, e é para eles que a gente escreve.

COMO VOCÊ PERCEBE O PAPEL DO JORNALISTA NA SOCIEDADE? VOCÊ JÁ DEIXOU CLARO QUE ELE É UM DIFUSOR E UM INTÉRPRETE DA INFORMAÇÃO. MAS ELE É TAMBÉM UM CRÍTICO OU UM FISCAL DO GOVERNO? É UM DEFENSOR DOS SEM-VOZ?

Acho que seria arrogância o jornalista sentir-se um fiscal ou defensor dos sem-voz. Como prestador de serviço, ele ajuda o cidadão a formar sua opinião, mas não está aí para substituir ninguém. Na democracia, quem representa os cidadãos é o político, o detentor do mandato popular. A imprensa é um elo dessa cadeia. Na medida em que o cidadão se informar, e assim formar a sua opinião, ele agirá como ser político, inclusive na hora de escolher seus representantes. Acredito no jornalismo político como um instrumento importante para o aprimoramento da democracia, na medida em que contribui para a elevação do nível de educação política de um povo. Mas não no jornalista como agente político.

Agora, jornalista também é cidadão. Às vezes, a sua atuação profissional é tocada pela sua inserção na sociedade, pelas suas relações concretas com o mundo. No governo Fernando Henrique, por exemplo, certa vez editaram uma medida provisória que proibia as viúvas de acumular a aposentadoria própria com a pensão deixada pelo marido falecido. Ora, eu conhecia várias viúvas pobres nessa situação, e algumas se queixaram comigo, me contaram que já haviam contribuído por longo tempo, como empregadas domésticas ou autônomas, e perderiam a aposentadoria porque já tinham uma pensão do falecido marido. Fiz uma série de colunas sobre *As viúvas do INSS* criticando a medida, demonstrando que ela atingiria sobretudo mulheres pobres, que poderiam acumular uma aposentadoria e uma pensão, ambas, no máximo, de dois salários mínimos, e que não era assim que se iria salvar a Previdência. Num jantar no Itamaraty, o presidente discutiu a medida comigo. Achava que eu não tinha razão, mas tinha pedido estudos. No dia seguinte, revogou-a.

O JORNALISTA AJUDA A FORMULAR A AGENDA PÚBLICA?

A imprensa, sim. Se ela coloca algum tema em discussão, e ele encontra eco na sociedade, isso pode resultar em sua inclusão na agenda política. Acho que o Executivo dita 80% da agenda parlamentar, mas a imprensa também coloca temas, às vezes. Como outros jornalistas, também já levantei assuntos que estavam esquecidos e acabaram entrando em pauta.

OS JORNALISTAS TÊM CREDIBILIDADE JUNTO AOS POLÍTICOS?

Têm. Há antagonismo, mas há respeito nessa relação. E há também, da parte deles, o temor da notícia negativa. Há momentos de conflito agudo entre a imprensa e o poder político, e há momentos de distensão. Mas há muita queixa também, sobretudo do chamado denuncismo e das críticas a certas práticas políticas.

OS JORNALISTAS TÊM CREDIBILIDADE JUNTO AOS INTELECTUAIS, À UNIVERSIDADE?

Acho que sim. Há intelectuais muito arrogantes, para os quais a imprensa é superficial, não formula nada em profundidade. Gostariam de ter jornais mais reflexivos, talvez. Mas o papel da imprensa é sobretudo informar. A imprensa será cada vez mais especializada, surgirão mais veículos temáticos, jornais e revistas voltados para este ou aquele assunto. A reflexão mais profunda será encontrada nos jornais e revistas acadêmicos, e não nos grandes jornais, voltados para um público variado e plural. Mas há hoje muita convergência entre os cientistas sociais e os jornalistas, e muita presença dos intelectuais na imprensa cotidiana, através de artigos, entrevistas e outras formas de participação.

A MÍDIA TEM PAPEL DECISIVO NA FORMAÇÃO DA OPINIÃO PÚBLICA? OU HÁ OUTRAS INSTITUIÇÕES QUE EXERCEM ESSE PAPEL?

A mídia exerce esse papel, e outras instituições também. Acho que o julgamento dos governos decorre essencialmente das condições concretas, da economia, dos salários, do emprego. Nesse sentido, o viver é determinante. Mas sem a mídia, sem uma imprensa livre, dificilmente haveria opinião pública tal como a entendemos hoje – aquele segmento mais bem informado da sociedade que sempre se levanta como vanguarda, mobilizando-se em situações agudas e determinando muitas vezes o rumo da história. Não teria havido Tancredo se não tivesse havido Diretas, não teria havido *impeachment* se não tivesse havido os caras-pintadas e outras manifestações. E nada disso teria existido sem a imprensa.

Cláudia Safatle

Cláudia Safatle

Entrevista a Alzira Alves de Abreu
feita em Brasília em 27 de janeiro de 1998
e atualizada em março de 2005.

De estagiária a diretora-adjunta

QUANDO E ONDE VOCÊ NASCEU, QUEM ERAM SEUS PAIS, O QUE FAZIAM, QUE CURSO UNIVERSITÁRIO VOCÊ FREQÜENTOU?

Nasci em 20 de maio de 1956 em Catalão, Goiás. Dizem que é terra de gente brava. Meu pai era fazendeiro, de origem árabe – a família veio de Safita, na Síria, no início do século passado. Minha mãe é brasileira, foi professora de português e costureira. Fiz o curso de jornalismo na Universidade de Brasília, de 1976 a 1979. Na época você fazia o curso de jornalismo mas podia optar por outras cadeiras, e escolhi várias matérias de economia. Comecei a trabalhar na *Gazeta Mercantil* no primeiro ano de universidade e não me formei em economia porque começou a pesar. Já estava trabalhando dez horas por dia e fiquei só com jornalismo.

POR QUE É QUE VOCÊ VEIO PARA BRASÍLIA?

Vim para Brasília para estudar. Saí de Catalão aos 16 anos dizendo que ia ser jornalista. Minha mãe botou a mão na cabeça, desesperada, mas era o que eu queria. Eu gostava de escrever, gostava de apurar, de entender o processo histórico. Para mim, ou eu seria jornalista ou seria antropóloga, algo nessa linha. Foi um escândalo quando disse que faria jornalismo. Minha mãe achava que eu ia morrer de fome, que não conseguiria me sustentar com essa profissão. Tanto que fiz vestibular para arquitetura também, para agradá-la. Passei, mas me matriculei em jornalismo na UnB.

E QUANTO À SUA TRAJETÓRIA PROFISSIONAL? VOCÊ JÁ DISSE QUE COMEÇOU NA *GAZETA MERCANTIL*. COMO ESTAGIÁRIA?

Como estagiária. Nem sabia o que era *Gazeta Mercantil*, mas na época fiquei sabendo que eles ofereciam estágio e fui lá. Depois de 90 dias fui contratada e fiquei na *Gazeta* 18 anos. Só saí rapidamente em 1980 para a *Folha de S. Paulo*, onde passei dois anos como repórter especial, e voltei para a *Gazeta*. Ali passei de *trainee* a repórter, e depois a repórter especial de economia. Gosto de economia. Cobri o final do milagre econômico e todos os planos de estabilização. Nessa época era cada dia um susto, todos os dias uma enorme ansiedade. Economia em hiperinflação é uma tragédia que espero nunca mais ter que presenciar. Agora estou tendo a oportunidade de trabalhar numa economia mais estável, com menos sustos e pacotes, e isso é muito bom. Há mais tempo para trabalhar nos assuntos importantes, o debate econômico é mais sofisticado, mais refinado. Olha-se mais para o futuro, para as escolhas que o país está fazendo.

CONTE UM POUCO COMO FOI SUA EXPERIÊNCIA NA *GAZETA MERCANTIL*.

A *Gazeta Mercantil* foi uma grande escola. O que você não aprende na universidade, aprende fazendo. Na faculdade você discute mais questões teóricas da comunicação, ética profissional, mas jornalismo é algo muito pragmático do ponto de vista da aprendizagem. Quando comecei na *Gazeta Mercantil*, nos primeiros meses cobria as áreas de mineração, agricultura, fazia políticas setoriais. Mas logo fui cobrir macroeconomia. Trabalhava com Sidnei Basile, que era o diretor de redação em Brasília, e com Roberto Müller Filho, que dirigia a *Gazeta* em São Paulo. Foram meus mestres. Em economia, o mestre maior foi Mario Henrique Simonsen.[1] Apanhei muito do Mario Henrique, mas aprendi alguma coisa. Para falar a verdade, a primeira entrevista que fiz com ele foi um drama, porque cheguei lá e não entendi sequer o assunto sobre o qual ele estava falando. Saí sem saber sobre o que tinha versado a entrevista! Ele dizia: "Porque o M1, o M4, a base, o redesconto..." Eu não entendia nada! Pedi a um repórter mais velho para me explicar o que ele tinha dito e escrevi a matéria. Foi um sufoco. Prometi a mim mesma que um dia eu ia entender tudo o que ele dissesse. Procurei o criador da chamada base monetária no Brasil, Edésio Fernandes, e disse: "Você vai me explicar o que é M1, M2, M3, M4, base, redesconto, tudo". Passei um dia na sala dele, no Banco Central. Ele me deu um catatau de documentos, textos, fui

---

[1] Ver neste volume depoimento de Míriam Leitão, nota 8.

para casa e li tudo. Depois de ler, voltei várias vezes a ele para pedir explicações, tirar dúvidas. Comecei a entender alguma coisa e a criar as mínimas condições para poder cobrir economia. Naquela época não havia, como hoje, repórter de setor. Cobrir economia significava fazer Banco Central, Banco do Brasil, Caixa Econômica, Ministério da Fazenda, Planejamento. Tudo. Hoje há um repórter para cada lugar. Como não havia, fui aprendendo um pouco de cada coisa. Cada resolução do Banco Central que saía, eu literalmente decorava; assim, quando eu fosse falar com Mario Henrique, saberia a que ele estava se referindo, porque ele falava em código.

MUITOS JORNALISTAS DIZEM QUE APRENDERAM ECONOMIA COM MARIO HENRIQUE SIMONSEN QUANDO ELE ERA MINISTRO.

Mario Henrique era um professor. Agora, também não tinha muita paciência. Por isso eu me preparava um pouco antes de ir para as entrevistas, lia, sabia qual era o assunto do momento. Mario Henrique era um ministro que tratava de tudo. Do preço do chuchu e da gasolina às questões cambiais, monetárias, de balanço de pagamentos, era tudo com ele mesmo. Foi um período interessante, porque, como ele era o czar da economia – dizem que Delfim[2] foi o czar antes, mas eu não cobri o período do ministro Delfim no governo Médici, comecei no governo Geisel –, como ele sabia de tudo, na mais ampla esfera do governo, ele falava com os jornalistas quase todo dia. E era muito engraçado. Nós ficávamos esperando na porta do ministério, ele chegava, sentava ali na portaria mesmo, onde havia uns sofás enormes de couro, e explicava, informava, tirava dúvidas. Isso, no dia-a-dia. Às vezes você também podia ir à casa dele – o que era raro – ou ele podia lhe dar uma entrevista exclusiva. Era sempre didático. Uma coisa que aprendi, nessa época, é que eu não poderia levar dúvidas para a redação. Era preciso perguntar tudo, mesmo o que parecesse banal. Nós não podemos repassar nossas dúvidas aos leitores.

Tempos depois, fui descobrir que aquele tinha sido o meu rápido período de cobertura de um tempo de estabilidade econômica. Tudo parecia ter rumo, havia um projeto de desenvolvimento do país, de substituição de importações... Era diferente de hoje, porque, se havia o Velloso cuidando do PND,[3] havia Mario Henrique cuidando do dia-a-dia, da economia de curto prazo, de manter a

---

[2] Ver neste volume depoimento de Míriam Leitão, nota 10.

[3] Ver neste volume depoimento de Tereza Cruvinel, nota 1.

consistência macroeconômica no médio e no longo prazo, e aquilo funcionava. Hoje há sempre problemas, embates, e todo mundo ainda precisa cuidar do curto prazo, apesar de estarmos já com dez anos de inflação baixa.

COMO REPÓRTER DE ECONOMIA, VOCÊ NÃO SENTIA NENHUMA RESTRIÇÃO NA HORA DE FAZER O SEU TRABALHO? EMBORA O GOVERNO GEISEL TENHA SIDO O PERÍODO DA ABERTURA, AINDA HAVIA PROBLEMAS DE CENSURA.

Acho que o jornalismo de economia se fortaleceu naqueles anos exatamente porque o jornalismo político sofria censura, mas nós também tivemos problemas. Eu me lembro que houve uma matéria sobre Acordo Nuclear que o presidente Geisel havia assinado com a Alemanha que não era para sair, não interessava ao governo, e eles tentaram recolher a *Gazeta Mercantil.* E foi muito interessante, porque a *Gazeta Mercantil* já tinha o sistema de impressão a laser, e então eles recolheram em São Paulo, mas ela saiu em outros estados. Houve também um episódio, que eu acho que foi muito importante para a história do sindicalismo brasileiro, que foi a *Gazeta Mercantil* que levantou: era um documento do Mario Henrique, que logo nos primeiros dias do governo Geisel foi levado ao Conselho de Desenvolvimento Econômico, mostrando como Delfim tinha manipulado os índices de inflação. Como os salários eram indexados, isso significava que os reajustes salariais, se não me engano, em 1973, haviam sido subtraídos. Logo depois começou a haver um crescimento do movimento sindical. Claro que não exatamente só por isso, mas isso ajudou. Pela primeira vez vi líderes sindicais em Brasília, conversando com Mario Henrique Simonsen, no gabinete do ministro da Fazenda. Lá estavam Lula, Arnaldo Santos, do sindicato de Santos, e um outro que mais tarde morreu, esqueci o nome. Foi o primeiro desembarque de líderes sindicais em Brasília.

Mas é claro que havia restrições ao nosso trabalho. Quando o presidente Geisel demitiu o ministro do Exército, Sílvio Frota, a *Gazeta* resolveu que precisávamos ter alguém que cuidasse da área militar e me mandou pedir credencial para cobrir os ministérios militares e o Palácio do Planalto. Não me deram credencial e nunca explicaram por quê. Suponho que tenha sido por causa da militância de esquerda de muitos dos meus parentes. Mas foi melhor assim, porque pude continuar na cobertura econômica. Por outro lado, devo dizer que o acesso às fontes de informação, na economia, era mais fácil naqueles tempos. Não havia portas nem catracas vetando o acesso aos gabinetes das principais fontes. Havia um corredor aberto por onde nós, jornalistas, transitávamos sem problema. Hoje há guardas, portas, catracas para dificultar o acesso.

QUANDO VOCÊ CHEGOU À *GAZETA MERCANTIL*, O JORNAL JÁ TINHA UM SISTEMA DE IMPRESSÃO SIMULTÂNEA EM CIDADES DIFERENTES?

Já. A *Gazeta Mercantil* optou pela modernização do processo de produção, que permitia imprimir o jornal em cada capital, mas em compensação a informatização foi tardia. A *Gazeta* só se informatizou quando eu estava saindo, em 1995. Quando cheguei, em 1976, era uma redação pequena, que estava começando o processo de transformação de um boletim de negócios em um grande jornal de economia, negócios e finanças.[4] Tudo era feito na máquina de escrever, e o sistema de transmissão era telex, não havia fax. Era a velha imprensa, ainda.

COMO FOI SUA EXPERIÊNCIA DE REPÓRTER ESPECIAL NA *FOLHA DE S. PAULO*? QUEM A CONVIDOU PARA TRABALHAR LÁ?

Fui convidada pelo diretor da *Folha* na época, Rui Lopes, e pelo editor de economia, Aloísio Santos. Só que eu senti um enorme problema, porque a *Folha* já tinha aquele sistema de matérias curtas, com *leads* e *subleads*, e o jornalismo da *Gazeta Mercantil* era completamente diferente. Era um jornalismo único no Brasil, pelo espaço e pela maneira como você podia abordar a matéria. A *Gazeta Mercantil* não estava atrás do título da matéria, estava atrás do começo, meio e fim da história. Com freqüência você fazia uma matéria de 150, 200 linhas, isso fazia parte da sua rotina. Já os grandes jornais, não, faziam matérias curtas, com *lead* e *sublead*, mais um parágrafo e pronto. Na *Folha* eu senti esse drama, porque eu queria explicar tudo muito bem, e não dava. Quando me convidaram de volta para a *Gazeta Mercantil*, eu disse: "Vou lá, escrever as minhas 150 linhas..." Hoje, esse tipo de matéria longa é raro. Só quando o assunto vale realmente a pena.

VOCÊ VOLTA PARA A *GAZETA MERCANTIL* PARA FAZER O MESMO TRABALHO DE REPÓRTER?

Sim, mas nessa volta eu passo de repórter especial a editora, e de editora a chefe de redação. Como chefe de redação eu tinha de coordenar o trabalho dos repórteres e continuar escrevendo diariamente. Como era uma redação pequena, de 12, 14 pessoas, dava para fazer.

---

[4] Sobre a reforma da *Gazeta Mercantil*, ver também o depoimento de Roberto Müller Filho em *Eles mudaram a imprensa*, op. cit.

Os jornalistas com que você trabalhava nessa época tinham bom nível?

Acho que tive um privilégio, porque trabalhei numa redação que tinha Celso Pinto, Célia Gouvêa, Vera Brandimarte, Maria Clara do Prado, Matias Molina... Matias Molina foi nosso professor, um mestre que nos ensinou a perseguir a precisão. Há até uma história engraçada. Na época das primeiras missões do Fundo Monetário Internacional, em 1982, 83, quando do início da crise da dívida externa, vinha sempre para cá, como uma das técnicas da missão, Ana Maria Juhl. Estou eu lá cobrindo, e um dia, já tarde, entre onze e meia noite, me liga Matias Molina: "O nome dela está escrito corretamente? É Juhl com um ou dois eles?" Eu disse: "Um". Ele: "Tem certeza?" Eu: "Agora já não sei". Ele: "Apura". "Mas já é muito tarde!" "Apura." Liguei para um amigo da Ana Maria Juhl que trabalhava no Banco Central, que já estava dormindo. Tirei-o da cama, para perguntar como se escrevia Juhl... Essa é uma preocupação que eu não noto na grande imprensa, a obsessão pela informação precisa, exata. Tento levar isso comigo a vida toda. Para mim é uma obrigação: tenho de informar com o máximo de precisão possível. Principalmente para nós, da imprensa econômica, que trabalhamos muito com números, isso é importantíssimo.

Você disse que saiu da *Gazeta Mercantil* em 1995. Para onde você foi?

Fui para o *Jornal do Brasil*. Fui convidada pelo editor-chefe e pelo dono do jornal na época, Marcelo Pontes e José Antônio Nascimento Brito. Eu já tinha recebido outros convites para chefiar a redação de grandes jornais em Brasília. Uma vez cheguei a sair da *Gazeta*, mas no dia seguinte mudei de idéia. Mas em 1995, achei que estava na hora. Eu já tinha cumprido de *trainee* a chefe de redação, estava fazendo a mesma coisa todo dia, era hora de sair. Eu queria duas coisas: ou sair para outro jornal ou ir para fora do Brasil. Como ir para fora estava complicado, porque eu estava com filho pequeno, achei que era hora de mudar de alguma maneira. Fui para o *JB* dirigir a sucursal e continuar escrevendo sobre economia. Era um projeto para resgatar o *JB*, mas durou pouco. Com a queda do Chico Lopes da presidência do Banco Central, em janeiro de 1999, Fernando Henrique Cardoso convidou Armínio Fraga para ocupar o comando do BC e fui trabalhar com ele, na assessoria de imprensa do Banco Central.

Em dezembro de 1999, Celso Pinto me convidou para fazer parte da equipe que fundaria o jornal *Valor Econômico*, que começaria a circular em maio de 2000. Celso havia sido convidado pelos dois sócios acionistas da nova empresa, o *Globo* e a *Folha de S. Paulo*, para ser o editor-chefe do *Valor*, e me convidou para ser diretora-adjunta em Brasília. Era uma proposta boa demais, criar um novo jornal, e aceitei. Montei a sucursal do *Valor* em Brasília e até hoje estou aqui.

As fontes: o *on*, o *off*, os recados

ALÉM DE SER DIRETORA-ADJUNTA DO *VALOR ECONÔMICO* EM BRASÍLIA, VOCÊ ASSINA UMA COLUNA SEMANAL. COMO É QUE VOCÊ TRABALHA, QUANDO ESCREVE? COMO É QUE VOCÊ CHEGA ATÉ SEUS INFORMANTES, FAZ SEUS CONTATOS?

No início, você faz isso gastando sola de sapato e criando varizes. Andando, batendo de porta em porta, criando laços de confiança com as pessoas que conduzem os assuntos que você cobre. Se você precisa ouvir um determinado ministro e ele não quer falar, você vai para a portaria do ministério, vai para a porta da casa dele. Faz o que for preciso para obter a informação. Se um secretário ou um assessor não quer falar, você senta na ante-sala, espera quatro, cinco horas; em algum momento ele acaba por recebê-la. Isso, no início da profissão. Não dá para fazer isso depois dos 40 anos. Mas fiz assim durante quase 20 anos e posso dizer que, hoje, sobretudo na área econômica, conheço a máquina por dentro. É claro que ficou mais fácil trabalhar, porque hoje eu telefono, e as pessoas sabem com quem estão falando. Me conhecem há anos! Os governos mudam, a máquina muda de lugar, mas não se troca toda a burocracia do governo de uma vez.

O trabalho do jornalista, portanto, no início da profissão, é isso: vai andar de gabinete em gabinete, vai esperar, vai pegar a fonte na porta do banheiro... Aliás, certa vez isso ocorreu comigo. Entrei no banheiro sem perceber. Fui atrás do José Augusto Savasini, economista que trabalhava no Ministério do Planejamento na época de Delfim Netto, e que era um dos negociadores brasileiros junto ao Fundo Monetário Internacional. Estava no país uma missão técnica do FMI negociando um acordo logo após a crise da dívida externa, em fins de 1982, início de 1983, e ninguém nos atendia, a jornalista algum. Savasini saiu da sala, passou pelo corredor para ir ao banheiro, e eu corri atrás dele. Já praticamente dentro do banheiro, eu fazendo perguntas e mais perguntas, ele me disse: "Será que posso ficar sozinho?" Olhei, e só então percebi onde é que eu estava. Pedi desculpas e saí muito sem graça...

É do resultado do seu trabalho, do fato de a pessoa ir vendo que você está fazendo um trabalho sério, que você não está ali para dar informação torta, mal apurada, que ela vai criando uma relação de respeito. Depois, com o tempo, vai criando uma relação de confiança. E aí você acaba tendo uma relação de confiança tal com certas pessoas que elas sabem que podem lhe dar uma informação e que você jamais revelará de onde ela veio.

160 Elas ocuparam as redações

ESTAMOS FALANDO DO *OFF*. POR QUE SE USA TANTO O *OFF* NO BRASIL? É HERANÇA DO REGIME MILITAR?

Não sei. Mas acho que na época da ditadura mesmo, quando eu cobria Fazenda e Planejamento, se usava menos *off* do que hoje. Hoje é um *off* generalizado. Talvez isso fosse assim porque naquela época havia só uma ditadura, a militar. Hoje há várias: a partidária, a ideológica e até a hierárquica. Por exemplo, no governo FHC, durante o regime de taxa de câmbio quase-fixa, as divergências entre membros da área econômica sobre a política cambial foram expostas nos jornais praticamente o tempo todo em *off the record*. Todos sabiam quem estava defendendo – o então presidente do Banco Central, Gustavo Franco – e quem estava criticando – o ministro José Serra –, mas as matérias se referiam a "fontes" de lá e de cá. No governo do PT, há um tal de "fogo amigo" que se encarrega de queimar o ministro da Fazenda, Antônio Palocci. São os ministros que se alojam no Palácio do Planalto. Têm nome, CPF e telefone, mas a grande maioria das matérias são escritas em *off*.

REALMENTE, O *OFF* VIROU UMA COISA CORRIQUEIRA NO BRASIL. NÃO TEM A VER APENAS COM ASSUNTOS DE SEGURANÇA, EM QUE O JORNALISTA TEM QUE PRESERVAR A SUA FONTE. É USADO PARA QUALQUER ASSUNTO.

É. A coisa se disseminou de tal forma que, mesmo quando você pede uma explicação técnica, a fonte quer falar em *off*. Isso, no Banco Central, é típico. O Banco Central continua em 1964. Todo mundo lá tem receio de jornalista. É claro que há assuntos no BC que não podem ser publicados com antecedência. Uma desvalorização cambial, por exemplo, não é pré-anunciada. Há uma percepção no jornalismo econômico de que assuntos dessa natureza são dos poucos casos em que o governo pode mentir. Mas muitas vezes técnicos do governo usam o *off* não porque o assunto é estratégico, delicado, e sim porque o chefe dele não gosta que ninguém dê entrevista. E o assessor do chefe também não. Ou por problemas políticos mesmo. E por aí vai, é uma cadeia sem fim.

A imprensa, a partir dos anos 90, virou uma coisa muito assustadora. Acho que isso aconteceu principalmente depois do *impeachment* do Collor,[5] que foi um caso em que ela apurou, julgou e condenou. De lá para cá, foram inúmeros os exemplos em que ela voltou a fazer isso. E as fontes ficaram com medo da capacidade da imprensa de destruir uma reputação, de acusar e condenar antes da

---

[5] Sobre o *impeachment* de Collor, ver neste volume depoimento de Eliane Cantanhêde, nota 11.

própria Justiça. Foram vários os casos em que a Justiça não confirmou o veredicto da imprensa. Basta lembrar o do ministro da Saúde no governo Collor, Alcenir Guerra; o do Chico Lopes, presidente do Banco Central por alguns dias no governo Fernando Henrique, que saiu literalmente preso de um depoimento na CPI dos bancos – foi o caso Marka e FonteCindam, logo após a desvalorização cambial de janeiro de 1999. Houve casos menos dramáticos mas não menos injustos, como o do então presidente do Banco Central, Pérsio Arida, que antes de uma mudança na política cambial em março de 1995, esteve na semana do carnaval na casa de um banqueiro que era seu amigo, Fernão Bracher, e teve matérias publicadas a seu respeito, levantando a suspeita de que tivesse vazado a mudança para Bracher. Ou seja, a imprensa, não raro de forma apressada, assume informações que destroem reputações, e isso é uma coisa muito difícil de se recuperar. Costumo dizer que há jornalistas que compram peixe estragado com facilidade.

COMO VOCÊ VIU EXATAMENTE O PAPEL DA IMPRENSA NA APURAÇÃO DAS ACUSAÇÕES QUE LEVARAM AO *IMPEACHMENT* DE COLLOR?

A maneira como a imprensa trabalhou naquele período foi controversa. A apuração sempre é muito competitiva, mas naquele período a disputa pelo furo assumiu um caráter incontrolável, e entre as boas matérias saíram também matérias mal apuradas, equivocadas. Se *O Globo* dava uma notícia hoje, eu tinha que dar outra diferente e melhor amanhã. Um dia, por exemplo, chegou à CPI um pacote de cheques – sei desse episódio por dentro, porque eu estava na *Gazeta Mercantil*. Nesse pacote, havia um cheque da empresa do PC para a *Gazeta*. Um deputado da CPI saiu contando isso e nós fomos atrás, apurar do que se tratava. Era um cheque de assinatura do jornal! Mas o tititi durou o dia inteiro. Assim como isso aconteceu com a *Gazeta*, pode ter acontecido com outras pessoas, não é?

COMO É QUE VOCÊ CONTROLA A INFORMAÇÃO QUE A FONTE LHE DÁ? UM INFORMANTE, POR EXEMPLO, PODE DAR UMA INFORMAÇÃO COM O INTUITO DE USAR O JORNALISTA.

Isso, de fato, ocorre. E você só começa a entender isso depois de muita quilometragem rodada. Só aí é que você vê que a via é de duas mãos, que você está pegando informação, mas também está servindo de menino de recado. Como eu lido com isso? Quando o recado é explícito, quando eu consigo perceber, não dou. Quando a informação, embora possa ser um recado, é relevante, eu dou. Na área econômica do governo isso é muito usado. Eles querem tomar uma medida, mas não sabem exatamente quais serão os efeitos, e então jogam um balão-de-ensaio: "O governo está estudando isto". Você escreve, e aí vem a reação. Se ela é muito ruim, eles engavetam. Costuma muito sair "o governo está estudando", e depois nunca mais se falar no assunto. Mas se a reação é boa, a coisa sai. Você foi o instrumento. Quando a informação é relevante, não tem problema. Agora, temos que estar muito atentos. Não podemos publicar matérias que sejam caso explícito de derrubação, que tragam denúncias infundadas ou que gerem crise, como, por exemplo, dizer que um determinado banco está mal das pernas. Se isso sair no jornal, o banco, ainda que não esteja em situação difícil, quebra.

E QUANDO O INFORMANTE QUER USAR O JORNALISTA PARA FAZER GRANDES NEGÓCIOS? ESSE É O GRANDE PROBLEMA DO JORNALISTA DE ECONOMIA, NÃO?

Isso é complicado, em vários níveis. Na época do Plano Collor, por exemplo, nós, jornalistas, ficamos sabendo que ia haver uma restrição severa à liquidez. Sabíamos disso, mas não tínhamos idéia de que medida exatamente seria tomada, não passava pela nossa cabeça que seria um brutal confisco. Com aquela informação em estado bruto, telefonando para alguém do mercado financeiro, um de nós talvez pudesse saber como o governo poderia produzir um choque de restrição de liquidez. Por outro lado, o interlocutor do mercado, ao mesmo tempo que estaria tentando lhe explicar, já estaria registrando a informação. Aquilo seria uma espécie de *inside information* para ele. Imagino que alguém pode ter usado aquelas consultas para fazer negócios, o que, na verdade, era um risco. Quando, por exemplo, Sérgio Motta[6] disse à imprensa que o lucro da Telebrás tinha sido de 4,3 bilhões, antes de mandar o balanço para a CVM, para a Bolsa, como seria correto, alguém ganhou e alguém perdeu. Essas coisas acontecem.

É AÍ QUE EU QUERIA CHEGAR. EXISTE UM JOGO, EM QUE ÀS VEZES O JORNALISTA É USADO.

Existe. Por mais que tenhamos cuidado, é bem provável que alguns furos nos escapem.

VOCÊ JÁ DEIXOU DE DAR ALGUMA INFORMAÇÃO? JÁ RESOLVEU, POR EXEMPLO, "NÃO VOU DAR ISSO, PORQUE SENÃO VOU LEVAR UM BANCO À FALÊNCIA"?

Já. Acho que todos os jornais têm consciência de que banco é uma coisa delicada. A suspeita, por exemplo, de que o Banco Santos estava em situação

---

[6] Sérgio Motta foi ministro das Comunicações do início do primeiro governo Fernando Henrique Cardoso, em 1995, até falecer, em abril de 1998.

muito difícil começou a percorrer o mercado e algumas redações quase um ano antes. No *Valor Econômico*, com certeza, essa informação chegou com muita antecedência, mas não demos uma linha sequer, porque não conseguimos obter informações no Banco Central que nos autorizassem a bancar a notícia.

Por mais que os políticos digam que banco é igual a qualquer coisa, e que portanto não deveria ter havido o Proer,[7] banco não é igual a uma empresa de produção de carne enlatada, porque lida com o dinheiro das pessoas, com depósitos, e uma corrida é uma falência autodecretada. Isso eu também aprendi: por mais boatos que existam sobre um banco, eu posso até escrever que está havendo um problema no sistema financeiro, mas não posso dizer o nome do banco. Porque amanhã cedo vai estar todo mundo tirando o seu dinheirinho de lá, e o banco vai falir. Outros exemplos: a história do Banco Econômico se arrastou por dois anos, e todo mundo que cobre a área econômica sabia que algum problema muito grave havia, mas a notícia só veio a aparecer quando o governo já estava se movimentando para decidir. A história do Bamerindus se arrastou por quatro anos, sabíamos que havia problemas, mas só quando o Banco Central deixou isso explícito – "estamos à procura de alguém para comprar o Bamerindus" – foi que as notícias começaram a sair.

Notícias: longas ou curtas?

NOS ÚLTIMOS ANOS A IMPRENSA SOFREU MUDANÇAS IMPORTANTES, SEJA DO PONTO DE VISTA GRÁFICO, SEJA DO PONTO DE VISTA DA GERÊNCIA DA REDAÇÃO. ENFIM, FORAM MUITAS AS TRANSFORMAÇÕES. COMO FOI SUA EXPERIÊNCIA NESSE PROCESSO?

Do ponto de vista gráfico, realmente, todos os jornais mudaram. Acompanhei a experiência da *Gazeta Mercantil*, que saiu de um boletim informativo para um grande jornal, com nome, com credibilidade, e com uma cara austera, embora tenha ficado com o tempo um pouco mais leve. Já o *Valor* é um jornal extremamente charmoso. Tem um projeto gráfico bonito, arejado, usa cores, e veio com a preocupação de não ser apenas um jornal econômico. Embora a essência do jornal seja economia, empresas e finanças, houve a preocupação de ter uma cobertura de política muito bem feita, mais analítica, e um pouco de cultura também.

---

[7] Programa de Estímulo à Reestruturação e ao Fortalecimento do Sistema Financeiro Nacional, criado em 3 de novembro de 1995.

Acho que a imprensa brasileira, nos anos 80, seguiu muito o modelo da *Folha de S. Paulo*, que por sua vez seguiu um certo jornalismo americano que fez sucesso. O próprio *USA Today* já não é mais aquele carnaval de fotos com matérias de cinco linhas, já tem matéria de 40 linhas na primeira página. O *Estadão*, *O Globo*, todos, de certa forma acompanharam um pouco aquele tipo de jornalismo, mas hoje já publicam matérias maiores, mais consolidadas. Tamanho de matéria é sempre uma discussão nos jornais. O leitor, hoje, tem pressa. Não pode se debruçar sobre uma página de jornal que trate de um único tema. Gosta de notas mais curtas. Por outro lado, o tempo real, os *sites* de notícias dão uma enorme gama de informações ao longo do dia. Acho que o nosso papel, no jornal impresso, é dar um sentido analítico àquela maçaroca de informações e ainda trazer algo novo, que não está no tempo real.

A própria *Folha* já traz matérias mais longas. A *Folha* inaugurou, na virada dos anos 80, um jornalismo curto, cheio de regras – "não pode matéria com mais de 23 linhas, não pode usar esta palavra, só pode usar isto aqui" –, mas isso está mudando. Ela tinha, e ainda tem, todo um manual que eu acho que limita muito a criação. É bom para padronizar, mas é ruim para um texto mais enriquecido, mais bem feito, mais elaborado. A gente vê que a *Folha*, hoje, já está vindo com matérias maiores, está mudando o foco, está saindo do jornalismo denuncista. A *Folha* tem sido, nas duas últimas décadas, meio que a vanguarda das mudanças. Antes, era o *JB* que era vanguardista. O *Estadão* também deu uma boa mexida em 2004.

Embora você diga que os jornais estão voltando a publicar matérias maiores, as notícias curtas ainda fazem enorme sucesso, não?

Acho que a notícia curta está ligada ao fato de que o leitor, como disse, não tem muito tempo. E de que tudo é muito feito em cima de pesquisas. "O leitor lê o quê? Ele lê mais notinhas de informe do que matéria. Ora, então, o leitor está querendo coisas mais curtas." Mas hoje qualquer um pode ir para o tempo real pegar as notícias curtas. O jornal não pode ser a reprodução do tempo real. Tenho a impressão de que a era das notícias curtas está acabando, pelo tempo real. E o jornal vai ter que ficar cada vez melhor.

Muita gente diz que, com a notícia curta, o jornal e a revista estariam querendo competir com a televisão.

Achar que o jornal e a revista estão querendo pegar o espectador da televisão como leitor é uma maluquice! O sujeito que está na frente da televisão está vendo a notícia em tempo real ou quase real! Se quiser mais, ele entra na internet, nas agências!

NO ENTANTO, PARECE QUE AS COLUNAS DE NOTAS SÃO A PARTE MAIS LIDA DOS JORNAIS...

É. Mas o leitor sai informado dali? Não sai. Na área econômica, por exemplo, em que a linguagem é complicada – a gente tenta popularizar, mas economia é um assunto complexo –, não dá para você dizer tudo em cinco linhas, dez linhas, 15 linhas.

MAS AINDA ASSIM HÁ MUITA NOTA CURTA DE ECONOMIA...

Tudo bem. O leitor fica sabendo do fato, mas não sabe o porquê, o onde e o como. Ele só sabe do fato.

E O JORNAL INSISTE NISSO PORQUE CONSIDERA QUE O LEITOR NÃO QUER SABER MUITO MAIS?

Como disse, acho que o jornal só partiu para a notícia curta porque entendeu que o leitor quer a notícia curta. Jornal, em geral, é pilotado pelo desejo do leitor. Algum tempo atrás li, acho que na *Time*, uma matéria superinteressante sobre isso. Ela dizia que se você for atrás do leitor para saber o que ele quer, nunca vai conseguir descobrir. É muito difícil fazer o jornalismo que o leitor quer, porque ele, efetivamente, não sabe o que quer. Cada leitor quer uma coisa diferente.

Não tenho nenhuma resposta pronta para essa história da notícia curta, apenas acho que ela não informa. E que o sujeito que quer a notícia curta vai para a televisão ou vai para o tempo real. Portanto, o papel do jornal não é nem competir com a televisão, nem competir com o tempo real, mas oferecer algo mais.

VOCÊ FALOU HÁ POUCO EM PESQUISA, O QUE LEVA A PENSAR NO MARKETING. O MARQUETEIRO TEM HOJE UM PAPEL IMPORTANTÍSSIMO NOS JORNAIS, ASSIM COMO NA TELEVISÃO, NÃO?

O marqueteiro e a pesquisa funcionam como instrumentos para o jornal buscar caminhos, procurar entender o que os leitores querem. Acho que o caso dos jornais ainda é mais dramático que o da televisão, porque todos querem ampliar o seu universo de leitores, ampliar a circulação, enquanto a televisão já tem um público amplo. O rádio também tem, a internet cresce. Já os consumidores de jornal são um público mais restrito. O jornal que mais vende no Brasil vende bem menos que um milhão de exemplares. Se cinco pessoas lêem cada exemplar, são menos de cinco milhões de leitores, para uma população de 170 milhões. Quer dizer, os jornais têm que ampliar a circulação, mas não podem oferecer a mesma coisa que os outros produtos estão oferecendo. Aí é que entra o papel da pesquisa: "Do que você gostou mais no jornal de hoje, o que você acha que faltou no jornal de hoje?" A pesquisa, em alguns jornais, é diária.

Um problema que os jornais brasileiros enfrentam para ampliar a circulação é que nós temos jornais demais. Não, é claro, para 170 milhões de habitantes, mas para um padrão de cinco milhões de leitores ou menos. Há uma enorme disputa por esses leitores. Mexi com isso no *JB*, e sei que não é simples aumentar circulação, até porque jornal tem um lado de fidelidade. Se você é assinante de um jornal, é muito difícil fazer você abandoná-lo e passar a assinar outro. E se um jornal perde um leitor, é um drama recuperá-lo. Havia uma pessoa no *JB* que dizia: "O *JB* não tem leitores, tem torcedores". No caso do *JB*, foi fantástico passar por dificuldades anos inteiros, e ainda assim procurar fazer bom jornalismo. Hoje a história do *JB*, infelizmente, é outra. E a da *Gazeta Mercantil* também.

Os novos jornalistas

NOS ÚLTIMOS ANOS, MUDOU TAMBÉM A FORMA DE O JORNALISTA TRABALHAR. O JORNALISTA, HOJE, ASSUME FUNÇÕES ADMINISTRATIVAS, COISA QUE ANTES ELE NÃO FAZIA. VOCÊ, POR EXEMPLO, VIVE ISSO DE PERTO.

É verdade. No *JB*, eu tinha que me preocupar com faturamento, com circulação do jornal, com esquemas de vôo dos Correios, porque se o jornal atrasasse ninguém compraria, e o meu reparte ficaria encalhado. Dedicava um tempo para cuidar disso diariamente, junto com o gerente administrativo, o gerente comercial e o gerente de circulação. E achei interessante, porque nos anos 90 todo mundo falava na "década da reengenharia", na "terceirização", e acabei passando por experiências que não foram das melhores. O serviço de circulação do *JB*, por exemplo, era terceirizado e entrou numa deterioração enorme. Resultado: quando cheguei, desterceirizei, mantive terceirizada só a entrega, que era feita por uma empresa que tinha motoqueiros. Para mim, que sempre mexi com economia, foi uma experiência superinteressante.

AS TAREFAS ADMINISTRATIVAS PESAM NA SUA PRODUÇÃO COMO JORNALISTA?

Hoje, no *Valor*, não. Aqui, me ocupo fundamentalmente da parte editorial.

QUANDO VOCÊ SE TORNOU DIRETORA DE SUCURSAL, LANÇOU MÃO DE ADMINISTRADORES, PEDIU CONSELHOS, PÔS ALGUÉM PARA FAZER PLANOS ESTRATÉGICOS? COMO É QUE VOCÊ APRENDEU A LIDAR COM TUDO ISSO?

Aprendi fazendo. É claro que quando fui para o *JB* havia um pessoal que trabalhava lá havia algum tempo. E eu gosto muito de ouvir os dois lados, sempre. Eram muitas as queixas dos assinantes, que recebiam o jornal tarde ou nem recebiam. Então, passei a ligar para a casa daqueles assinantes, cada dia um, para ver se havíamos regularizado a entrega. Vou pelo bom senso. Não tenho nenhum curso de gerência administrativa. Às vezes, fazíamos o que chamávamos de "pajelança" no *JB* do Rio. Sentávamos por dois dias e ficávamos ouvindo o consultor, que dava orientações. Algumas eram procedentes, outras nem tanto. Eu ia pelo bom senso e procurava a austeridade no gasto.

JÁ FOI DITO QUE APÓS O FIM DO GOVERNO MILITAR AS REDAÇÕES SE TORNARAM MUITO PETISTAS. JÁ FOI DITO TAMBÉM QUE, INICIADO O GOVERNO FERNANDO HENRIQUE CARDOSO, EM 1994, OS JORNAIS SE TORNARAM MUITO OFICIALISTAS. COMO VOCÊ VÊ ISSO?

Acho que uma redação de jornal é sempre atenta aos fatos e necessariamente tem que ter uma visão crítica do mundo. É bom que seja assim. O que se ouvia no início do governo Fernando Henrique era realmente que a imprensa era condescendente com ele. Talvez até fosse. Desde que comecei a trabalhar até hoje, nós tivemos Geisel, que foi um governo forte e iniciou o processo de abertura política; tivemos Figueiredo, que foi um governo mais fraco e enfrentou uma crise tremenda da dívida externa; logo depois caímos para Sarney, que foi muito pior; em seguida veio Collor, que foi um drama; passamos por Itamar, que foi um show de mediocridade, até o Plano Real. Aí, com Fernando Henrique, descobrimos que havia luz no fim do túnel: era possível viver numa economia estável, planejar o futuro – porque quem não consegue planejar seu próprio orçamento mensal não consegue planejar o futuro, está sempre matando um leão por dia –, e o país era uma democracia madura. É claro que isso foi bom. Lula assumiu numa transição que teve chacoalhadas nos mercados, mas não no processo democrático. Isso foi ótimo. Um governo de um partido de esquerda que respeitou contratos, imprimiu austeridade nas políticas fiscal e monetária e não teve tolerância com a inflação – pelo menos até agora, na metade do seu primeiro mandato –, isso é fabuloso.

Agora, nos momentos em que a imprensa que teve que bater, bateu. Fernando Henrique foi supercriticado em relação ao processo de reeleição. Ninguém tem dúvida de que ali houve compra de votos.[8] Não acho que Fernando Henrique tenha tirado nada do bolso, mas acho que o governo como um todo entrou no processo. E ficou com a marca. Lula também tem sido criticado. No

---

[8] Ver neste volume depoimento de Eliane Cantanhêde, nota 22.

168 Elas ocuparam as redações

caso Waldomiro Diniz, por exemplo, a imprensa não fez concessões, e o ministro José Dirceu saiu ferido.

Você vê, hoje, na sua redação, diferenças entre os jornalistas mais maduros e os jornalistas mais jovens? Há um conflito de gerações?

Acho que não. Há um processo de discussão, de debate. Na minha posição, por exemplo, tenho que controlar os eventuais arroubos juvenis dos repórteres mais novos. Repórter é pago para apurar e escrever matéria, e não para fazer discurso. Mas não acho que eu tenha que tratar isso como uma oposição entre esses meninos e mim, ou entre esses meninos e nós. Esses meninos dão dinamismo. Enquanto eu olho para uma coisa e digo "isso eu já vi", no caso deles, é a primeira vez que estão vendo. Mas não vejo briga de geração nas redações. Acho que faz parte de uma redação a convivência de pessoas que já têm história com gente que está saindo da universidade.

O que eu vejo é que, às vezes, há um entusiasmo exacerbado dos jovens por uma coisa que nem sempre é o mais relevante para mim. Mas acho bom que isso aconteça. É preciso que isso aconteça, porque senão vai ficar um bando de velhos fazendo a mesma coisa e achando que nada tem relevância. Os jovens trazem sangue novo. Eu, por exemplo, gosto de ir para a rua apurar matéria. Não gosto de ficar eternamente sentada na redação. Tenho pavor disso. Quando houve uma histórica passeata dos sem-terra, na época em que eu estava no *JB*,[9] botei o repórter para acompanhar e fui para a rua ver, acompanhei a passeata também, vi as pessoas. Para ler a matéria do repórter, eu tinha que estar imbuída daquele espírito, senão eu não ia ter aquela emoção. Poderia achar que o rapaz tinha se entusiasmado demais.

Função e papel do jornalista

Quem é o jornalista, hoje? É só aquele que escreve?

O jornalista é o que apura, é o que escreve para o jornal, escreve para o tempo real, vai para a televisão, para um programa de debates, está na internet

---

[9] Referência à marcha de trabalhadores rurais vindos de várias regiões do país, organizada pelo MST, que tomou as ruas de Brasília no dia 17 de abril de 1997 com o objetivo de pressionar o governo a realizar a reforma agrária.

passando matéria, está também na cozinha do jornal, editando, fazendo títulos, corrigindo. E está ainda administrando a redação, definindo o que é manchete, o que vai estar na primeira página. O jornalista está trabalhando em todas essas frentes. E é claro que para fazer isso é bom que ele tenha formação. Sei que há jornais que odeiam a obrigatoriedade da universidade, que fazem campanha contra, mas eu acho muito bom, porque é ali que o jovem começa a desenvolver a questão da ética profissional, que é uma coisa muito complicada na imprensa, começa a aprender a escrever alguma coisa, a fazer jornal – ainda que ele vá aprender mesmo quando entrar na redação, é na faculdade que começa o ensaio. O jornalista é o cidadão que vai fazer o primeiro rascunho da história, que vai às vezes errar, mas no dia seguinte vai corrigir, porque vai ter imbuída a obrigação de acertar. É alguém que tem que estar informado sempre, não pode parar de ler e de estudar.

Você escreve para o público leitor, para os seus pares? Quem é o seu público?

É óbvio que eu converso com os meus pares, porque na discussão que temos todo dia sobre o que vamos fazer, quando eu digo que estou com determinado assunto, eles podem me ajudar a enriquecer a apuração, me fazer ver um lado em que eu não havia pensado. Agora, é claro que eu não escrevo para os meus pares, escrevo para o leitor – e espero que ele leia. Mas existe influência dos pares? É claro e eu gosto de trocar idéias. E gosto também que alguém leia o que estou escrevendo. O maior problema de quem trabalha anos na área econômica é escrever de uma maneira hermética, e então tento escrever de uma maneira mais clara e chamar gente que não esteja mergulhada naquele universo, naquela linguagem, para perguntar se entendeu. Estou escrevendo para quem? Para quem não é versado no assunto. Se eu escrever para os meus pares, não vou vender jornal...

Como é que você percebe o papel social do jornalista? Ele é um produtor e um difusor da informação? Um intérprete da informação?

O jornalista é o intermediário entre a origem da informação e quem vai ler. É quem está no meio, é quem vai na origem, busca e democratiza a informação. O papel social do jornalista é o papel social da imprensa. Sem ela, não se consegue ter uma democracia, uma sociedade organizada, bem informada. Quando eu saí de Catalão, de uma escola de freiras agostinianas, e resolvi ser jornalista, achava que ia ter influência sobre a história. Na minha cabeça, o jornalista também fazia a história. Hoje acho que não, o jornalista *conta* a história. É diferente.

Elas ocuparam as redações

O JORNALISTA É FISCAL, É CRÍTICO DO GOVERNO? VOCÊ TAMBÉM TEM ESSE PAPEL?

Acho que tenho que ter sempre uma visão crítica em tudo o que faço, senão vou ser apenas a repassadora de uma mercadoria que pode estar estragada. E acho que a melhor maneira de ter visão crítica é ouvindo o outro lado. Ou os outros lados.

VOCÊ É DEFENSORA DOS SEM-VOZ?

Ah, isso, para mim, é um problema. Não há ninguém que os defenda. Os totalmente sem-voz, os que moram debaixo da ponte, os que estão lá no sertão do Nordeste, os que são chamados de lúmpen, ninguém defende. Nem governo, nem sindicato, nem ninguém.

MAS QUANDO O JORNALISTA DIVULGA OS MOVIMENTOS DOS SEM-TERRA, POR EXEMPLO, NÃO ESTÁ DANDO VOZ ÀQUELES QUE NÃO TÊM?

Os sem-terra têm voz! Quando o jornalista escreve sobre eles, está dando voz àqueles que tiveram a capacidade de se organizar e criar voz. Porque a obrigação do jornalista é relatar o que está acontecendo. Os sem-terra não foram inventados pela imprensa, eles primeiro se organizaram, e a imprensa foi cobrir. Agora, aqueles que não estão organizados, aqueles para quem o governo não tem uma política, esses não estão no jornal, não estão em lugar nenhum. De vez em quando sai uma matéria: família mora debaixo da ponte, dentro do viaduto. Mas eles continuam sem voz. Eles têm voz quando há uma chacina da Candelária e o mundo se mobiliza.

VOCÊ NÃO ACHA QUE A GRANDE IMPRENSA, EM VEZ DE DAR VOZ A TODAS AS REGIÕES DO PAÍS, CONCENTRA MUITO A ATENÇÃO NO RIO E EM SÃO PAULO?

Acho. Os grandes jornais, que estão no Rio e em São Paulo, não são jornais nacionais de fato. A sua circulação é limitada, e a cobertura é restrita. A não ser que haja algo muito importante, esses jornais não cobrem o que está acontecendo no sul do Rio Grande do Sul ou em Sergipe. A não ser que haja uma tragédia. Aí, todo mundo corre para lá e cobre. Não existe jornal nacional, até porque houve uma época, na década de 80, em que os jornais, para cortar custos, foram fechando as sucursais. E o país é grande demais. Há os jornais regionais, mas eles nem sempre são independentes. Aliás, é muito difícil a existência de um jornal independente, principalmente do poder econômico.

Tenho uma visão, às vezes, até economicista demais. Acho que economia é estrutura, e que as instituições vêm como superestrutura, assim como Marx definia. Como a produção e a riqueza ainda estão concentradas no Rio e em São Paulo mesmo, os jornais ficaram ali. Porque a imprensa, a informação, vão para onde há dinheiro, para onde se produz, para onde há emprego, para onde se gera riqueza.

VOCÊ ACHA QUE A MÍDIA TEM UM PAPEL DECISIVO NA FORMAÇÃO DA OPINIÃO PÚBLICA?

Acho que tem um papel fundamental sim, na informação e na formação do cidadão, mas não é a única. Assim como ela também ajuda, mas não determina os acontecimentos. Toda a imprensa fora dos Estados Unidos foi avessa à reeleição de George W. Bush, mas isso não foi suficiente para evitá-la; a imprensa em geral foi contra a invasão americana no Iraque, mas isso não foi suficiente para coibi-la. A mídia é muito importante, mas não é tudo.

Políticos e economistas

O JORNALISTA TEM CREDIBILIDADE JUNTO AOS POLÍTICOS?

Já vi pesquisas que dizem que a profissão de jornalista é uma das que têm maior credibilidade. Espero que seja, porque, se não for, nós estamos fazendo uma grande fraude. Quanto à credibilidade junto aos políticos, é engraçado. No Congresso, nos partidos, na área política em geral, os jornalistas são cortejados, porque as pessoas querem aparecer. Já na área econômica, os ministros, os técnicos, os diretores das instituições são mais refratários à imprensa. Preferiram que o jornalista fizesse uma matéria por ano e não os amolasse mais.

O comportamento das fontes com os jornalistas é completamente diferente na área econômica e na área política. O político quer o quê? Quer ter projeção, quer aparecer, quer defender seus interesses. Um minuto na televisão, uma linha numa coluna, ou uma matéria, para ele, é absolutamente fundamental, é onde ele vai se projetar. O presidente do Banco Central, de preferência, quer ficar dez anos sem falar com jornalistas, sem prestar conta do que está fazendo. O sonho dele é ser o Alan Greenspan, que não dá entrevista. Só que o Greenspan é do Federal Reserve, é o sujeito que, quando diz uma palavra no Congresso americano, mexe com o mundo inteiro. É uma superautoridade de um país estável, que se dá ao luxo de falar muito pouco para jornalistas. Aqui é diferente, somos um país com taxa de juros real alta e com inflação também ainda alta se comparada com o resto do mundo. Um país que tem desemprego, tem problemas sociais complexos e precisa crescer. Mas o sonho do presidente do Banco Central, seja ele quem for, é ser o Alan Greenspan.

E O MINISTRO DA FAZENDA, OU O MINISTRO DO PLANEJAMENTO? ELE NÃO QUER APARECER, FALAR, DIVULGAR A POLÍTICA DELE?

Ele quer, sim, aparecer para divulgar a política dele. E, de preferência, quer que você compre aquilo como a melhor mercadoria do mundo e o defenda. Hoje também é diferente, porque você tem políticos no ministério. Então, o ministro dos Transportes quer aparecer, porque vai se candidatar; o ministro do Planejamento também vai ser candidato. Já o Malan[10] não queria aparecer. De preferência, se pudesse, teria aparecido apenas para divulgar as suas idéias. Palocci é mais político, deve ter pretensões de se candidatar a cargos importantes, governador de São Paulo, presidente da República... Na política, as relações, até pessoais, são diferentes. As relações na economia são bem mais formais, bem mais distantes, e acho bom que seja assim.

Lembra da frase famosa do Ricupero? "Nós temos que mostrar o que é bom"?[11] Pois, nós, jornalistas, estamos sempre atrás do que é bom e do que é ruim. Quando alguém da área econômica vem dar entrevista do que é bom, levantam 20 jornalistas para fazer pergunta sobre o que é ruim. Afinal, nossa função não é de querubins. Quando o político vem dar uma declaração de que vai fazer tal projeto, vai votar não sei quê, ou vai obstruir uma votação, é diferente. Tem muita espuma. A economia tem menos espuma. Os números estão lá. Não dá para o ministro dizer "fiz", quando os dados estão mostrando que ele não fez. "O senhor gastou mais do que disse que ia gastar e provocou um déficit fiscal, então o senhor não fez." A cobertura é diferente.

PARECE TAMBÉM QUE OS JORNALISTAS SEMPRE OUVEM OS MESMOS POLÍTICOS, QUE SÃO QUASE SEMPRE OS MESMOS QUE ESTÃO DANDO INFORMAÇÃO...

E são. Dos 530 e poucos parlamentares, entre Câmara e Senado, você fala com 50, 80. Acho que não chega a 100. Não é que o jornalista só queira falar com

---

[10] Pedro Malan foi ministro da Fazenda dos dois governos de Fernando Henrique Cardoso, de 1995 a 2003.

[11] Rubens Ricupero foi ministro da Fazenda do governo Itamar Franco de abril a setembro de 1994, quando, diante da divulgação de sua declaração "o que é ruim a gente esconde, o que é bom a gente mostra", pediu demissão. Ver *DHBB*.

eles, seja viciado neles, há o outro lado também. É que os outros não têm o que dizer. São o chamado baixo clero – agora, com a eleição do deputado Severino Cavalcanti para a presidência da Câmara, o baixo clero está em alta. Em geral, porém, eles só aparecem no momento das negociações. É no momento da votação que eles usam o seu poder de barganha. O que eu também não acho errado, não. Errado é barganhar para levar dinheiro para o seu bolso; barganhar para levar uma ponte para a sua cidade é absolutamente legítimo, o sujeito foi eleito para isso. Se ele não consegue de outra forma, que consiga a ponte assim. Mas que no Congresso existe uma meia dúzia, ou alguns poucos, que são as pessoas que mandam, existe, e os jornalistas refletem isso. São os líderes, são os caras que comandam o processo, que botam a matéria em votação e, pelas mil artimanhas do regimento, conseguem aprovar ou não. Ora, se eles mandam, eles serão ouvidos. É a elite do Congresso. Na área política existem vários assim, na área econômica, poucos. Quando quero repercutir alguma coisa, tenho que ir atrás deles. Se eu for atrás de um deputado inexpressivo, ele provavelmente nem saberá do que estou falando, porque não está acompanhando aquilo.

MESMO NA ÁREA ECONÔMICA, ENTÃO, OS JORNALISTAS VÃO SEMPRE PROCURAR AS MESMAS PESSOAS. PESSOAS QUE DECIDEM.

A informação mesmo, aquela de que eu estou precisando, o furo, os que decidem não me dão. É preciso buscar outras fontes, mais embaixo. De posse da informação, aí temos que ir à mais alta burocracia, ou mesmo ao ministro, para confirmá-la. Arrancar do ministro da Fazenda uma informação é difícil. Então é preciso procurar a área técnica, quem lida com os números mesmo, com a elaboração das medidas, quem está na base da informação. Lá de cima você não consegue tirar nada. Só explicação ou frases discursivas.

SE VOCÊ MANTÉM UMA RELAÇÃO MAIS PRÓXIMA, ATÉ PELO INTERESSE COMUM, COM SEUS INFORMANTES DA ÁREA DE ECONOMIA, VOCÊ NÃO TEM DIFICULDADE DE CRITICÁ-LOS?

Vou sentir muito, mas não vou ter o menor constrangimento. Isso já aconteceu. Razão pela qual eu prefiro não ter amizades nessa área, e sim uma relação de confiança e respeito.

MAS AÍ VOCÊ NÃO PERDE A SUA FONTE?

Não necessariamente. Já perdi fontes no governo, mas foram casos raros e, como o governo muda e eu continuo jornalista, essa é uma questão que se recicla. Agora, se eu fizer algo errado, publicar matéria errada, é minha obrigação me retratar. Quando fui assessorar Armínio Fraga, lembro que eu disse a ele que jornalista não é amigo, nem psicanalista, nem confidente. O compromisso primeiro do jornalista é com a informação. Isso é da natureza da profissão. É claro que isso não significa que você é um ser condenado se tiver um amigo que é jornalista. Há uma ética na apuração da informação. Se a pessoa diz que é *off*, o jornalista tem que respeitar. Se ela dá uma informação que não pode ser publicada, o jornalista aceitou o compromisso previamente e tem que mantê-lo. Não sou amiga do poder. Sou uma jornalista que cobre o poder. Podia estar cobrindo buraco de rua. Se amigos meus, pessoas de quem eu gosto, que prezo muito, virarem ministros, sinto muito, mas não vou ter nenhum constrangimento de dizer que erraram aqui ou ali, se de fato tiverem errado.

Mulheres de Brasília

COMO É QUE VOCÊ EXPLICA A PRESENÇA DE UM MATRIARCADO TÃO FORTE NA IMPRENSA DE BRASÍLIA? É SABIDO QUE AS MULHERES INVADIRAM AS REDAÇÕES A PARTIR DOS ANOS 70, MAS BRASÍLIA CONCENTRA MUITAS JORNALISTAS MULHERES IMPORTANTES: AS COLUNISTAS TEREZA CRUVINEL, DORA KRAMER, ELIANE CANTANHÊDE; VOCÊ, COMO DIRETORA DO *VALOR ECONÔMICO*...

Nós somos realmente mais ou menos da mesma época, todas formadas na década de 70. Acho que o próprio fato de a mulher ocupar postos no mercado de trabalho de forma ampla, como ocorreu dos anos 70 para cá, nos levou a ascender na profissão. Antes não havia mulher em chefia porque pouquíssimas estavam disputando vagas no mercado.

Tenho uma tese sobre a presença das mulheres em redação: mulher trabalha muito e tem muita determinação. Mulher é mais dedicada. Não saio da redação com uma dúvida relevante. Tenho horror de levar um furo, de ver uma notícia importante que nós não temos sair nos outros jornais. Se achar que corro esse risco, fico na redação até a hora que der, continuo apurando, ligando para a casa das pessoas, fontes do governo. Quem sabe eu ainda consigo uma informação e pego o segundo clichê? Acho que existe isso, as mulheres são muito determinadas.

EMBORA AS JORNALISTAS MULHERES TENHAM FORÇA AQUI EM BRASÍLIA, ELAS NÃO PARECEM INTERESSADAS EM DEFENDER INTERESSES ESPECÍFICOS DA MULHER. O QUE VOCÊ ACHA DISSO?

Militância feminista? Não. Na verdade, como jornalista, não gosto de fazer militância alguma. Acho que somos responsáveis pelos primeiros rascunhos da história e, para fazer isso com a maior isenção possível, é melhor não ter paixões. Militância introduz paixões, e paixão cega. O jornalismo militante é o inverso de tudo que eu aprendi para ser repórter: a eterna busca da neutralidade, da imparcialidade, a preocupação de ouvir o outro lado. Não sou ingênua de acreditar na existência da isenção total, mas acho que é uma preocupação que deve estar presente a cada minuto do nosso trabalho. Se você é militante, não ouve, está surdo para o outro lado. Se a jornalista estiver interessada em causas mais específicas, como as do movimento feminista, por exemplo, ou de militância partidária, deve tratar disso depois do expediente, no exercício da sua cidadania. Estou falando da repórter, que apura e escreve matéria. Já a colunista, a articulista, é diferente. Aquele espaço em que ela escreve pode servir para dar opinião, e não há nada de errado nisso.

VOCÊ NUNCA TRABALHOU EM RÁDIO, TELEVISÃO?

Fizemos programas de TV para a *Gazeta Mercantil*. Havia um programa local aqui em Brasília, de debate. Foram uns quatro anos, mas era uma coisa muito engraçada, porque era feito numa TV estatal, sem as mínimas condições técnicas. Era uma tentativa quase amadora de fazer televisão. Depois, a convite, participei de outros programas como entrevistadora. Mas deteto televisão. Não reconheço a minha imagem no vídeo, aquela voz que eu ouço não é a minha. Acho a minha imagem feia na televisão. Tive convites para participar de programas semanais de entrevista, mas não fui porque não gosto. Problema pessoal. Resistência mesmo ao veículo. Prefiro o escrito. Quando vejo um microfone na minha frente, começo a ter taquicardia.

VOCÊ TEM UMA SITUAÇÃO INTERESSANTE, PORQUE DIRIGE UMA SUCURSAL. COMO ERA SUA RELAÇÃO COM A MATRIZ DO *JB* NO RIO, COMO É HOJE A SUA RELAÇÃO COM A MATRIZ DO *VALOR ECONÔMICO* EM SÃO PAULO? HÁ MOMENTOS DE TENSÃO?

Minha relação é muito boa, mas é claro que uma redação é tensa, sempre. Se for uma redação zen, pelo amor de Deus, nós não vamos fazer coisa alguma! Toda a energia tem que estar concentrada em sair e apurar a notícia. Não dá para ser zen.

No *JB*, a relação com o Rio era ótima, porque tinha o Marcelo Pontes, o Paulo Totti e o Marcelo Beraba. Mas é claro que houve momentos em que divergimos. Às vezes eu podia achar, por exemplo, que o texto que eu tinha mandado estava melhor do que o que foi publicado. E reclamava. Mas era sempre uma relação cooperativa. Quando havia erro mesmo, eu ficava muito brava e ligava para a casa do Marcelo Pontes. Mas isso é vida de jornal, e jornal é trabalho de equipe. Às vezes, a minha redação produzia determinada quantidade de matéria, mas o interesse do jornal era a metade. É claro que isso frustrava a todos. Acho que aí entra o problema do planejamento, que era uma coisa que faltava no *JB*. "Se você queria só 60 linhas, me avisasse antes, e eu não teria produzido outras 60, porque isso me deu um enorme trabalho, destaquei um repórter etc." Às vezes faltava um ajuste de sintonia fina, mas isso não chegava a atrapalhar em muita coisa. E existem limites: o editor tem uma página, eu mandei uma e meia, mas ele queria dar também a matéria de São Paulo — quer dizer, ele tinha que ter essa liberdade. E eu tinha que ter o direito de brigar pelo meu espaço.

No *Valor*, acho a relação muito fácil, fluida, porque trabalho com pessoas que conheço e nas quais confio, e acho que elas têm a mesma visão em relação a mim. É claro que às vezes ficamos chateados, porque o título não refletia a matéria, porque a edição não estava correta ou não havia espaço para dar uma matéria maior. Mas isso é do jogo.

O FATO É QUE VOCÊ ESTÁ NUMA SUCURSAL MUITO IMPORTANTE.

Superprivilegiada. Governo é uma parte importante em qualquer jornal, e os jornais sabem disso. É um pedaço da alma de qualquer jornal. Os problemas que ocorrem na relação matriz-sucursal são absolutamente naturais e solucionáveis. Essa, pelo menos, é a minha experiência. Sei que há redações onde essa relação é mais delicada, mais difícil. Mas não sei trabalhar assim, porque, para mim, como acabei de dizer, jornalismo é trabalho de equipe. Senão, eu vou escrever um livro sozinha. Se o jornal não for o resultado daquele monte de cabeças pensando, o risco de errar vai ser muito maior. E nós não temos o direito de errar. Erramos porque isso faz parte da vida, mas devemos trabalhar pensando que não temos o direito de errar.

PARA ENCERRAR ESTA ÓTIMA CONVERSA: HÁ MAIS ALGUMA COISA SOBRE A QUAL VOCÊ GOSTARIA DE FALAR, EM QUE NÓS NÃO TENHAMOS TOCADO?

Acho que estamos, minha geração, experimentando há alguns anos uma maneira diferente de fazer jornalismo. Isso é interessante. Vivemos sob a instabilidade política e econômica durante muitos anos, mas hoje o país está com uma cara diferente, e espero, pelos filhos e netos, que não voltemos nunca mais a ter inflação de 80% ao mês nem ditadura militar. Sou de uma geração de jornalistas que dedicou boa parte da sua vida profissional a cobrir crises agudas e crônicas na economia, e vários escândalos. Agora, estamos num período em que os escândalos e as crises são mais raros, e estamos fazendo jornalismo da maneira como fazem as pessoas que vivem em países estáveis e democracias consolidadas. A agenda de assuntos importantes vai mudando a cada dia. Apenas como exemplo, antes não se falava em soja transgênica. Hoje, o assunto está aí.

Eleonora
de Lucena

Eleonora de Lucena

Entrevista a Alzira Alves de Abreu e Fernando Lattman-Weltman feita em dezembro de 1997 e atualizada em maio de 2005.

De repórter de geral a editora-executiva

QUANDO E ONDE VOCÊ NASCEU, QUAL A PROFISSÃO DE SEUS PAIS, ONDE VOCÊ ESTUDOU?

Nasci em novembro de 1957, em Porto Alegre. Meu pai é engenheiro; minha mãe, arquiteta. Família de seis filhos, sou a mais velha. Estudei num grupo escolar perto da minha casa, Escola Experimental Presidente Roosevelt, até a quinta série primária. Fiz o ginásio e o colegial no Colégio de Aplicação, vinculado à Universidade Federal do Rio Grande do Sul. Ou seja, fiz primeiro e segundo graus em escola pública. Em 1976 entrei para o curso de jornalismo da UFRGS, uma universidade pública. Como eu estava em dúvida se deveria fazer jornalismo ou história, fiz também vestibular para história na PUC de Porto Alegre. Comecei os dois cursos, mas acabei deixando a PUC. No ano seguinte, resolvi fazer de novo o vestibular para história, também na Universidade Federal. Passei e fiz os dois cursos paralelamente. Eu achava que o jornalismo tinha uma perspectiva mais viva, que me interessava. Mas, ao mesmo tempo, sentia que, para desempenhar bem a função de jornalista – ou para entender melhor o cotidiano do noticiário – era fundamental ter uma visão do passado, uma visão histórica. Sempre fui considerada pelos meus professores uma pessoa com um texto bom e fui também uma boa aluna de história. Resolvi trabalhar as duas coisas juntas.

VOCÊ FEZ JORNAL NO COLÉGIO?

Sim. O Colégio de Aplicação funcionava do lado da Faculdade de Filosofia, História e Ciências Sociais da UFRGS. Era um colégio de segundo grau no

180 Elas ocuparam as redações

meio do ambiente universitário. Apesar do clima pesado da época, pois estávamos na ditadura, isso sempre nos trouxe uma oxigenação muito boa. Tínhamos contato com professores inovadores em diversas áreas, usavam-se técnicas experimentais, e isso tudo foi muito bom. Chegamos a fazer, durante um certo tempo, um jornal que se chamava *O Berro*. Eu era do grupo que fazia o jornal.

QUANDO VOCÊ TERMINOU A UNIVERSIDADE, E QUANDO COMEÇOU A TRABALHAR?

O curso de história eu não terminei, fiz até o terceiro ano – faltaram sete cadeiras para concluir. Concluí jornalismo em 1980, e tinha começado a trabalhar no primeiro semestre de 1976, logo que entrei na faculdade. Primeiro, trabalhei em meio período na Assessoria de Imprensa da própria universidade. Mandávamos os textos produzidos pelos professores para os suplementos literários e para a imprensa local. Era um trabalho de distribuição de material, de elaboração de *releases* e de produção de *clippings*. Fiz isso durante meio ano, mas em 1977, quando reiniciei o curso de história, larguei. Em 1978, comecei a trabalhar na *Zero Hora*, já como contratada. Abriu uma vaga, me interessei, fui lá e disputei. Comecei como repórter de geral. Naquela época, além dos problemas do cotidiano – buraco de rua, trânsito –, a geral incluía também a parte de movimento sindical, manifestação de rua, movimento dos sem-terra. Algumas das reportagens que a geral fazia tratavam do nascimento do que hoje é o MST. Cobria-se também um pouco de Câmara de Vereadores. Era uma editoria bastante ampla e diversificada, que me ensinou a trabalhar em diferentes situações do cotidiano. Era a maior editoria do jornal em número de pessoas, e pude aprender muitas coisas. Foi muito boa a experiência de repórter nessa fase.

Além de trabalhar na *Zero Hora*, eu também fazia colaborações eventuais para outras publicações. Colaborei no *Coojornal*, que era o jornal da Cooperativa dos Jornalistas de Porto Alegre.[1] Na época, o *Coojornal* tinha uma publicação anual que dava o perfil das empresas e o perfil da economia do Rio Grande do Sul. Trabalhei especificamente nessa publicação. Até pelo contato na universidade, comecei a eventualmente trabalhar no *Em Tempo*,[2] que era um jornal de

---

[1] O *Coojornal* circulou de 1976 a 1983 e tornou-se conhecido por publicar reportagens-denúncia de cunho político que muitas vezes lhe valeram prisões e processos. Ver *DHBB*, verbete "Imprensa alternativa".

[2] Jornal lançado em São Paulo em janeiro de 1978 por uma frente de organizações de esquerda que pregavam a imediata revolução socialista no país. Ver *DHBB*, verbete "Imprensa alternativa".

contestação ao regime, de tendência mais à esquerda. Colaborei também num jornal vinculado à Federação das Associações de Bairro de Porto Alegre.

Você trabalhava bastante... Quando foi que você veio para São Paulo, e por quê?

Vim em 1981 por várias razões. Na época eu já estava casada – casei em 1979. Eu e meu marido éramos colegas na universidade. Ele também colaborava nesses órgãos da chamada imprensa alternativa, e nós sentíamos que o mercado em Porto Alegre era muito limitado, até mesmo do ponto de vista salarial. Viemos para São Paulo com o desejo de trabalhar num lugar que nos desse mais oportunidades. Meu marido tinha uma proposta, e resolvemos vir. Mas viemos correndo riscos: quando pedi demissão da *Zero Hora*, eu estava grávida.

Chegando a São Paulo, fui trabalhar numa revista de esquerda chamada *Brasil Hoje*, e meu marido foi para a *Hora do Povo*.[3] Logo em seguida tive nossa primeira filha. A revista não se manteve, e fiquei desempregada. Depois de alguns meses, dividindo os cuidados dela com meu marido, comecei a procurar trabalho. Fiz *freelances* para vários lugares: para a revista *Banas*, que não existe mais; para as revistas da *Gazeta Mercantil*, que eram *Balanço Financeiro*, *Dados e Idéias*, de informática, *Administração e Marketing*; para uma revista da Globo... Onde eu achava que havia um espaço, uma oportunidade, eu procurava trabalho. Trabalhei na Rádio Transamérica, como redatora... Eram sempre trabalhos eventuais, precários, mas eu precisava trabalhar.

Em 1983, eu soube que a *Folha de S. Paulo* estava lançando um caderno de informática, e vim procurar um lugar. Comecei a fazer matérias, reportagens esporádicas para esse caderno, e foi então que conheci a redação da *Folha*. Eu já era leitora desde Porto Alegre. A *Folha* era um jornal importante, que estava se firmando...

A Folha foi o jornal da redemocratização. Você tinha uma atuação política em Porto Alegre?

Tinha. Na época da universidade, participei de movimento estudantil, de chapa de diretório acadêmico, de manifestações. Fazíamos comícios-relâmpago

---

[3] Jornal lançado em 1979 no Rio de Janeiro e transferido em 1981 para São Paulo, associado ao Movimento Revolucionário 8 de Outubro (MR8). Ver *DHBB*.

no centro da cidade, participávamos disso tudo. Serviu para um aprendizado, um entendimento da conjuntura. Foi um tempo bastante intenso.

Enfim, comecei a trabalhar na *Folha*, primeiro esporadicamente, depois, com uma colaboração mais constante. Só que eu estava grávida novamente, e não fui contratada. Nossa segunda filha nasceu em agosto de 1983 e, passados seis meses, voltei a fazer colaborações para a *Folha*. Afinal, em janeiro de 1984, fui convidada para trabalhar na editoria de economia, substituindo férias. Na época tinha havido uma troca de editor, tinha entrado Aloysio Biondi, e fui trabalhar como redatora. Inicialmente eu fazia pequenas notas numa seção de tendências internacionais e depois comecei a trabalhar no fechamento: lia, descia matéria... Naquela época ainda se trabalhava com máquina de escrever, mas logo começou a transição para o computador. Cheguei justamente numa fase de alteração na rotina da redação.

Depois de um bom período substituindo férias, no segundo trimestre de 1984, fui efetivada numa vaga que acabou surgindo, porque o jornal estava criando uma seção nova, dominical, chamada *Dinheiro Vivo*, coordenada por Luís Nassif. Meu trabalho era de redatora: titular, revisar os conteúdos, descer o material. Fiquei trabalhando nessa área alguns meses e aprendi muita coisa, especialmente a ter um espírito crítico e a pensar a realidade da economia como um conjunto. Aloysio Biondi também estimulava muito o debate interno, as reuniões. No início de 1985, o jornal estava passando por um processo de expansão de conteúdos, de número de páginas, e resolveu criar uma página de agropecuária aos sábados. E o Biondi me colocou para coordenar essa página.

COMO VOCÊ PASSOU A ENTENDER DE ECONOMIA, PARA PODER DESEMPENHAR ESSAS FUNÇÕES?

Sempre me interessei por economia, porque acho que a economia tem um papel importante nas relações humanas, é um dos motores da história. Já em Porto Alegre, quando eu trabalhava no *Coojornal*, trabalhava na publicação de economia. A partir dali comecei a ler muito, a me interessar, a acompanhar o noticiário... Biondi também teve um papel importante, ao estimular o debate, ao questionar, ao buscar uma linha de interpretação que não a consensual. Por exemplo, em 1984, a idéia dominante era a de que o Brasil ainda vivia uma recessão forte. Ele foi o primeiro a dizer: "Não, vamos olhar os números, vamos identificar o que está acontecendo de verdade." E estava acontecendo uma recuperação. Ele foi o primeiro a estimular o debate e a percepção de que as coisas estavam mudando. Sempre buscava fazer com que as pessoas se despissem dos conceitos e das idéias dominantes para olhar a realidade, olhar os números, identificar o que estava acontecendo.

COMO EVOLUIU A SUA CARREIRA DEPOIS DESSA SEÇÃO DE AGROPECUÁRIA?

Fiquei um período como editora-assistente de agropecuária, cuidando apenas de uma seção semanal, sem viver o dia-a-dia. Passado um tempo, Biondi saiu do jornal e, já com o novo editor, passei a trabalhar no fechamento diário, como editora-assistente de economia. Basicamente, eu recolhia os retornos da reportagem e fazia uma proposta de edição. Fiquei nessa função, com modificações, até 1988, quando passei de editora-assistente a editora de economia. Foi um período bastante tumultuado e turbulento, com uma série de choques e de planos – Plano Cruzado em 1986, a seguir Plano Cruzado II, Plano Bresser, Plano Verão... A economia crescia, havia um aumento grande da produção, mas ao mesmo tempo tinha-se uma inflação exponencial. A editoria de economia se firmou pelas circunstâncias. Era um plano econômico atrás do outro, e nós tínhamos que apresentar para o leitor um serviço didático muito grande. Mudavam procedimentos, condutas, a inflação diária era elevada, e era muito importante que qualquer decisão fosse tomada com conhecimento máximo. Havia uma demanda por informação.

Fiquei como editora de economia até 1992. Nessa época, o jornal fez uma série de mudanças internas e reconfigurou os cadernos. O caderno de economia tinha sido lançado, se não me engano, em 1986, no bojo das mudanças provocadas pelos planos econômicos, mas em 1992, com a reestruturação, o primeiro caderno passou a juntar política e economia, ou seja, informações vindas de diferentes editorias. Fui então convidada a ser secretária de redação para o primeiro caderno, com a tarefa de eleger os assuntos mais importantes, independentemente de onde viessem. Fiquei nessa função alguns meses e, ainda em 1992, passei a secretária de redação para a área de edição. Na época, havia três secretários: um tratava da produção, da reportagem, da elaboração da pauta, ou seja, da parte da manhã do jornal; outro tratava da edição, que é o fechamento, a elaboração final do produto, a primeira página; e o terceiro era responsável pelos assuntos administrativos, pelos orçamentos, pela parte mais burocrática. Abaixo dos secretários vinham os editores das diferentes áreas – economia, Brasil, internacional etc.

Afinal, em 2000, passei a editora-executiva do jornal. É um cargo que fica abaixo do diretor de redação e acima das secretarias de redação para as áreas de produção e de edição.

184 Elas ocuparam as redações

É MAIS COMPLICADO AGORA?

É necessário ter uma visão mais completa do produto jornal, do negócio jornal. É preciso pensar mais a longo prazo, e não somente na edição do dia. A função de planejamento cresce. Sempre se pensa nas coisas conjuntamente, mas a responsabilidade de fechar o jornal do dia acaba muitas vezes solapando o tempo de um planejamento maior. Nesse sentido, é um cargo mais global.

NAS ENTREVISTAS QUE TENHO FEITO COM JORNALISTAS, TENHO OUVIDO QUE NA DÉCA-DA DE 1950 ERA QUASE INIMAGINÁVEL ENCONTRAR UMA MULHER NA REDAÇÃO, EN-QUANTO HOJE AS REDAÇÕES ESTÃO TOMADAS POR MULHERES. MAS AS JORNALISTAS MULHERES COMPLETAM: "É, NÓS ENTRAMOS NAS REDAÇÕES, MAS NÃO CONSEGUIMOS CHEGAR LÁ EM CIMA. SÓ UMA CHEGOU: ELEONORA DE LUCENA". COMO SE AINDA HOUVESSE UM OBSTÁCULO DIANTE DAS MULHERES. COMO VOCÊ CHEGOU LÁ EM CIMA?

Trabalhando. Nunca senti na *Folha* nenhum tipo de discriminação. Acho que o jornal é bastante arejado, aberto. Há vários casos lá de pessoas que começa-ram de baixo, como eu.

AS MULHERES SÃO MAIORIA, HOJE, NA *FOLHA DE S. PAULO*?

Não. As mulheres têm uma participação mais ou menos estabilizada de cerca de 33% da redação. Nos cargos de chefia, a percentagem é de 29, 30%. É mais ou menos equivalente a participação nos cargos de chefia e a participação na redação.

Mudanças na *Folha de S. Paulo*

VOCÊ COMEÇOU A TRABALHAR NA *FOLHA DE S. PAULO* EM 1983/84, NUM MOMENTO EM QUE O JORNAL ESTAVA INICIANDO UM IMPORTANTE PROCESSO DE MUDANÇA.[4] VOCÊ CERTAMENTE ACOMPANHOU ISSO.

Sim, 1984 foi o ano em que Otavio Frias Filho assumiu a direção. Quan-do comecei a trabalhar na *Folha* como *freelancer*, um ano antes, o diretor de reda-ção era Boris Casoy. Com a mudança de comando, foi instituído o projeto edito-rial do jornal, e começou-se a ter uma série de discussões para sistematizar o trabalho, definir linhas de conduta, de abordagem, de edição, de produção. Foi

---

[4] Sobre as mudanças na *Folha de S. Paulo*, ver também o depoimento de Otavio Frias Filho em *Eles mudaram a imprensa*, op. cit.

um período muito rico, de muito debate interno, muitos movimentos no sentido de organizar, quantificar e avaliar o trabalho. Um período em que se buscou um método para ter uma produção mais eficiente, com autocrítica, com regras, cobranças e avaliações. Um período de instauração e consolidação de uma série de procedimentos que vigoram até hoje.

O *Manual de redação*, com o projeto editorial, foi um documento que funcionou como uma linha mestra de percepção da realidade jornalística. Desde 1984 houve várias versões desse projeto, mas as linhas básicas foram colocadas já no primeiro momento: fazer um jornalismo plural, crítico, independente, apartidário. Esses alicerces foram lançados de forma explícita naquela época. E é claro que foi interessante estar lá e participar da construção desse projeto, junto com todo mundo. A redação estava em permanente ebulição. Havia reuniões, começaram a ser feitas avaliações, relatórios comparativos da *Folha* com outros jornais... Até fisicamente a redação mudou, muitas pessoas trocaram de função, entrou gente mais jovem. Ao mesmo tempo, a *Folha* cresceu. A partir da campanha das Diretas, houve uma série de coincidências que fizeram o jornal crescer muito. E foi bom acompanhar isso.

HAVIA MUITA REAÇÃO CONTRA ESSAS MUDANÇAS?

Eu diria que havia alguma reação, sim. Em qualquer circunstância há sempre uma resistência à mudança, é até natural. Mas não me lembro de alguma coisa mais forte. Claro que o processo de implantação das avaliações não foi muito fácil, no início houve resistências. Houve também uma discussão grande na sucursal de Brasília, quando se definiu, corretamente, que quem trabalhava no jornal não poderia trabalhar em outro lugar – em assessoria de imprensa do Congresso ou de qualquer órgão do governo. A mesma coisa aconteceu em São Paulo, até um pouco antes, quando se definiu que a dedicação teria que ser exclusiva: jornalista que trabalha na *Folha* não pode fazer "bico", qualquer participação em outro órgão de imprensa, em outra mídia, precisa ter prévia autorização, e não há possibilidade de alguém ter dois empregos.

FOI A *FOLHA* QUE INTRODUZIU O FIM DO MÚLTIPLO EMPREGO NA IMPRENSA BRASILEIRA?

Houve na época um movimento dos jornais em geral, mas acho que a *Folha* esteve à frente disso. Assim como esteve à frente da defesa da não-obrigatoriedade do diploma. Hoje essa é uma posição comum nas redações, mas a *Folha* foi talvez quem mais debateu, quem defendeu de maneira mais estridente

186   Elas ocuparam as redações

a posição de que uma pessoa, para trabalhar em jornal, não precisa necessariamente ter diploma de jornalista, pode ter um outro diploma universitário.

QUE OUTROS PONTOS VOCÊ DESTACARIA NAS MUDANÇAS INTRODUZIDAS PELA *FOLHA* A PARTIR DE 1984?

O básico foi que se saiu do jornalismo mais opinativo, mais diluído, mais adjetivado. Primeiro, buscou-se um modelo de jornalismo apartidário, sem ligação política com A, B ou C, e pluralista, em que se tenta ver todos os lados da questão. A *Folha* implantou o que nós chamamos de "o outro lado": diante de uma polêmica, ou de um fato qualquer, sempre tentamos destacar o outro lado. Em segundo lugar, buscou-se fazer um jornalismo crítico. Se há uma coisa que está intrinsecamente ligada à tarefa jornalística, é ser crítico. Na *Folha*, essas preocupações se traduziram na busca de um jornalismo mais objetivo, seguindo o modelo do *lead*, da escola jornalística norte-americana – todos os jornais brasileiros nas últimas décadas seguiram o modelo norte-americano. Procurou-se fazer um jornalismo mais preocupado com a notícia. A opinião foi deixada para as colunas de opinião.

Resumindo, as mudanças nos anos 80 e início dos anos 90 foram no sentido de buscar uma padronização e um patamar de qualidade. Procurou-se ser mais objetivo, não-opinativo, apartidário, crítico, independente. Tentou-se formar a mão-de-obra do jornal dentro dessas linhas. Daí veio a necessidade de se ter um manual, para garantir um texto mais limpo. Hoje, a partir desse patamar, estamos tentando introduzir mais elementos de interpretação no texto jornalístico.

PARECE QUE O PRIMEIRO MANUAL DE REDAÇÃO DA *FOLHA* RECEBEU MUITAS CRÍTICAS E QUE DEPOIS VOCÊS FORAM ADAPTANDO AS EDIÇÕES SEGUINTES, NÃO?

Qualquer manual depende do período e do objetivo com que foi feito. No início dos anos 80 a *Folha* era quase uma federação de estilos, de idéias e de propostas. Não tinha muita unidade. A partir daquele momento, a proposta foi unificar, fazer um corpo único, com base nas linhas editoriais definidas, e estabelecer regras mesmo: precisa ter *lead*, precisa dizer onde, como, quem... O primeiro manual foi lançado em 1984 e tentava sistematizar uma série de coisas: precisamos sempre ouvir o outro lado; quando tivermos uma informação em *off*, precisamos tentar cruzá-la com a de outro informante; devemos evitar a fórmula "fontes dizem", porque "fontes" é muito vago, e assumir o que está sendo dito... E havia também algumas idiossincrasias de padronização de estilo: a *Folha*, por exemplo, usa "mulher" em vez de "esposa", "morte" em vez de "falecimento". Claro, o primeiro manual era mais draconiano, exigia uma padronização muito intensa.

No decorrer dos anos essas regras foram ganhando flexibilidade. O manual tratava também, por exemplo, da parte gráfica, de como se organiza uma página. Não é preciso dizer que, de 1984 até hoje, o jornal mudou graficamente.

Os manuais são importantes para dar um padrão, e acho que isso foi conseguido, ainda que às vezes com alguns excessos, com uma implantação muito mecânica das regras. A discussão nos últimos anos tem sido sobre como, a partir desse padrão estabelecido, flexibilizar as regras e conseguir dar mais colorido, mais interpretação, tornar o jornal mais denso.

COMO É FEITO O ACOMPANHAMENTO, O CONTROLE DA APLICAÇÃO DO MANUAL?

Nós temos vários controles. Um deles é o controle de erros de padronização, que anota diariamente as ocorrências. Por exemplo, nós não usamos a palavra "governo" em caixa alta; usamos "Alcorão", e não "Corão"; usamos "Nova York", e não "New York" ou "Nova Iorque"... As pessoas devem escrever dessa forma e recebem diariamente o jornal anotado com o que está errado. Temos metas de erro. Temos um programa de qualidade, que tem uma visão mais qualitativa do produto. Esse programa busca, por exemplo, discutir em que medida o texto está sendo didático ou não-didático, o que é possível aprofundar, o que faltou colocar no jornal. Temos mecanismos de cobrança próprios da direção do jornal, da secretaria de redação, temos o olhar do *ombudsman*. O *ombudsman* é uma instância que está totalmente fora da parte executiva da redação. Ele faz a sua leitura do jornal e o critica do ponto de vista do manual ou de qualquer ponto de vista que achar conveniente. É livre para fazer a abordagem que quiser.

TODAS AS MUDANÇAS QUE FORAM INTRODUZIDAS NA *FOLHA DE S. PAULO* A PARTIR DE 1984 SAÍRAM DA CABEÇA DE OTAVIO FRIAS FILHO?

Houve uma dose muito grande de determinação e de visão do diretor de redação, sem dúvida nenhuma. É claro que o jornal sempre é uma obra coletiva, mas as decisões têm que vir de uma direção. E aí o papel do diretor de redação é crucial.

O QUE IMPRESSIONA É A REPERCUSSÃO QUE A MUDANÇA DA *FOLHA DE S. PAULO* NA DÉCADA DE 1980 TEVE NO RESTO DA IMPRENSA BRASILEIRA, PRINCIPALMENTE EM SÃO PAULO E NO RIO.

Sem dúvida. Na parte do produto, a cadernização e a cor, por exemplo, foram coisas que a *Folha* implantou e que os outros jornais depois adotaram. Quase todos os suplementos que a *Folha* criou, depois os outros jornais também criaram. Basta ver, por exemplo, informática: a *Folha* foi o primeiro jornal a ter caderno de informática. E ela também influenciou do ponto de vista da organização, da estrutura de redação, no sentido de fazer um jornal menos idiossincrático, menos ligado aos humores das chefias, de ter mais de objetividade, ter avaliações, controles. Isso também passou para os outros jornais. Só não passou o *ombudsman*. São pouquíssimos os jornais no Brasil que têm essa instituição.

O *OMBUDSMAN* É UMA INSTITUIÇÃO ORIGINÁRIA DA SUÉCIA QUE A *FOLHA* INTRODUZIU NO BRASIL. QUEM TEVE A IDÉIA?

O próprio diretor de redação. A idéia teve a ver com projeto editorial da *Folha* em 1984, de ser um jornal crítico, independente. E o exercício da autocrítica, que muitas vezes dói e incomoda, é essencial para se fazer um bom jornal. O *ombudsman*, com o olhar afastado do dia-a-dia da redação, consegue lançar luz em vários problemas que muitas vezes, pelo fato de estar envolvido, você não consegue enxergar. Por isso ele é fundamental. Se é que houve, no início, alguma resistência na redação, hoje o *ombudsman* está incorporado à rotina. Responde a uma série de críticas e é também uma grande fonte para a seção *Erramos*.

Mudanças na imprensa

A IMPRENSA EM GERAL PASSOU POR MUITAS MUDANÇAS DESDE QUE VOCÊ COMEÇOU A TRABALHAR EM JORNAL. AS MULHERES OCUPARAM AS REDAÇÕES; ESSE É UM ASPECTO. HOUVE TAMBÉM UMA MUDANÇA GRÁFICA TREMENDA DOS ANOS 80 PARA CÁ. MUDARAM OS EQUIPAMENTOS, ENTROU O COMPUTADOR... QUE MAIS?

A imprensa mudou em muitos aspectos. Primeiro, acho que a imprensa hoje é muito mais técnica, é obrigada, até por pressão dos leitores, a ter um conhecimento muito mais aprofundado dos assuntos do que há 20, 30 anos. Hoje existe uma gama de especialidades muito maior cobertas pela mídia. O caminho do bom jornalismo passa necessariamente por um jornal mais qualificado tecnicamente, e isso exige que as pessoas estudem mais, leiam mais, viajem mais. É muito importante também o espaço para treinamento e reciclagem dos profissionais. Existe uma variedade de fontes de informações que antes não havia – basta ver a internet, a TV a cabo, os *blogs*. Trabalhar com esse universo de informação multifacetada é muito mais complexo.

A maneira de fazer jornal também mudou radicalmente. Quando comecei, ainda se trabalhava com lauda e máquina de escrever, o que hoje é inimaginável. Fui contratada pela *Folha* no ano em que o jornal se informatizou.

A *Folha* foi o primeiro jornal a se informatizar, e foi uma experiência muito interessante. Antes se descia a foto para a fotocomposição, havia uma montagem tradicional, havia todo um acabamento final do jornal que saía da mão da redação. Hoje a redação é praticamente responsável pelo resultado final. A página que sai da redação hoje está pronta para a impressão, o que não acontecia antes. Antes havia dois andares inteiros neste prédio abaixo da redação por onde a página passava antes de chegar à impressão; hoje é tudo automatizado. O jornalista precisou se adequar a essa mudança e teve que passar a dominar uma série de outras áreas. Hoje o jornalista, para trabalhar na *Folha* ou em qualquer jornal, tem que saber informática, tem que saber trabalhar com imagens, tem que tomar decisões, não só do ponto de vista do texto ou da informação, mas decisões que antes não eram da sua alçada.

TAIS COMO?

Tais como: "Como ilustrar minha matéria? Vamos fazer uma arte para a matéria? Que tipos de dados eu posso destacar fora do texto, numa arte?" Quer dizer, o jornalista precisa pensar de maneira muito mais integrada do que antes. Antes ele pensava em produzir um texto final e ponto, não havia outra cobrança ou outra necessidade. Hoje existe uma gama de cobranças, de habilidades que ele precisa desempenhar.

É COMUM OUVIR QUE O JORNALISTA ANTES TINHA UMA VISÃO ROMÂNTICA DO SEU PAPEL NA SOCIEDADE, QUERIA MUDAR O MUNDO ATRAVÉS DO JORNAL, MAS QUE HOJE ISSO ACABOU. É COMUM, TAMBÉM, ENCONTRAR PESSOAS QUE FORAM MILITANTES DE ESQUERDA NOS ANOS 70 OCUPANDO HOJE POSIÇÕES DE DESTAQUE NAS REDAÇÕES. O QUE ACONTECEU NA CABEÇA DESSES MILITANTES PARA ELES PODEREM SE ADAPTAR A ESSE MUNDO NOVO DO JORNALISMO?

A cabeça acompanha as mudanças. Acho que a experiência de fazer movimento estudantil, de participar de organizações etc., foi rica, no sentido de fazer as pessoas aprenderem a trabalhar em condições adversas, sob pressão, de elas terem que entender a realidade de uma maneira crítica – e o jornalismo, no mundo inteiro, é uma atividade muito crítica; os leitores buscam os jornais para terem visões críticas da realidade. Mas não acho que tenha existido uma fase romântica do jornalismo que acabou. Acho que o que existe hoje é que é necessário ter mais consistência nos argumentos. A fase anterior talvez fosse mais superficial. Hoje a situação é diferente. Mas a profissão não deixou de ser romântica. O jornalismo continua romântico, no sentido de que é emocionante, é apaixonante fazer um jornal todo dia. Tentar transportar para o papel uma realidade é uma coisa muito interessante, muito legal de fazer! O que não dá é para ficar o tempo todo tirando coisas da cabeça, dizendo que "eu acho isso, eu acho aquilo". Isso não importa. O "opinionismo", que levava o jornalista a achar que era senhor da verdade, que podia escrever coisas da sua cabeça, isso se modificou. Hoje o jornalista precisa ter mais conteúdo, mais informação, mais especialização. É claro que isso acontece porque as empresas jornalísticas também se modificaram, são grandes grupos que cresceram, são muito mais sólidas do que foram no passado, têm uma credibilidade importante a defender.

Mas que o jornalismo é romântico, é. Eu sou apaixonada. Talvez esse "romântico" conviva hoje com uma dose de razão que não existia no passado, quando os jornalistas tinham uma posição muito divorciada do processo industrial.

O JORNALISTA HOJE TAMBÉM É UM GERENTE?

É, e acho bom que seja assim. O jornalismo nunca vai perder, em lugar nenhum do mundo, a sua face crítica. Do jornalismo bem-feito, o leitor espera essa face crítica, às vezes arrojada. É preciso que isso exista. Pelo menos, num jornal como a *Folha*, nós discutimos como fazer isso todo dia. A arte está em tentar reunir sob um guarda-chuva muito maior as características que foram do jornalismo desde sempre e as características de hoje.

O jornalismo brasileiro, hoje

VOCÊ PRATICAMENTE NÃO TEVE A EXPERIÊNCIA DE TRABALHAR SOB O REGIME MILITAR, QUANDO A CENSURA POLÍTICA ERA EXPLÍCITA. MAS HÁ OUTROS TIPOS DE CENSURA. NA IMPRENSA QUE VOCÊ CONHECEU, ALGUMA VEZ HOUVE PROBLEMAS DESSE GÊNERO?

Eu ainda trabalhei sob o regime militar, na *Zero Hora*, mas numa área que não era muito afeta à censura. Na *Folha*, não há reportagem bem apurada que não seja publicada por pressões externas, de interesses contrariados. O que realmente importa é o interesse público e uma apuração bem-feita. Não há assunto ou pessoa intocável. Basta lembrar casos como o das fitas da privatização e o da compra de votos.[5] Temos também o cuidado de ouvir o "outro lado". Em qualquer cir-

---

[5] Ver neste volume depoimento de Eliane Cantanhêde, nota 22.

cunstância há um jogo de interesses, e muitas vezes a imprensa fica no meio, perdida, sem entender o pano de fundo de um fato novo. Por isso estamos sempre discutindo se a reportagem está bem apurada ou não, e a que interesses serve. Se está bem apurada, bem-feita, não tem por que não sair.

QUALQUER TENTATIVA DE CENSURA, HOJE, TAMBÉM TERIA DE LEVAR EM CONTA A CONCORRÊNCIA. SE UM JORNAL CENSURAR, O OUTRO DO LADO PUBLICA.

Sem dúvida. Mas há assuntos que são tabus em certos jornais, que não aparecem muito, que aparecem com menos destaque. Cada jornal faz a sua opção editorial.

COM A REDEMOCRATIZAÇÃO, O JORNALISMO BRASILEIRO SE TORNOU MAIS INVESTIGATIVO. MAS AO MESMO TEMPO SURGIU O QUE FOI CHAMADO DE DENUNCISMO: A PRESSA EM ACUSAR SEM PROVAS. COMO VOCÊ VÊ ISSO?

Acho que o chamado jornalismo investigativo é saudável. Muitas vezes os jornais foram afoitos, ou não relataram a realidade com todos os lados que seriam necessários para que a coisa fosse bem apresentada. Mas o jornalismo investigativo teve o mérito de buscar informações em áreas nas quais não se tinha chance de penetrar durante o período militar. Houve realmente um movimento de buscar informações e relatar casos de corrupção, de malversação de verbas, ainda que muitas vezes não se tenha feito isso de maneira correta. Mas acho que no decorrer do tempo está-se aprendendo a trabalhar, a ouvir mais as versões conflitantes, a ouvir mais o outro lado. A *Folha* faz esse exercício todo dia, de ouvir a pessoa que está sendo acusada de alguma coisa, e muitas vezes decide não publicar o que considera uma informação leviana, sobre a qual não há provas. Isso tudo faz parte do aprendizado da imprensa: ter um rigor maior naquilo que publica, ouvir mais versões, buscar teses que possam demolir a matéria, para ver se ela se sustenta ou não. Temos muitos casos de matérias que não chegam às páginas do jornal porque não passam por esse escrutínio interno. Algumas vezes, quando essa perícia não é bem-feita, o jornal corrige os seus erros. É um aprendizado, do jornalista e do leitor. Houve também nesse período uma participação e uma cobrança muito maior dos leitores.

O LEITOR BRASILEIRO TAMBÉM MUDOU?

O leitor mudou. Ele hoje é mais crítico, mais participativo, cobra a precisão. Dificilmente um texto que se publique, sobre qualquer assunto, passará com nota máxima pelo escrutínio de um especialista. Então nós buscamos, mesmo depois da publicação, checar com algum experto no assunto, para ver em que medida poderíamos ter sido mais precisos. É muito saudável que o leitor tenha esse tipo de atitude de cobrança, porque isso faz com que o produto melhore.

COMO VOCÊ VÊ A VOGA DAS NOTÍCIAS CURTAS NOS JORNAIS BRASILEIROS? ISSO É RARO NOS JORNAIS EUROPEUS, MAS É ENCONTRADO NUM JORNAL AMERICANO COMO O *USA TODAY*. POR QUE ISSO SE TORNOU MODA NO BRASIL?

Acho que temos tradições e culturas muito diferentes, tanto Europa, quanto Estados Unidos, quanto Brasil. Como as realidades sociais são distintas, não dá para tentar transportar para cá, por exemplo, o modelo de imprensa da França, um país que tem um nível de escolaridade, de leitura, até de polêmica, muito mais alto que o nosso. Nos Estados Unidos há uma outra tradição. Não há propriamente jornais nacionais, os jornais regionais são importantes. O sentimento comunitário é muito forte. Já aqui, é diferente.

Com relação à notícia curta, primeiro, acho que a situação não é assim tão radical. Acho que os jornais brasileiros na verdade tentam incorporar, com a notícia curta, o efeito da TV e reagir à falta de tempo do leitor. Mas acho também que a tendência foi mais forte no início dos anos 90. Hoje já se tende a um equilíbrio. A *Folha* já está há muito tempo num movimento de tentar reunir notícias mais encorpadas, mais interpretativas, às vezes mais analíticas, e notícias pequenas que precisam ser dadas. Mas essa discussão está principalmente ligada ao perfil editorial de cada jornal e de seus leitores.

HOJE SE DIZ QUE O JORNALISMO BRASILEIRO, TAMBÉM POR INFLUÊNCIA AMERICANA, ESTÁ SE TORNANDO UM SERVIÇO DE UTILIDADE PÚBLICA. COMO É QUE VOCÊ ESTÁ VENDO ISSO?

O serviço é uma faceta do jornal, é um dos caminhos que jornal percorre todo dia. Mas é preciso também refinar a definição do que é serviço para o leitor de jornal, porque dificilmente um jornal que tem a duração de 24 horas poderá prestar um serviço referente a, por exemplo, um problema de trânsito específico que aconteceu no desenrolar do dia. Esse serviço talvez possa ser melhor prestado pelo rádio. O jornal pode antecipar o problema, se na edição do dia ele disser que vai haver uma obra, ou uma manifestação, enfim, anunciar a interrupção de uma via. A *Folha* é um jornal baseado em São Paulo, que tem uma circulação nacional. Ela se preocupa, claro, com serviço, mas também com o restante dos temas de que trata, que têm que ter um alcance nacional.

O PESSOAL JOVEM QUE ESTÁ CHEGANDO NA REDAÇÃO HOJE É DIFERENTE DO PESSOAL DA SUA GERAÇÃO?

Não sei. Acho que talvez, antes, houvesse uma quantidade maior de pessoas com um histórico de participação política. Havia o regime militar, havia o movimento de oposição, havia um movimento estudantil mais forte. Hoje a política talvez seja uma questão menos presente na juventude. De outro lado, acho que os novos repórteres têm mais consciência, têm mais conhecimento das formas de buscar informação. São gerações diferentes, que encontraram situações diferentes no país. Muitos dizem que no passado a qualidade do português era melhor. Não sei se isso é verdade, depende muito do nível das escolas, dos alunos.

Quanto ao nível socioeconômico, varia muito. Eu não diria que hoje o nível de consumo é mais alto. É claro que os patamares de consumo foram se elevando para a classe média, que tem muito mais equipamentos do que há 20, 30 anos. Mas acho que as características fundamentais dos repórteres continuam sendo as mesmas antes e agora, não vejo uma mudança importante. De um lado eles têm hoje menos experiência política, mas de outro têm mais apetite para a novidade, para conhecer mídias novas, para trabalhar. São momentos diferentes.

A própria sociedade como um todo é hoje menos politizada. Os jornalistas, assim como os engenheiros, como os arquitetos, como os médicos, refletem uma sociedade que tem uma visão de mundo mais pragmática e individualista. O que não quer dizer que dentro dessa tendência não haja profissionais diferentes. Temos um universo de jornalistas com vivências e experiências muito distintas. Por isso é difícil fazer essa comparação entre ontem e hoje. Mas acho que, no geral, o jornalista de hoje é um reflexo da sociedade de hoje. Há jovens bem interessantes, que se destacam logo. É muito estimulante ver jovens jornalistas. Aprende-se muito.

A MAIOR QUANTIDADE DE INFORMAÇÃO DISPONÍVEL QUE EXISTE HOJE EM DIA, COM INTERNET E TUDO MAIS, NÃO TRARIA UMA DIFICULDADE MAIOR DE PERCEBER O QUE É NOTÍCIA, O QUE É REALMENTE RELEVANTE?

O bom jornalista, o bom repórter, tem faro, sente, capta o que é notícia. O que mudou foi o seguinte: digamos que esteja havendo, por exemplo, uma nova crise asiática, e o repórter vai fazer uma matéria. Há 20 anos ele ficaria sentado, esperando chegarem os telegramas, os telex das agências internacionais. Hoje, se chega uma notícia de crise na Bolsa asiática, ele pode, via internet, acessar os jornais dos outros países, fazer entrevistas, coisas que há 20 anos não se tinha possibilidade de fazer, o que levava o jornalista a ter uma posição receptiva, passiva. Agora, o que é notícia e o que não é, isso é uma coisa que não mudou. Podem existir hoje coisas mais sofisticadas, mais detalhadas, mais aprofundadas, mais variadas, mas o conceito de notícia é o mesmo. Cada um tem que se exercitar e se perguntar: "O que eu gostaria de ler, o que é mais importante, o que é mais abrangente, inusitado, diferente?" As características de sempre do bom jornalista, eu acho que essa geração nova tem. Alguns conseguem fazer um texto achando um *lead*, outros não conseguem, como sempre aconteceu. Mas não vejo que essa geração nova tenha mais dificuldade de identificar uma boa notícia do que a geração anterior. Ela também consegue trabalhar bem.

A função e o futuro do jornalismo

PARA VOCÊ, O QUE É SER JORNALISTA?

É praticar um exercício diário que inclui interpretar o que está acontecendo, mostrar as relações entre as coisas e tentar fazer um produto agradável, didático, compreensível. É saber que todo dia há uma coisa nova para aprender, é não ter uma visão preconceituosa, é tentar ficar aberto ao inesperado. Acho que um risco que o jornalista sempre corre é o de ficar um pouco endurecido, criar uma carapaça em relação à emoção, ao sentimento, à notícia. É preciso fugir da banalização e deixar o sangue correr nas veias.

O JORNALISTA NÃO DEVE DAR AO LEITOR ELEMENTOS PARA QUE ELE PRÓPRIO POSSA INTERPRETAR OS FATOS?

É claro. O jornalista deve mostrar a realidade, organizar os fatos e tentar dar caminhos para que os leitores possam interpretá-los. Nesse sentido, o jornalista é quase um historiador do dia-a-dia. Com a dificuldade de não ter o distanciamento que o historiador tem quando fala de uma realidade passada. O jornalista tenta ver a realidade e vai relatá-la de um ponto de vista que carrega toda a sua visão de mundo daquele momento. Ele tem o mérito de ser ágil, de ser instantâneo, mas ao mesmo tempo, muitas vezes, pode ser míope, por não ter o distanciamento necessário.

PELO QUE VOCÊ ESTÁ DIZENDO, VOCÊ CONCORDA QUE O JORNALISTA SEJA UM DIFUSOR E UM INTÉRPRETE DA INFORMAÇÃO. MAS ELE É TAMBÉM UM FISCAL DO GOVERNO? É UM PROVOCADOR DO ACONTECIMENTO? É UM PORTA-VOZ DA POPULAÇÃO?

Não tenho essa pretensão toda... O jornalista é principalmente um difusor e um interpretador, no sentido de que não existe neutralidade absoluta. A imparcialidade é o objetivo que o jornalista busca, e talvez a maneira de chegar mais perto dela seja trazer para as páginas do jornal visões conflitantes. Acho que a função do jornalista é relatar e organizar o seu relato trazendo uma interpretação dos fatos, mas trazendo também, em contraposição a isso, diferentes visões sobre aquele mesmo fato, de forma a dar instrumentos para os leitores definirem a sua visão.

QUAL É A IMPORTÂNCIA, PARA VOCÊ, DO PÚBLICO LEITOR? VOCÊ TRABALHA PENSANDO NO PÚBLICO LEITOR OU NOS SEUS PARES?

Esse é um dos problemas do jornalismo. Muitos de nós temos o vício de não tentar sempre adotar a perspectiva de quem está recebendo a mensagem, ou seja, do leitor. Mas é fundamental lembrar diariamente que a matéria, o texto, a foto, vão ser importantes *para o leitor*. Um dos problemas decorrentes da especialização do jornalista nos últimos 20 anos é que muitas vezes ele perde essa perspectiva. No afã saudável de se especializar, de se aprofundar mais em algum tema, ele perde de vista o leigo, aquele que não conhece o assunto e quer entender. O risco da especialização é perder a preocupação de transmitir a informação de maneira mais didática, é não saber transportá-la para o universo de leitura dos leitores, que é diversificado. Alguns leitores também são especialistas, ou têm as suas áreas de preferência, mas transitam no jornal como um todo. Um físico pode querer ler o jornal na área de cultura e entender mais de *hip hop*, e nós não sabermos fazer essa ponte; ou um cineasta pode querer saber um pouco mais sobre inflação, crescimento, desemprego, e nós não sabermos explicar isso de uma maneira que não seja rasa, mas que ele possa compreender. Esse é um problema de todos nós.

O JORNAL FORMA OPINIÃO?

Acho que sim, ele ajuda a formar opinião. Por isso é muito importante o compromisso de ter uma opinião diversificada, de trazer pontos conflitantes. Por isso a *Folha* tem uma tradição, nas páginas de opinião, de ter opiniões diferentes, antagônicas, até para o leitor poder comparar e formar a sua própria opinião.

O JORNAL, HOJE, FORMULA A AGENDA PÚBLICA?

Acho que, de alguma maneira, ele ajuda a formular. O governo e as instituições nutrem o jornal de informação, mas o jornal também gera informação, na medida em que cruza dados. É uma via de duas mãos.

Como você vê o futuro do jornalismo hoje?

Hoje se discute muito o futuro do jornal, como ele irá sobreviver ao bombardeio de informação que vem de tudo quanto é lado. O leitor está sendo disputado por uma série de meios de comunicação, e é preciso saber como produzir um jornal dentro dessa circunstância. Essa é uma discussão que ocorre no mundo inteiro. Como atrair o leitor mais jovem, o leitor que é considerado mais refratário ao jornal? Como produzir um jornal mais agradável, mais no compasso das demandas desse leitor mais jovem? Não se tem uma fórmula, uma resposta pronta. Os jornais do mundo todo estão com essa dúvida.

No Brasil, os jornais considerados de prestígio perderam circulação – agora, neste momento, estamos até vivendo uma certa estabilidade, especialmente no caso da *Folha*. É difícil dimensionar em que medida essa queda de circulação, visível até pouco tempo, é fruto da falta de investimento dos próprios jornais, ou é fruto da situação econômica do país. A situação econômica sempre pesa muito na decisão de compra do jornal. Em momentos de crescimento econômico, no mundo inteiro, a circulação aumenta. Nos últimos anos, os jornais do mundo inteiro enfrentam uma queda, e não se sabe em que medida isso é uma nova realidade, um novo patamar de leitura de jornal, ou em que medida os jornais, ao se renovarem, ao se adaptarem melhor ao que quer esse leitor novo, poderão conquistar novamente um avanço de circulação. No Brasil, que é um país onde os próprios indicadores de alfabetização mostram que o mercado é muito pequeno, ainda há um mercado enorme para conquistar. É uma questão de investimento, e de oferta de um produto adequado. A situação hoje não é confortável, mas ao mesmo tempo é bastante interessante, porque é um momento de descoberta, de teste, de renovação. O jornalismo também precisa ser renovado.

O jornalismo, hoje, é feito de muitas maneiras: a *Folha* tem uma versão impressa e tem uma versão para a internet. As dúvidas sobre o futuro do jornalismo residem não só no tipo de substrato que vai ser utilizado na transmissão das informações, mas também nos temas que vão ser abordados – qual o peso relativo dos vários temas que são tradicionalmente cobertos; quais deles tendem a perder importância, quais tendem a ganhar; em que medida o jornalismo tem que ser mais permeável às demandas da sociedade brasileira por uma informação mais pragmática, mais utilitária, mais individualista; em que medida ele precisa também ter uma visão pública da sociedade. Como organizar e priorizar essas duas facetas, a individualista e a pública, é uma questão. Como definir a relação do jornal em papel com a internet, com a televisão, com o rádio, é outra. Essas inter-relações estão sendo revistas hoje, e os papéis podem se modificar. Acho que o jornal impresso tem um papel importante para o universo de leitores que busca diariamente, no período de 24 horas, uma certa organização dos fatos, uma certa interpretação, uma carga de opinião que está nos colunistas, e uma comodidade de leitura. A internet tem outras vantagens relativas, e tem também desvantagens. Como será a convivência de todas essas plataformas de informação, é uma das dúvidas. Como será resolvida a questão temática, é outra. Ninguém tem uma resposta definitiva para essas questões. Temos que ir descobrindo o caminho.

O QUE SE PERCEBE HOJE NO BRASIL É QUE A PUBLICIDADE ESTÁ INDO MAIS PARA A TELEVISÃO DO QUE PARA O JORNAL. NESSE QUADRO, COMO FICA A SOBREVIVÊNCIA DO JORNAL?

No Brasil há uma distorção, pelo peso que a televisão tem. Em nenhum outro lugar do mundo a televisão tem tanto peso específico como no Brasil. Mas o jornal também ocupa um espaço importante no mercado publicitário brasileiro. Ele tem uma vantagem que não pode ser desprezada, que é a concentração da leitura. Isso é bom na hora da leitura do anúncio. Cada órgão tem que trabalhar as suas vantagens. Agora, que a televisão no Brasil tem um papel distinto e desproporcional em relação aos outros meios, é uma realidade. E que o Brasil tem uma população ainda muito pequena de leitores, que poderia crescer se o país agregasse mais população letrada, também é. O número de pessoas hoje que faz faculdade, que faz pós-graduação é crescente. São pessoas que buscam uma informação menos ligeira, mais qualificada, e que encontram no jornal uma forma de chegar a isso.

VOCÊ ACHA QUE O JORNAL, PARA COMPETIR COM TELEVISÃO, TERIA QUE SER UM POUCO MAIS ANALÍTICO DO QUE ESTÁ SENDO? E COMO FAZER ISSO SE NINGUÉM MAIS TEM TEMPO DE LER JORNAL, SE A NOTÍCIA TEM QUE SER BREVE?

Isso é uma discussão grande. Muitos dizem que os jovens não lêem. No entanto, os livros infanto-juvenis batem recorde de tiragem. Essas colocações absolutas, às vezes, não são muito adequadas. Acho que o jornal dever ser, sim, mais interpretativo, dar mais espaço para a análise, mas sem se colocar num pedestal. Ele deve ter um formato que dê a notícia de uma maneira rápida, mas que ao mesmo tempo permita que o leitor interessado em determinado assunto encontre ali profundidade. Tem que ser um jornal que possa ser lido em 5 minutos e em 50 minutos, conforme a disponibilidade do leitor. Tem que ser rápido e ágil, mas tem que ser profundo.

Mulheres nos jornais

VOCÊ ACHA QUE AS JORNALISTAS MULHERES TRABALHAM PARA COLOCAR EM PAUTA QUESTÕES DE INTERESSE DA MULHER, COMO POR EXEMPLO O ABORTO, A QUESTÃO SALARIAL? ACHA QUE ISSO DEVE SER FEITO, OU NÃO?

Eu não vejo as mulheres tentando transformar os órgãos onde trabalham em libelos ou em panfletos em prol de A, B ou C. E acho também que não é essa a sua função. Os jornais são feitos por homens e mulheres, e as visões vão sendo construídas a partir da discussão de todos. As questões relativas à mulher estão presentes, sim, nas páginas dos jornais, mas não são colocadas de uma forma militante. A questão do aborto em caso de anencefalia, por exemplo, foi manchete de jornal. É um tema da sociedade, que precisa ser discutido. Todos os levantamentos do IBGE que revelam as diferenças entre homens e mulheres do ponto de vista salarial, as diferenças de cor, as diferenças de escolaridade, estão presentes no jornal. A sociedade brasileira é uma sociedade com um fosso enorme, não entre homens e mulheres, mas entre pobres e ricos. Esse é *o* problema da sociedade brasileira. E acho que os jornais estão cada vez mais trazendo essa discussão para as suas páginas. Talvez pudessem fazer isso de maneira mais intensa, mas sem dúvida tratam do assunto. Mais do que trazer esse problema para as páginas, o importante é que a própria sociedade se dê conta dele e defina sua forma de ação. As mulheres ou os homens, quem faz jornal, têm o seu trabalho nisso.

A PRESENÇA DAS MULHERES NAS REDAÇÕES MUDOU ALGUMA COISA? MUDOU A QUALIDADE DO JORNAL, A ORIENTAÇÃO, O ENFOQUE?

É difícil ter uma variável que explique sozinha a renovação do jornal. O jornal está mais feminino do que era antes? Provavelmente. Aumentou também o número de leitoras mulheres. Acho que os ambientes de trabalho em geral e do jornal em particular ficaram mais próximos da realidade do país. As mulheres, hoje, em sua maioria, trabalham, e as mais pobres, mais ainda. Mas acho que o jornal deve informar bem homens e mulheres. É difícil um jornal de interesse geral, de prestígio, colocar a oposição homem-mulher como um foco de trabalho. O produto é feito para todos os sexos. Tem-se suplementos, cadernos que podem interessar mais a um ou a outro, mas que são percorridos pelo conjunto dos leitores.

UMA ÚLTIMA PERGUNTA: VOCÊ ALGUMA VEZ SENTIU DIFICULDADE EM REALIZAR SEU TRABALHO POR SER MULHER?

Não. Nunca senti nenhum preconceito, nenhuma barreira do tipo "você é mulher, não pode fazer isso". Nunca senti, mesmo que veladamente, uma porta se fechando. O trabalho exige dedicação, empenho, mas nunca me senti excluída porque sou mulher. Quando comecei a trabalhar na *Folha*, eu tinha duas filhas pequenas, uma de seis meses e outra de dois anos. Sempre dividi as tarefas com meu marido, que também é jornalista, e essa divisão é fundamental. Ninguém, nem uma supermulher, consegue fazer 500 coisas ao mesmo tempo. A primeira coisa, então, é dividir tarefas. E também, no dia-a-dia, priorizar, ver o que é mais importante, não descuidar da vida pessoal. Sempre tentei resolver isso bem, conciliando as coisas, repartindo o dia entre a vida pessoal, a casa, e a vida profissional. Acho que, aos trancos e barrancos, tenho conseguido. Não é nem um pouco fácil. Erra-se, mas vai-se indo.

MULHERES
NOS TELEJORNAIS

Alice-Maria

Alice-Maria

Entrevista a Alzira Alves de Abreu e José Márcio Batista Rangel
feita no Rio de Janeiro em 6 de janeiro de 2005.

Pioneira na TV

QUAL A DATA E O LOCAL DO SEU NASCIMENTO, E QUAL A PROFISSÃO DOS SEUS PAIS?

Nasci no Rio de Janeiro no dia 31 de janeiro de 1945. Meu pai é engenheiro agrônomo, tem 97 anos. E minha mãe era dona-de-casa. Morreu em 2003, com 86 anos.

QUE CURSOS VOCÊ FREQÜENTOU? SEI QUE VOCÊ ESTUDOU NO INSTITUTO DE EDUCAÇÃO, AQUI NO RIO, E QUERIA SABER SE VOCÊ FOI PROFESSORA.

Como é que você descobriu isso?! Bom, sou carioca, mas morei três ou quatro anos no Rio Grande do Sul quando era muito pequenininha, porque meu pai trabalhou lá. Quando voltei, fui para o Instituto de Educação, no último período do jardim de infância. O Instituto naquela época era uma escola-modelo, superavançada. Fui ficando, fiz o primário, que era excelente, mas fiz o curso de admissão ao ginásio em outro colégio. Minha mãe achava que eu tinha que ser professora, passei na prova de admissão para o Instituto e lá fiz o ginásio e o curso normal. Quando estava terminando, fiquei pensando no que eu queria fazer. Fazia jornalzinho de brincadeira desde o primário, mas também estava encantada com psicologia. Como naquele ano estavam faltando professores na escola pública, minha turma foi chamada a dar aula, e descobri que não queria ser professora, não gostava daquilo. Em compensação adorava escrever, fui oradora da minha turma por causa disso.

Fiz o vestibular para jornalismo para saber como era, não para valer. Meu pai não queria, achava que não era profissão para mulher, minha mãe também não gostava da idéia. Afinal, disseram: "Deixa fazer, porque ela vai acabar desistindo". Mas passei e resolvi fazer o curso. Então, me impuseram uma condição: eu não poderia deixar de ser professora. Assumi o compromisso e cumpri até o fim. Em 1964, comecei o curso de jornalismo da Faculdade Nacional de Filosofia, ia à aula de manhã e à tarde dava aula. Ia direto da faculdade para a escola, primeiro em Magalhães Bastos, depois em Manguinhos. Fui professora primária até minha filha nascer. Em março de 1972, pedi exoneração. Para os meus pais, era importante a garantia de que eu poderia voltar a dar aula se algum dia me arrependesse da opção pelo jornalismo.

COMO ERA ESSE CURSO DE JORNALISMO QUE VOCÊ FEZ?

Eu tinha bons professores. De jornalismo, na prática, a gente aprendia muito pouco, mas eu tinha professores como Manoel Maurício de Albuquerque, Zuenir Ventura, Marcelo Ipanema, para dar três grandes nomes. Hoje, tenho trinta e alguns anos de formada e, se pudesse voltar atrás, faria psicologia, não comunicação. Acho que psicologia me fez mais falta, até porque, por várias razões, fui chefe muito cedo. Sou do grupo que acha que não se tem que fazer curso de jornalismo para ser jornalista. Acho que o melhor é fazer um bom curso universitário, seja ele qual for, e depois aprender a técnica jornalística em uma pósgraduação ou algo parecido, em seis meses, um ano no máximo. Mas isso também não significa que eu seja contra as faculdades de comunicação. Se elas forem boas, maravilha. Só acho que não têm que ser obrigatórias. E digo isso de cadeira, porque tenho diploma, nunca tive problema por causa disso. Na nossa imprensa, antes da obrigatoriedade do diploma, há exemplos de grandes jornalistas que tiveram outra formação: em direito, como Otto Lara Rezende e Armando Nogueira, em letras, como Zuenir Ventura.

COMO VOCÊ COMEÇOU A TRABALHAR EM JORNALISMO?

Quando passei para o último ano da faculdade, pensei: preciso fazer um estágio. Fiz nas férias um cursinho ótimo no *Jornal do Brasil*, com Luiz Lobo, mas tive que parar no meio, porque as aulas na escola iam começar, e a faculdade e a escola eram as minhas prioridades. Pensei, então: tenho que mudar o meu horário no último semestre. Passei a ir à faculdade de noite, à escola de tarde, e fiquei com a manhã livre. Um belo dia, apareceu na faculdade um cartaz dizendo "TV Globo procura estagiário", e me apresentei. Quando perguntei ao chefe de reportagem quando eu poderia começar, ele disse: "Você devia ter começado ontem. Como não dá, começa amanhã". Era 30 de setembro de 1966, dia de Santa Teresinha.

Já foi um estágio organizado por Armando Nogueira?[1]

Foi. É muito engraçado, porque Armando chegou à Globo no dia 1º de setembro, eu cheguei no dia 30, e como nossos horários eram diferentes, levei um bom tempo sem saber quem era ele. Sabia que existia, claro, que era jornalista, mas não conhecia a imagem dele. Mas a idéia do estágio foi dele, que já chegou dando mexidas. Pôs na chefia de reportagem, no horário da tarde, um jornalista jovem, Lincoln Brum; de manhã, era Aníbal Ribeiro, um profissional mais antigo, que foi com quem eu conversei. Armando começou a querer achar gente nova, e por isso botou os cartazes na faculdade. Outras pessoas apareceram, mas só quem agüentou a barra fui eu. Comecei a fazer o estágio, e então ficava de manhã na Globo, de tarde na escola e de noite na faculdade; saía de casa às sete da manhã e voltava meia-noite e tanto. Quando as aulas na escola e na faculdade acabaram, passei a ficar o dia inteiro na Globo. Era estágio e, naquela época, a gente trabalhava de graça.

Por onde você começou, na TV Globo?

Comecei num jornal chamado *Ultranotícias*. Naquela época, os telejornais tinham o nome do patrocinador. Eram o *Repórter Esso*, o principal telejornal, na TV Tupi; o *Telejornal Pirelli*, apresentado pelo Léo Batista, na TV Rio; e, na Globo, o *Ultranotícias*, da Ultragás, com um botijãozinho de gás em cima da mesa do apresentador... Quando Armando chegou, alguns meses depois que Walter Clark tinha entrado, eles combinaram que iam cumprir aquele contrato, mas que, ao final, o jornal não ia ser mais *Ultranotícias*, ia ser *Jornal da Globo*, tendo ou não patrocinador. A Ultragás tinha como agência a McCann Erickson, e havia um representante da McCann Erickson, Celsinho Guimarães, que todo dia ia lá e olhava o *script* para ver se havia coisas inconvenientes ao patrocinador. Não sou testemunha, mas Armando não cansa de contar esta história. Um dia ele chegou para o Celsinho e disse: "Olha, gosto muito de você, mas a partir de amanhã você

---

[1] Armando Nogueira tornou-se diretor-geral da Central Globo de Jornalismo em 1966, um ano após a criação da TV Globo em abril de 1965, e só deixou o posto em 1990. Ver *Jornal Nacional: a notícia faz história*/Memória Globo (Rio de Janeiro, Jorge Zahar, 2004).

não vai mais dar palpite. A decisão é nossa". Walter apoiou, o dr. Roberto também, todo mundo apoiou. Peguei esse *Ultranotícias* ainda como apuradora. Quando virei editora, já era o *Jornal da Globo*.

No começo, a Globo era muito pequena, mas já tinha Edna Savaget, que fazia o *Show da Cidade*, o jornal da manhã. Outro editor do *Show da Cidade* era o Guima, que me adotou. Na verdade, Guima era engenheiro, mas tinha uma coluna maravilhosa no *Correio da Manhã* que eu sempre lia, mesmo antes de entrar para a Globo. Eu era garota, parecia ainda mais garota do que era, e por isso as pessoas me adotaram. Edna me ajudava, Guima também, depois, Luiz Jatobá, que era apresentador do *Jornal da Globo*, virou um grande amigo e me deu dicas para toda a vida.

Durante um tempo, fiz reportagem. O pauteiro era Tarcísio Holanda. Quando Tarcísio saiu, como eu costumava dar sugestões, Armando achou que eu tinha boas idéias, e fui fazer pauta. Armando, obviamente, lia as pautas, e um pouco mais na frente achou que eu sabia escrever. O *Jornal da Globo* era pequeno, tinha só 15 minutos. O editor-chefe era José Ramos Tinhorão, e estava lá também Sebastião Nery, que mais tarde foi deputado, como editor internacional. Para eu aprender a escrever para televisão, Armando me mandava fazer uma coisa que na gíria de televisão se chama lapada – são aquelas notícias mais curtas, sobre assuntos variados, com uma imagem indefinida, que separam as notícias com as imagens do dia. Quando o jornal estourava, o que é que caía? A lapada, óbvio. Eu ficava doente quando isso acontecia.

Enfim, fui aprendendo a fazer televisão. Na verdade, fomos aprendendo, Armando também. Ele era um homem de jornal, com uma passagem pela TV Rio, mas como redator. Os cinegrafistas foram fundamentais na nossa aprendizagem. Quando eu saía com um deles, aprendia muito. Eram maravilhosos profissionais e foram nos ensinando a trabalhar com imagem. E não só os cinegrafistas, os montadores também. Na época era filme preto e branco, negativo. O som era horrível. Mas a gente via o material e ia descobrindo como editar: onde é que usa o som, como é que dá ritmo... Muitos daqueles montadores tinham vindo de cinema, não eram todos de televisão. A experiência deles foi decisiva para que encontrássemos a linguagem e o ritmo dos telejornais.

Você fazia reportagem de rua, aparecia no vídeo?

Armando tentou me botar na rua para fazer matéria de vídeo, fiz uma vez e nunca mais. Fiquei dura, não me mexia. Tenho horror dessas coisas, sou muito tímida. Disse a ele: "Não posso fazer vídeo". Mas saía para fazer matéria. Até porque, naquela época, eram duas equipes na rua, e se você não trouxesse matéria o jornal ficava menor. Eu trazia. Apurava a notícia, fazia as perguntas, editava a matéria. Só não aparecia no vídeo.

Chefe muito cedo

ATÉ QUANDO VOCÊ FICOU COMO ESTAGIÁRIA?

Até fevereiro de 1967. Aí fui contratada.

EM 1969, O *JORNAL DA GLOBO* SAIU DO AR E COMEÇOU O *JORNAL NACIONAL*. E EM 1971 VOCÊ SE TORNOU EDITORA-CHEFE DO *JORNAL NACIONAL*. COMO FOI ESSE PERCURSO? FOI MUITO RÁPIDO!

Como contei, de início estavam no *Jornal da Globo* Tinhorão e Nery. Um belo dia, Nery foi embora. Tinhorão ficou mais um ano e também foi. Existia um preconceito contra a televisão, embora houvesse bons jornalistas e bons profissionais trabalhando lá: Edna Savaget tinha uma bela história, Guima também, Jatobá tinha anos de televisão, era um médico que por ter boa voz e boa formação virou apresentador e narrador, Hilton Gomes apresentava e fazia transmissões ao vivo... Geraldo Casé também já trabalhava lá... Havia um grupo bom de profissionais. Mas Tinhorão, que era um dos mais velhos, resolveu voltar para a imprensa escrita, que era o negócio dele mesmo. Na verdade, ele não se encantou com o veículo. Sempre foi um profissional de texto. Quando fazia o telejornal, não entrava na sala de montagem! Ficava na porta e dizia: "Me dá 20 segundos de tal assunto". Fazia o texto e dava para os montadores de imagens, um texto primoroso. Havia dias em que ele se dava ao luxo de fazer com que a última palavra de uma notícia fosse a primeira da notícia seguinte. Isso era possível porque o jornal era mínimo, tinha 15 minutos, mas mostra como ele elaborava. Já o Nery, que também vinha de jornal, tinha muita sensibilidade para a imagem. Fui testemunha de uma história linda. Quando a plebéia Michiko, que agora é imperatriz do Japão, se casou com o príncipe herdeiro, esteve aqui, o texto de abertura que o Nery fez para a matéria foi brilhante: "Quem nasce para princesa tem a majestade no olhar". Quer dizer, ele viu a imagem, com muita sensibilidade. Mas, na verdade, o jornalismo era uma passagem na vida dele, e ele foi o primeiro a ir embora. O caminho dele era a política.

Quando o Nery saiu, sugeriu para o seu lugar Humberto Vieira, um excelente jornalista baiano que também tinha uma grande sensibilidade para a imagem. Quando Tinhorão foi embora, Humberto, que fazia o internacional e era o mais experiente, virou editor-chefe. Aí, ficamos Humberto, eu e Julinho – Sílvio Julio Nassar –, que tinha sido meu colega de faculdade, fechando um jornal que tinha 15 minutos e que num sábado, 30 de agosto, era o *Jornal da Globo*, local, e na segunda-feira, 1º de setembro de 1969, virou o *Jornal Nacional*. Claro que, nos dias que antecederam à estréia do *Jornal Nacional*, houve muitas reuniões, muitas conversas entre nós e também com as equipes de engenharia e de programação da Globo e com os técnicos da Embratel. Era a primeira experiência de um programa diário, em rede nacional, que se fazia no Brasil.

Humberto foi editor-chefe do *Jornal Nacional* até junho ou julho de 1971. Nessa altura, a Globo Brasília já estava no ar. Nós começamos com Rio, São Paulo, Porto Alegre e Curitiba, e depois entramos com a TV Nacional, em Brasília, até que a Globo tivesse a sua televisão lá. O primeiro editor-chefe do jornalismo da Globo em Brasília foi Edison Lobão, hoje senador. Edison Lobão ficou pouco tempo, pois seu objetivo na vida era outro, não era jornalismo, e quando ele foi embora, Armando resolveu mandar Humberto Vieira para Brasília, porque precisava formar gente – na época, todo mundo, mesmo os profissionais mais experientes, estavam aprendendo, se formando e formando outros para fazer televisão. Eu, aqui no Rio, apaixonada pela notícia e pela televisão, gostava da montagem e já sabia muito de operação. Armando então decidiu, como ele dizia, "pegar um juvenil e botar para titular". Todo mundo concordou, e virei editora-chefe do *Jornal Nacional*, enquanto Julinho passou a fazer o internacional. A essa altura, estava lá também Edson Ribeiro, entrou Theresa Walcacer... Assim fomos até que, em meados ou no final de 1972, não lembro bem, fiquei responsável por todos os telejornais.

Você se tornou diretora de telejornais em 1973. Em 1983, passou a diretora executiva da Central Globo de Telejornalismo. Você assumiu esses cargos todos muito jovem! Como é que você lidava com isso?

Você sabe mais da minha vida do que eu! Por que você está me entrevistando? Bom, primeiro, a vida inteira eu tive o pé no chão. Vou fazendo as coisas, e faço porque gosto. Não tenho a mínima purpurina, graças a Deus. Muitas pessoas me perguntam se eu não tinha problema por ser mulher. Por ser mulher, não, mas por ser jovem, algumas vezes ouvi coisas do tipo: "Mas você é uma guria!..." Aliás, pensando bem, houve alguns momentos curiosos. Eu me lembro de um elogio que recebi certa vez de um colega da engenharia: "Você trabalha tão bem quanto um homem!" Armando e a equipe sempre me apoiaram, tínhamos uma relação muito boa, e nunca tive problemas. Houve uma época em que eu era a única mulher na redação, e era muito engraçado, porque as pessoas diziam palavrão e depois pediam desculpa. Eu nem tinha ouvido o palavrão, estava ocupada. Na verdade, nunca me senti nem mulher nem jovem na redação, eu era uma pessoa que estava lá, trabalhando muito mesmo. Se tivesse que ficar até de madrugada, eu ficava. A própria televisão também era muito jovem naquela época, os repórteres, a equipe toda estava começando. Só depois de um tempo passamos a receber profissionais de jornal, porque a televisão começou a ficar interessante. Belíssimos profissionais, aliás, não só bons como jornalistas, mas como gente. Vieram Nilson Viana, uma figura maravilhosa, Luís Edgar de Andrade, José Itamar de Freitas... Continuamos a trazer jovens, como Jorge Pontual, um talento que veio do *Jornal do Brasil*, e vários outros.

Sempre recebemos bem os que chegavam e sempre tivemos a preocupação de ensinar, porque não adianta querer esconder o que se sabe. Na televisão, quanto mais gente souber de tudo, melhor. Uma das coisas que eu acho mais fascinantes na televisão é que ela é um trabalho de equipe. Não adianta ser egoísta, querer fazer o trabalho sozinha, porque a gente quebra a cara. Todo mundo depende de todo mundo. Em televisão, ninguém é bom sozinho – é o que eu costumo dizer para o pessoal que está chegando. E digo mais: "Não adianta: o Cid Moreira depende do rapaz que entrega o *script*. Se ele não entregar na hora certa, o Cid se perde no ar". Esse sentido de equipe, na televisão, é uma bênção, porque se com isso já existem egos enormes, imagina sem! As pessoas foram percebendo que tinham que dividir mesmo. Quanto mais se trabalhava junto, quanto mais a equipe crescia, se enriquecia, era melhor para todo mundo.

Qual foi o papel de Armando Nogueira na sua formação?

Importantíssimo. Armando, ali, era o jornalista experiente. Ele me ensinou a escrever para televisão. Eu escrevia muito direitinho, mas coisa de escola, evidentemente. Na faculdade, você não aprendia a escrever, nem para televisão nem para jornal. Aprendi com Armando, mas Jatobá também foi superimportante na minha vida, na minha formação, me deu conselhos preciosos que me valem até hoje. Outro a quem devo muito é o Guima, cronista do *Correio da Manhã* e um dos editores do *Show da Cidade*. Também a Edna Savaget, que tinha começado a carreira em jornal e depois veio para a televisão. Armando era o professor, vamos dizer assim, mas eu tinha ajuda de todo mundo: Nilson Viana, Luís Edgar... É que eu também, francamente, sempre tive a maior humildade de perguntar "o que você acha, o que você não acha, como é, como não é". Armando era a cabeça, mas todo mundo ajudou muito. Outro detalhe importante no telejornalismo, como, aliás, na vida: quanto mais a gente troca, mais se enriquece profissional e pessoalmente.

O ENGRAÇADO É QUE VOCÊ, QUE NÃO QUERIA SER PROFESSORA, TAMBÉM ACABOU FORMANDO MUITA GENTE...

Mas há uma diferença muito grande. Eu não consigo dar aula, tenho dificuldade de pegar uma turma e ensinar. É preciso ter vocação para isso, e tenho certeza de que não tenho. Sou tímida, sempre fui. Agora, formar é outra coisa. Nós tivemos estagiários desde o início, eu não fui a única. Meg Cunha, por exemplo, que é um talento, e hoje é chefe de redação do *Globo Repórter*, chegou lá um dia em que tinha saído uma estagiária e perguntou: "Tem uma vaga?" "Tem." E ficou. Muitas pessoas têm feito estágio na Globo ao longo do tempo, muitas com talento, outras não, mas, de um modo geral, quem tinha jeito para o jornalismo fez carreira. Até pela cabeça do Armando, sempre tivemos muita gente jovem.

ALÉM DA FORMAÇÃO VIA ESTÁGIO, VOCÊS TAMBÉM FIZERAM CURSOS NA TV GLOBO, NÃO?

Sim. O primeiro que fizemos foi em 1979. Foi interessante, porque pela primeira vez organizamos um curso para dez estudantes de comunicação selecionados pela área de recursos humanos da Globo. Foram três meses de aulas, com mais dez meses de estágio na redação. No final do curso, por coincidência, veio uma lei proibindo estágio em empresas de comunicação. Era março de 1979, finalzinho do governo Geisel. Os dez estagiários, já então recém-formados, foram contratados. Nem assim abrimos mão de buscar novos talentos. Fizemos depois um curso em parceria com a Faculdade Candido Mendes, e outros apenas para jornalistas recém-formados. Dos talentos que saíram desses cursos, muitos estão até hoje na Globo. Por exemplo, Pedro Bial e Fátima Bernardes, sem falar do pessoal que trabalha nos bastidores, como Ângela Lindenberg, que foi repórter muito tempo e hoje é supervisora de News, ou seja, de telejornais, na Globo News, e Teresa Cavalleiro, que cuida de eventos do jornalismo. Outros foram para os estados. No final dos anos 80, os cursos e estágios para estudantes de último ano recomeçaram na Globo e novos talentos se revelaram.

No CPDOC TAMBÉM TEMOS ESTAGIÁRIOS. É VERDADE QUE ELES GANHAM POUCO, MAS APRENDEM...

É o que eu digo para os nossos estagiários. Hoje em dia eles recebem, mas antigamente não se recebia. Eu digo: "Olha, vocês estão trabalhando num lugar que tem ótimos profissionais, tem o melhor equipamento. Aproveitem que vocês estão aqui! Vocês estão ganhando, não estão pagando uma pós-graduação. Se eu fosse vocês, ficava aqui o máximo que pudesse, dentro e fora do horário, porque vocês não terão essa chance em outro lugar!" Conto para eles o que eu fiz, só que sem ganhar. Na verdade eu pagava para trabalhar, porque além de não ganhar pagava almoço e condução. Agora, o que eu aprendi, não teria aprendido em lugar nenhum. Só quem ganhou fui eu.

A política e a TV

EM 1977 VOCÊ E LUÍS EDGAR DE ANDRADE FORAM ACUSADOS DE PERTENCER AO PARTIDO COMUNISTA BRASILEIRO E FORAM INTIMADOS A DEPOR NO DOPS. QUANDO ERA ESTUDANTE, E MESMO DEPOIS, VOCÊ TEVE ALGUMA ATUAÇÃO POLÍTICA?

Não. Quando era estudante, como é que eu ia fazer política? Não tinha tempo! Por acaso, porque era mais fácil pra mim, fiz minha matrícula na faculdade através do Diretório Acadêmico. Minha sorte foi que me matriculei no dia 30 de março de 1964. Se eu tivesse feito a matrícula no dia 31, talvez tivesse dançado. Mas eu não tinha tempo para nada: tinha aula de manhã na faculdade, no Centro da cidade, comia um sanduíche e ia para Magalhães Bastos, no subúrbio, dar aula. Mais de uma hora de ônibus. Saía no final do dia e chegava em casa, no Flamengo, de noite para estudar e fazer o plano de aula do dia seguinte. Não tinha tempo mesmo. Mas, apesar disso, fui acusada de atuar politicamente. Não sei qual foi a origem da acusação. Armando conta que, uma vez, bem antes dessa intimação de 1977, um coronel conhecido do irmão dele foi procurá-lo dizendo que eu era uma comunista perigosíssima, do Partido Comunista da Romênia! O curioso é que quando fui depor no Dops ninguém me falou em Romênia. De onde vieram as acusações, não sei.

Quando chegaram as intimações, Armando resolveu primeiro me contar da intimação do Luís Edgar e contar da minha para ele, para ir nos preparando. Fiquei preocupada, claro. Luís Edgar entrou em pânico, porque já tinha sido vítima de um engano. Numa viagem a São Paulo, foi parar num apartamento que já tinha sido usado por alguém acusado de terrorista — acho que não chegava a ser um aparelho —, foi arrancado do tal apartamento e trazido de São Paulo para o Rio, numa noite fria, dentro de um camburão. Edgar fez um testamento quando a intimação chegou. No interrogatório, eu disse que não tinha nada a ver com nada, mas surgiu a história de um cheque meu que tinha sido encontrado com não-sei-quem. Expliquei que eu costumava trocar cheques por dinheiro quando não tinha tempo de ir ao banco. Hoje em dia existe caixa eletrônico e ninguém faz mais isso, mas naquela época se fazia, porque o banco fechava no final da tarde e só abria no dia seguinte. No fim de semana fechava na sexta e só reabria na segunda. Depois disso, passei a dar cheque nominal, para saber a quem eu estava dando. Mas de concreto não havia nada contra nós. O dr. Roberto foi conosco ao Dops e deixou o carro nos esperando. E a história acabou ali. Mas até ficha no Dops eu tinha.

Agora, há uma coisa que é importante em política, que aprendi com Armando e que nós ensinamos para todo mundo. É que, sendo jornalista, o ideal é que você não diga em quem vota. Primeiro, porque você tem que ser independente. E se você diz que vota em um, no dia em que for entrevistar qualquer outro, por mais imparcial que você seja, sempre pode haver alguma dúvida, o que não é bom. Foi uma coisa que aprendi para o resto da vida.

NO PERÍODO DA DITADURA, OS TELEJORNAIS DA GLOBO INVESTIRAM MUITO NA NOTÍCIA INTERNACIONAL, PORQUE A NOTÍCIA NACIONAL ERA MAIS COMPLICADA. VOCÊS TINHAM MUITOS CORRESPONDENTES FORA.

Por causa da época, exatamente. Foi quando lançamos os escritórios. Tivemos sorte, porque começaram as transmissões por satélite, que embora ainda muito caras nos davam a chance de abrir os telejornais para o mundo. Mandávamos para os escritórios alguns dos melhores repórteres e mostrávamos o que acontecia no mundo. O *Jornal Nacional* trazia todas aquelas inquietações, revoluções, contestações, e sobre o Brasil, o que se podia dar era muito pouco. Uma vez, entre os vários episódios da censura, teve que cair um bloco sobre meningite em São Paulo! Não pudemos dar, porque a censura mandou tirar.

Nossa primeira experiência internacional foi com Cidinha Campos, que fazia reportagens para o *Fantástico*. Quando resolvemos montar os escritórios, o primeiro foi em Nova York, com Hélio Costa; o segundo repórter contratado lá foi Lucas Mendes, que era correspondente da revista *Manchete*. Em 1974, Sandra Passarinho saiu com o repórter cinematográfico Orlando Moreira para cobrir a Revolução dos Cravos em Portugal. Eles ficaram seis meses na Europa, e aí montamos um escritório em Londres. Roberto Feith foi para Paris, contratamos Hermano Henning, na Alemanha. Mais tarde, centralizamos toda a operação da Europa em Londres, que tinha a grande vantagem de ser a sede da UPI e da Reuters, as duas maiores agências internacionais de notícias, que recebiam lá material de todo o mundo. Outra vantagem de Londres é que de lá saíam vôos para os mais diversos lugares. Tínhamos, realmente, grandes profissionais como correspondentes. Naquele tempo não existia internet, não havia as facilidades que há hoje. Hoje, o correspondente manda o texto e a imagem por internet. Naquela época, se a notícia vinha do Afeganistão ou do Iraque, por exemplo, o correspondente fazia o filme, gravava o áudio no filme, entregava a alguém no aeroporto da cidade mais próxima, que entregava a alguém da UPI, que estava esperando em uma outra cidade, que revelava e gerava para Londres. Os nossos correspondentes, todos eles, eram grandes jornalistas, porque caso contrário haveria o risco de perder a reportagem.

EM 1983/84 A GLOBO FOI MUITO ACUSADA DE NÃO DAR DESTAQUE À CAMPANHA DAS DIRETAS-JÁ. POR OUTRO LADO, COMO INFORMA O LIVRO DA MEMÓRIA GLOBO SOBRE O *JORNAL NACIONAL*, ELA TAMBÉM FOI PRESSIONADA PELOS MILITARES A NÃO COBRIR AS MANIFESTAÇÕES PRÓ-DIRETAS. A GLOBO SOFRIA PRESSÕES PORQUE ERA A EMISSORA QUE TINHA A MAIOR AUDIÊNCIA OU PORQUE ERA CONSIDERADA AQUELA QUE APOIAVA O REGIME, E PORTANTO NÃO PODIA PÔR NO AR ALGO QUE FOSSE DE ENCONTRO ÀS POSIÇÕES DOS MILITARES?

Não, não. Sofria pressões porque tinha audiência. Na verdade, ela não apoiava o governo, recebia pressões. Num primeiro momento, os comícios pelas Diretas entraram nos jornais locais. Só mais tarde foram para os jornais de rede. A questão é que o movimento mexia com a emoção, com a paixão das pessoas. Havia então um público que queria que a Globo desse, logo no início da campanha, mais espaço para os comícios. Uma televisão que tinha tanto público quanto a TV Globo, obviamente, era mais visada. Já uma televisão com menor audiência não sofria tanta pressão. A Globo tinha pressão dos dois lados, mais do que as outras, claro. Foi um momento muito difícil para todos nós. Mas quando a sociedade foi aderindo, e o movimento das Diretas cresceu e se tornou um reclamo de toda a sociedade, a cobertura da televisão também cresceu. A pressão da sociedade tinha se tornado mais forte.

Lembro que, um dia, quando eu estava começando na TV Globo, um jornalista americano foi lá nos visitar, e no meio da conversa eu disse o seguinte: "A televisão é uma concessão do governo". E ele me disse uma coisa de quem vivia numa democracia: "E o governo é uma concessão do povo". Quando *realmente* o governo é uma concessão do povo, os dois são uma coisa só. Mas no Brasil daquela época, não era assim. Hoje, graças a Deus, o Brasil é uma democracia, e a televisão pode mostrar tudo. É claro que ela tem que ter responsabilidade, tem que mostrar todos os lados da história, não pode ficar com um lado só. O que aconteceu com a televisão e com os jornais naquela época foi que nós tínhamos limites para dar a notícia. O *Estadão* ficou famoso pelos poemas e as receitas que

214 Elas ocuparam as redações

publicou durante a ditadura no espaço que seria de notícias que foram censuradas. Nós dávamos o máximo que podíamos. Se você for olhar, verá que nós demos mais Diretas, naquele dia do comício de São Paulo, do que todas as outras televisões – fizemos esse levantamento. Mas não na medida, claro, que as pessoas que estavam no movimento das Diretas queriam que tivéssemos dado.[2]

EM 1989 HOUVE AQUELE EPISÓDIO TRAUMÁTICO DA EDIÇÃO DO ÚLTIMO DEBATE ENTRE LULA E COLLOR ANTES DO SEGUNDO TURNO DA ELEIÇÃO PRESIDENCIAL, MOSTRADA PELO *JORNAL NACIONAL*, QUE TERIA SIDO FEITA DE MODO A FAVORECER COLLOR. VOCÊ MESMA SAIU DA TV GLOBO EM 1990 POR CAUSA DISSO. A IMPRESSÃO QUE TIVE, AO LER O LIVRO DA MEMÓRIA GLOBO SOBRE O *JORNAL NACIONAL*,[3] É DE QUE NÃO HAVIA UM REAL CONTROLE, NEM DE ARMANDO NOGUEIRA, QUE ERA O DIRETOR-GERAL DA CENTRAL GLOBO DE JORNALISMO, NEM DE VOCÊ, QUE ERA A DIRETORA EXECUTIVA, SOBRE ALBERICO DE SOUSA CRUZ. O QUE ACONTECEU, AFINAL?

Nós sempre trabalhamos com uma coisa chamada confiança. Mas vamos voltar a um pouco antes. Em 1983, eu virei diretora executiva porque foram criados os cargos de diretor responsável pelos telejornais de rede – ocupado por Woile Guimarães – e de diretor responsável pelos telejornais comunitários – ocupado por Alberico de Sousa Cruz. Woile ficou um tempão cuidando dos jornais de rede, nós conversávamos e tal, mas eu, por exemplo, não fechava mais o *Jornal Nacional*. Fechei durante muitos anos, e foi até difícil sair, porque eu adorava aquilo. Durante muito tempo, inclusive, eu me escalava no fim de semana. Até que Armando disse: "Não dá para você fazer as duas coisas!" Muito bem. Deixei o jornal com o Woile. Num determinado momento, não me lembro exatamente quando, Woile resolveu voltar para São Paulo. Como fazer para não perder um profissional do nível dele? A direção de telejornais de rede não podia ir para São Paulo, até porque, naquela época, tudo era no Rio, com exceção do *Bom Dia Brasil*, mas a direção de telejornais locais podia. Trocaram-se então as funções:

---

[2] As críticas à TV Globo se acentuaram diante da maneira como o *Jornal Nacional* noticiou o comício das Diretas realizado em São Paulo em 25 de janeiro de 1984. Depois de acompanhar os comícios realizados em Curitiba, Salvador, Vitória e Campinas apenas nos telejornais locais, a emissora pela primeira vez punha no ar um comício em rede nacional. Embora a reportagem tenha durado dois minutos e 17 segundos, fazia parte de uma matéria mais ampla sobre o aniversário de São Paulo. Ver *Jornal Nacional: a notícia faz história*, p. 154-171.

[3] Id. ibid., p. 209-224.

Alberico foi para a rede e Woile foi para a local. E o nível de confiança continuou o mesmo. Aí, o que aconteceu?

Nas eleições e em todos os grandes eventos, como acontece até hoje, havia pessoas responsáveis. Nós também trazíamos reforço de equipe de São Paulo para cá, e assim foi feito em 1989. Veio o Pinheirinho, Wianey Pinheiro, ajudar na eleição. Houve o debate em São Paulo, e Alberico, como diretor de rede, foi para lá. Pinheirinho estava editando o jornal *Hoje* e depois ajudava a fechar o *Nacional*. Quando cheguei na Globo – eu tinha visto o debate –, conversei com Pinheirinho, e acertamos como fazer a edição. A edição ficou pronta e foi ao ar no *Hoje*. João Roberto Marinho ligou para o Armando e elogiou. Armando avisou: "Pode repetir a edição do *Hoje* no *Jornal Nacional*". Alberico volta de São Paulo, liga de tarde para o Armando – eu estava na sala do Armando – e diz: "Acho que demos pouco tempo para o debate. Vou aumentar um pouco". Ouvi Armando dizer o seguinte: "Mantém o equilíbrio com que a gente deu". Estava muito direito, muito equilibrado. Quando vi o *Jornal Nacional* no ar, tive um ataque. "Não acredito!" Percebi na hora que tinham mexido. Por isso é que eu disse que era uma questão de confiança. Nós trabalhávamos na base da confiança. A menos que houvesse uma dúvida, você não ia ver o que o outro estava fazendo.

MAS AQUELE DEBATE ERA TÃO SENSÍVEL QUE IMAGINEI QUE TANTO VOCÊ QUANTO ARMANDO NOGUEIRA QUISESSEM VER A EDIÇÃO ANTES...

Nós vimos muita coisa durante a campanha, tínhamos um VT na sala. Mas aquele caso estava resolvido! Quando vimos que a edição do *Hoje* ficou ótima, para que iríamos fazer outra? Vimos muitos VTs durante a campanha antes de entrar no ar, muita coisa, sempre, o tempo todo. Mas por quê? Porque as pessoas vinham com dúvidas. Porque nós sabíamos que precisávamos ver. Mas se você já tem uma edição pronta, resolvida, aprovada, precisa ver de novo? Não. O problema é quando você é traído. E nós fomos traídos. Naquele caso, a edição que estava vista e aprovada não foi para o ar.

E O DESFECHO DESSA HISTÓRIA? SUA SAÍDA?

A edição do debate abriu uma crise no jornalismo da TV Globo, obviamente. No livro do *Jornal Nacional* há vários depoimentos das pessoas que participaram daquele momento. Alberico fez uma grande intriga. Comecei perdendo poder. E foi oferecida ao Armando a Central Globo de Esporte, que ele não aceitou. A direção da empresa me demitiu, e Armando saiu. Alberico assumiu o jornalismo. Depois de seis anos, a família Marinho demitiu Alberico e trouxe para a direção de jornalismo um profissional único: Evandro Carlos de Andrade, um grande jornalista, uma pessoa muito íntegra, que tinha anos de um trabalho brilhante na direção do jornal *O Globo* e a total confiança do dr. Roberto e dos filhos. Evandro veio e resgatou os bons tempos do jornalismo da Globo, fez um maravilhoso trabalho. Ficou lá até morrer, em junho de 2002. Evandro, Armando, eram todos da mesma escola, da escola do Pompeu de Souza, do *Diário Carioca*...[4]

Um outro mundo

O QUE VOCÊ FEZ QUANDO SAIU DA GLOBO?

Sou uma pessoa que acredita que Deus, ou a vida, como você quiser, prepara as coisas para a gente. Eu tinha saído da faculdade para a Globo. Tinha 24 anos de TV Globo, e no primeiro momento depois que saí fiquei meio perdida. Mas aí comecei a descobrir que havia um outro mundo lá fora. Várias pessoas vinham falar comigo: "Estou falando com você porque soube que você não é mais da TV Globo..." É curioso como as pessoas imaginavam que, por ser da Globo, eu era distante delas. Fiquei entre ir para a Jovem Pan, que estava montando uma televisão em São Paulo, e ir para a TV Manchete. Decidi ir para a Manchete, que ficava no Rio e era onde Jayme Monjardim, meu amigo, um profissional muito talentoso e competente, era diretor de programação, e onde estava também Marcos Novais, que tinha trabalhado comigo na Globo muito tempo. Foi um momento, também, muito bom da Manchete, quando o Expedito Gross assumiu a direção geral e deu força aos profissionais. Foi o momento da novela *Pantanal*...

E VOCÊ FOI FAZER O QUÊ NA MANCHETE?

Fui dirigir o jornalismo da Manchete. Fiquei dois anos lá. Levei várias pessoas da Globo, entre elas Renato Machado. Com Renato como apresentador, fizemos o programa *Noite e Dia*, no final da noite, que aprofundava com reportagens e entrevistas os principais assuntos do dia. Minha experiência na Manchete foi também muito interessante porque descobri que havia muita gente boa lá, muitos jovens talentos. Hoje, estão quase todos na Globo, vários na Globo News. Como eu tinha crescido com a TV Globo, acreditava que os profissionais, em

---

[4] Ver o depoimento de Evandro Carlos de Andrade em *Eles mudaram a imprensa*, op. cit.

geral, procuravam seguir o modelo da Globo. Na Manchete, descobri que não era bem assim. Eles tinham seus próprios modelos. Em 1992, quando acabou o meu contrato, pedi exoneração e fiz uma produtora, para produzir vídeos e dar cursos. Além de cursos, fazia projetos, programas para circuito interno, esse tipo de coisa. Tive também a experiência de um tempo na Record. Eu supervisionava o *Jornal da Record* e ia duas vezes por semana a São Paulo. Mas mudou a direção, eles queriam que eu passasse a cuidar dos outros jornais e ficasse em São Paulo o tempo todo, e eu não quis. Fiz então um acordo e rompemos o contrato numa boa.

Confesso que jamais pensei em voltar para a TV Globo. Isso foi uma coisa que aprendi com Jatobá: acabou um período da sua vida, vira experiência, você incorpora no seu dia-a-dia, toca para a frente e não olha para trás. A TV Globo não fazia mais parte da minha vida. Ou melhor: do meu presente. Tanto que – é muito engraçado – Evandro me chamou para voltar no dia do meu aniversário, e atendi o telefone pensando: como é que ele descobriu que é meu aniversário? Obviamente ele não falou de aniversário nenhum. Perguntou o que eu estava fazendo. Àquela altura, eu estava negociando com o SBT, e ele quis saber: "Já fechou?" Eu: "Não". Ele: "Então vamos almoçar?" E aí Evandro me chamou para fazer a Globo News. Isso era início de 1996. Era uma outra história, um outro tempo. Fui para a TV Globo de 96, não voltei para a TV Globo de 90. Outra coisa que a vida ensina é que você nunca volta. Porque aquelas mesmas pessoas com quem você conviveu já mudaram, você não é a mesma, o lugar é outro. Fui fazer a Globo News e estou lá até hoje.

QUAL A DIFERENÇA ENTRE O JORNALISMO QUE VOCÊ FAZIA NA TV GLOBO E O QUE VOCÊ FAZ NA GLOBO NEWS?

É totalmente diferente. A Globo News é um canal de jornalismo, é o lugar dos sonhos para qualquer jornalista. Aconteceu alguma coisa, a gente interrompe o que está sendo apresentado e entra no ar com o plantão ou com a edição extra. A vocação é de uma agência de notícias. Na televisão aberta, o jornalismo é um pedaço de uma grande programação. A Globo News é a notícia em tempo real. Morreu Arafat: nós ficamos seis horas no ar. Para nós é maravilhoso, realmente. É outro mundo! E o público é outro, também. Se nós pegarmos o que fazemos na Globo News e pusermos no canal aberto, as chances de dar certo são pequenas, porque o nosso público é muito específico, é um público que está preocupado principalmente com a informação, com a notícia. Um canal em que você pode trabalhar com a notícia o tempo todo é uma delícia. Para mim, então, que gosto da vibração da televisão ao vivo, é uma grande experiência. Temos uma ótima audiência para um canal por assinatura. E audiência, no nosso caso, é sinônimo de credibilidade.

VOCÊ ENTÃO ESTÁ GOSTANDO DA EXPERIÊNCIA.

Estou adorando! É muito bom. E há desafios, todo dia estamos fazendo uma coisa nova. Trabalhamos com muita gente jovem, mas também com muita gente experiente. Fizemos uma mistura que deu muito certo, graças a Deus. A maioria dos apresentadores da primeira fase da televisão apenas lia o texto, que era escrito pelos redatores. Quando começou a aparecer o repórter de vídeo, ele tinha que fazer mais do que isso, tinha que apurar as informações, escrever o texto e ler. E nós sabíamos disso. Cansei de dizer para todos os apresentadores mais jovens: "Ou você vira jornalista, ou vai perder a sua vez". Ainda brincava: "Ninguém tem tempo de ser Cid Moreira!" Cid é uma pessoa com uma sensibilidade enorme e com quarenta e tantos anos de profissão; você dá um texto para ele, e não acredita que foi você que escreveu, de tão bem que ele lê. Quando eu dizia que ninguém teria tempo de ser Cid Moreira é porque ele ganhou credibilidade no estúdio. Mas os novos apresentadores tinham que competir com os repórteres de vídeo, com os profissionais que estavam cobrindo os principais fatos do Brasil e do mundo, e conquistando credibilidade na rua. Entre dois profissionais da mesma idade, um que só tinha ficado no estúdio e outro que tinha feito grandes reportagens, na grande maioria dos casos, o de maior credibilidade era o repórter. Quando chegou a Globo News, nós tivemos que formar um outro profissional, que ainda fizesse mais que esse apresentador-jornalista: não apenas escrevesse e lesse, mas fosse capaz de improvisar o tempo todo. Esse foi o grande desafio.

Na criação do canal, contei com a ajuda da Letícia Muhana, que é diretora do GNT e acumulou a direção executiva da Globo News da fase de criação até dezembro de 1996. Também tiveram um papel decisivo Vera Íris Paternostro, que era a supervisora de News, e Mônica Labarthe, supervisora de programas. Quando começamos a ver as grades de programação, chegamos à conclusão de que, para ter noticiário o tempo todo, tínhamos que formar uma nova geração, porque não havia ninguém com a formação de um Hilton Gomes, por exemplo, daquelas pessoas que faziam transmissões ao vivo. O canal era novo, a experiência era inédita no Brasil, a maior parte da programação seria ao vivo e com transmissões na íntegra de muitos acontecimentos. E mais: era também um canal para aprofundar informações. Os apresentadores seriam todos jovens, com pouca ou nenhuma experiência, mas, claro, com talento e entusiasmo para enfrentar o desafio. Então, a solução foi trazer para os bastidores profissionais com muita experiência de telejornalismo, que dão segurança tanto na parte editorial quanto na operacional. E assim nasceu uma geração que aprendeu a improvisar. Alguns fazem melhor, outros ainda com alguma dificuldade, mas todos são capazes de ficar cinco, seis, sete, oito horas no ar. No dia do atentado ao World Trade Center, eles ficaram oito horas. Quinze dias depois da estréia da Globo News, caiu o avião da TAM, em São Paulo, e Márcio Gomes e Maria Beltrão ficaram direto a manhã inteira. A Globo News cobriu o acontecimento o dia todo e ainda apresentou um programa especial de noite. Isso é que é diferente. Estamos formando um outro grupo, para um outro jornalismo. Todos eles editam, todos são capazes de fazer matéria, todos fazem tudo. Outro cuidado: os jovens apresentadores não ficam apenas no estúdio, vão para a rua, fazer reportagens. Assim, conquistam a credibilidade de que precisam para dar notícias num canal como a Globo News.

Na programação noturna, abrimos uma faixa para os grandes jornalistas da Rede Globo: é o *Espaço Aberto*, às 9 e meia da noite, todos os dias da semana. Com o tempo, criamos mais uma faixa de programas, a das 11 da noite. Nela, além de profissionais da Globo News, contamos com repórteres da Globo e correspondentes internacionais. Voltando ao início, houve mais uma coisa para o sucesso da Globo News: Evandro envolveu todo o jornalismo da Globo. Fez reuniões com os editores-chefes dos telejornais, para que eles participassem da discussão das idéias e até da escolha dos títulos dos programas da Globo News. Até os acionistas se envolveram, vendo alguns pilotos dos programas que botamos no ar. Eu diria que a Globo News é o resultado de um esforço que envolveu muita gente na Rede Globo. Hoje, temos na direção da Globo News a Rosa Magalhães, que está lá desde 1997. Vera Íris é a chefe de redação e Ângela Lindenberg é a supervisora de News.

VOCÊ FALOU HÁ POUCO NUMA MISTURA QUE DEU CERTO, DE GENTE JOVEM COM GENTE EXPERIENTE. COMO ISSO FUNCIONA NA PRÁTICA?

Tenho que ser justa, essa geração nova entrou com uma geração muito experiente nos bastidores. Hoje, por exemplo, você vê a Renata Vasconcelos no *Bom Dia Brasil*: o primeiro emprego dela em jornalismo foi na Globo News. Quando, no Peru, aquela embaixada do Japão foi invadida, pergunta quem estava no ouvido dela, no plantão? Um editor com muito tempo de estrada. Foi ele que orientou a Renata, pelo ponto eletrônico, um equipamento que permite que se fale no ouvido do apresentador enquanto ele está no ar. Eu me lembro que quando vi isso no filme *Rede de intrigas*, pensei: só no cinema. Hoje em dia, se você vir o *Jornal das Dez*, o editor-chefe, Henrique Lago, faz exatamente isso com o apresentador André Trigueiro: passa pelo ponto novas informações que estão chegando, enquanto o jornal está no ar. Para isso você tem que ter uma pessoa experiente, uma pessoa que fazia televisão ao vivo 20 anos atrás. Nós até brincávamos que a equipe era um museu-escola: pessoas bem mais velhas junto com pessoas muito jovens. Por isso, acredito, é que deu certo.

Um outro detalhe importante para o sucesso de um profissional de televisão, principalmente no vídeo, mas também nos bastidores, é o talento. Em qualquer profissão o talento faz diferença. Na televisão, faz muita. A câmera, eu creio, revela a alma das pessoas. Então, há pessoas lindas que não acontecem no vídeo, e há outras que surpreendem: a olho nu, a gente não dá nada por elas, mas, vistas pela câmera, têm um tremendo carisma. São os mistérios do veículo. E há também a sensibilidade. Há profissionais que vêm de jornal e custam a se adaptar à televisão. Em compensação, outros chegam e logo entendem e dominam o veículo. Acredito que além de muita sensibilidade é preciso gostar do veículo, perceber a importância dele, o poder de informar que a televisão tem. Um profissional que chegou à TV depois de uma carreira brilhante na imprensa escrita foi William Waack. Chegou querendo aprender, e aprendeu. E mais: hoje, sabe usar a televisão para passar as informações de uma maneira clara e inteligente. Outros, como Pedro Bial, nasceram e cresceram como profissionais na televisão. É por isso que eu sou fascinada pelo talento. O talento enriquece a televisão, faz com que ela tenha momentos únicos.

A MUDANÇA DE TECNOLOGIA TAMBÉM INFLUIU PARA QUE UMA GLOBO NEWS PUDESSE EXISTIR, NÃO?

Também. A Globo News só existe porque existe computador. Senão, não daria tempo de fazer. Como temos jornais de meia hora a cada hora, não conseguimos rodar o número de *scripts* necessário para distribuir pela técnica, e então só rodamos cinco. O jornal é feito, e a equipe técnica bota no ar seguindo o teleprompter, que é aquele equipamento em que o apresentador lê o texto do telejornal. O papel é só um *standby*, uma segurança. É uma maravilha fazer um jornal na era do computador. A tecnologia é decisiva. As transmissões ao vivo dos grandes acontecimentos também são muito importantes para uma televisão como a Globo News. Em qualquer lugar do mundo, sempre há uma câmera. A invasão do Iraque foi mostrada ao vivo pela televisão, o atentado ao World Trade Center. E também o que acontece pelo Brasil afora. Com as facilidades técnicas, é possível levar as imagens ao público. O computador, trazendo as informações de todos os lugares, é peça decisiva para que o projeto dê certo. E com uma equipe de bons jornalistas, podemos dar a informação mais precisa. Na minha opinião, é apenas um começo. O futuro vai trazer muitos desafios. E cada vez vai ser mais importante o ser humano que vai estar na frente e atrás das câmeras.

Mudanças na imprensa

A ESTRUTURA DAS REDAÇÕES, HOJE, PODE SER CARACTERIZADA COMO MAIS AUTORITÁRIA OU MAIS DEMOCRÁTICA, EM COMPARAÇÃO COM A ÉPOCA EM QUE VOCÊ COMEÇOU A TRABALHAR?

Ainda uma vez, vou falar da minha experiência em televisão. Considero a estrutura da redação em TV, de um modo geral, bastante democrática. É um veículo democrático, porque todas as pessoas da equipe são importantes, eu diria mesmo decisivas. Um exemplo: se o apresentador, que é a cara do telejornal, estiver no ar, e o câmera perder o foco, o programa ficará comprometido. É preciso também lembrar que como a equipe é, de certa maneira, o seu público, podem vir observações interessantes de todos os que trabalham com você. No relacionamento dentro da redação, quanto maior for a participação da equipe – na sede e nas afiliadas – melhor vai ser o resultado. Durante o tempo em que o jornal é feito, pode e deve reinar a democracia. Agora, um detalhe curioso: na hora em que o programa vai ao ar, tem que haver uma única chefia. Só uma pessoa deve decidir, dar as ordens: é o editor-chefe. Ele é a autoridade máxima na hora da operação. Lembrando uma imagem que o Armando fez na primeira edição do *Jornal Nacional*, ele é o comandante do avião. E o co-piloto é o diretor de imagem, que bota tecnicamente o programa no ar. Para que tudo saia certo, todos devem falar com o editor-chefe, mesmo os chefes dele. Nesse momento, por uma questão de segurança, como nos vôos, a TV se torna um veículo autoritário.

QUE MUDANÇAS VOCÊ PERCEBE NO JORNALISMO NOS ÚLTIMOS ANOS? MUDOU A FORMA DE APRESENTAR A NOTÍCIA? A QUALIDADE DA INFORMAÇÃO?

Nos últimos anos, graças à evolução da tecnologia, houve muitas mudanças no jornalismo. As transmissões ao vivo viraram rotina, a internet tornou a informação instantânea, a informática permitiu uma operação muito mais veloz do que há alguns anos. A Globo News, com o perfil que tem de apresentar um telejornal de meia hora a cada hora, com os principais acontecimentos ao vivo, só podia ser uma emissora dos tempos atuais. Na verdade, ela vai fazer dez anos no ano que vem, 2006. Mas quando a gente se lembra do telejornalismo de 20 anos atrás, por exemplo... Agora, com a agilidade que temos hoje, é preciso estar ainda mais atento à qualidade da informação. Embora a gente queira dar tudo sempre antes, é bom lembrar do velho jargão do jornalismo: "é melhor levar um furo do que dar uma barriga". Hoje, muitas informações são jogadas na internet sem que estejam devidamente apuradas, confirmadas. Com a facilidade com que a informação circula, e com a concorrência que existe, é preciso ter muito cuidado, muita responsabilidade e muita segurança para dar uma informação. São esses cuidados que fazem a diferença entre a credibilidade ou não de um veículo.

Os jornalistas de hoje são diferentes dos de 20, 30 anos atrás?

Tudo andou tão depressa nos últimos 20, 30 anos, que tem mesmo que haver diferenças entre os jornalistas daquele tempo e os de agora. Antigamente, é bom lembrar, o repórter tinha um bloquinho, uma caneta, talvez um gravador; na redação, um telefone e uma máquina de escrever, geralmente antiga. Ele não se preocupava com a parte técnica. E mais: em muitos casos, havia o repórter, que apurava as informações, e o redator, que escrevia o texto. É claro que nem todos eram assim, havia também muitos repórteres com texto próprio. Hoje em dia, os jornalistas já chegam às redações com pleno domínio da tecnologia, do computador, de como explorar bem a internet, com celular etc. São os instrumentos essenciais para exercer a profissão nos dias de hoje. Só que o repórter, hoje, tem que apurar a notícia e fazer o texto. No caso da televisão, mais ainda: tem, muitas vezes, que entrar ao vivo, da rua, com as informações que apurou ou fazendo entrevistas. Os tempos são outros. Os profissionais, também. Em comum, a importância de uma boa formação, de um bom nível cultural e de que todos tenham uma grande responsabilidade no exercício da profissão.

A profissão se tornou mais feminina? As mulheres encontram dificuldades para assumir postos de chefia?

Quando eu pensei em fazer jornalismo, meus pais não gostaram: não era profissão para mulher. E olha que, naquela época, já havia várias mulheres jornalistas. De lá para cá, não só no jornalismo, a mulher foi ocupando áreas até então de domínio absoluto dos homens. No caso do jornalismo, há, sem dúvida, muito mais mulheres do que homens nas faculdades. E também nas redações, creio. Na Globo, acho que há um certo equilíbrio. Na Globo News é que é curioso: as quatro chefias principais do canal são exercidas por mulheres. Puro acaso. Nenhum preconceito contra os homens... Aliás, importante e decisivo é o bom profissional, independentemente do sexo.

VOCÊ NOTA DIFERENÇAS NA ORIGEM SOCIAL DA GERAÇÃO ATUAL EM RELAÇÃO ÀS ANTE-
RIORES? O JORNALISTA DAS DÉCADAS DE 50, 60 PODERIA SER CONSIDERADO UM ATIVISTA-
ROMÂNTICO-BOÊMIO, ENQUANTO O DE HOJE SERIA UM BUROCRATA-*YUPPIE*-INDIVIDUA-
LISTA? HAVERIA UMA CRISE ENTRE AS GERAÇÕES?

Na Globo, os profissionais sempre vieram de duas fontes: ou dos jornais –
nesse caso são profissionais brilhantes, com carreiras de sucesso e muita experiência na imprensa escrita, que foram seduzidos pelo novo veículo –, ou das faculdades, porque as portas, aqui, sempre estiveram abertas para os recém-formados.
Quanto à origem social, não vejo muita diferença. Sempre recrutamos jovens
profissionais tanto das faculdades públicas quanto das particulares. O que mudou, nos últimos anos, foi a condição do jornalista. Nos anos 50, 60, o jornalista
geralmente precisava de um outro emprego para sobreviver. E havia também os
que trabalhavam em jornal para ter algum dinheiro enquanto estavam na faculdade. Faculdade, é bom frisar, geralmente de direito ou de letras, não de jornalismo. Naquela época, o diploma ainda não era obrigatório. Então, poucos profissionais passavam pela Faculdade de Comunicação. Não vejo, pelo menos na Globo,
crise entre as gerações. A Globo News é o exemplo de que trabalhando com
profissionais de várias gerações pode-se chegar a um bom resultado. Os jornalistas mais antigos têm a experiência profissional e de vida. Os jovens trazem o
sangue novo e a inquietação. Hoje, já é possível o jornalista viver da profissão. E
nos principais veículos, sem dúvida, o padrão de vida dos jornalistas de hoje é
bem melhor do que o dos profissionais de antigamente. Por esse ângulo, a profissão deixou de ser "romântica". Mas ganhou um certo *glamour*, principalmente
com o destaque que têm, hoje, os profissionais que trabalham na tela da TV. O
que interessa, no entanto, é que os profissionais tenham consciência, sempre, de
que o importante, no jornalismo, qualquer que seja o veículo, é a informação, a
credibilidade. Daí, uma pregação que costumamos fazer: o jornalista, além de
testemunha dos acontecimentos, tem que ser um operário. Um operário espe-
cializado, do melhor nível, mas que tem na humildade uma grande virtude.

COMO VOCÊ EXPLICA O EXCESSO DE DENUNCISMO NO JORNALISMO DE HOJE?

Hoje, principalmente no caso da televisão, há dois fatores que contribu-
em para o aumento do número de reportagens de denúncia: o equipamento, que
a tecnologia tornou tão pequeno que pode ser usado sem ser percebido, e a liberdade de imprensa. Penso, no entanto, que o termo denuncismo, hoje, tem um
certo ar pejorativo. Denuncismo, a denúncia apenas pela denúncia, não tem o
menor sentido. Considero a denúncia válida, desde que revele algo errado que

não poderia ser mostrado de outra maneira, e que traga algum benefício para o público, para o país.

PODE-SE AFIRMAR QUE O JORNALISTA, HOJE, ESTÁ PREOCUPADO COM A FORMAÇÃO DA CIDADANIA, ESTÁ VOLTADO PARA UM JORNALISMO DE UTILIDADE PÚBLICA OU DE RESPONSABILIDADE SOCIAL?

Há uma preocupação do público em geral com a formação da cidadania. E o jornalista, naturalmente, também se volta para esses temas. É o momento da inclusão, do espaço que se abre para as diferenças, da ecologia, da participação de cada um na vida do país. Quanto à utilidade pública, não é de hoje que se sabe que jornalismo é serviço. Então, como profissional do mundo de hoje, o jornalista se preocupa com todos esses assuntos, e eles estão cada vez mais presentes nos meios de comunicação.

O papel do jornalista

O QUE É SER JORNALISTA?

O jornalista é uma testemunha do que acontece. Uma testemunha que tem a responsabilidade de contar para as pessoas o que viu, o que apurou, as informações que tem. Não é, no entanto, uma testemunha por acaso. É uma escolha de vida. Porque ninguém é jornalista só numa determinada parte do dia, é jornalista o tempo todo. Quando algo importante acontece, a gente vai imediatamente para a redação. Naquele momento, nada é mais importante. Se for um repórter, sai em campo. Se for um apurador, produtor, editor, fica na redação, apurando, confirmando, editando o material que chega. Costumo dar uma dica aos nossos estagiários: se você estiver numa festa e receber um telefonema dizendo que algo muito importante aconteceu, sua primeira reação tem que ser sair da festa e vir direto para a redação. Agora, tem que fazer isso com emoção, com entusiasmo, sem lamentar. Se você preferir a festa, pense bem se quer mesmo ser jornalista. Pelo menos, se quer ser um jornalista que trabalha com atualidade.

QUAL A IMPORTÂNCIA DO PÚBLICO LEITOR? O JORNALISTA FALA PARA O PÚBLICO OU PARA OS SEUS PARES? QUEM É O PÚBLICO?

A obrigação do jornalista é com o público. No caso dos jornais, com o leitor; no da TV, com o telespectador. Na televisão aberta, o público atinge todas as camadas sociais. Para a grande maioria da população, é o único meio de informação. Na TV fechada, o nosso público é formado principalmente pelas camadas de maior renda, já que é um serviço pago. No caso específico da Globo News, sabemos que o nosso telespectador tem um bom nível de informação. Daí, a sua exigência ser também maior. Ele gosta de informação, quer uma informação mais aprofundada, quer análise. Na televisão em geral, acredito que o jornalista tem que ter a preocupação de passar a informação da maneira mais clara possível, de modo que o telespectador entenda o que está sendo dito. Não é um texto primário, simplório. Não. O texto deve ser inteligente, e o uso das imagens, das ilustrações e de todos os recursos técnicos que temos deve levar em conta a necessidade de fazer o público ficar bem informado. Para conseguir isso, o jornalista deve ter pleno conhecimento da informação e da linguagem do veículo. O ideal é que a televisão não seja o único meio de informação do público. De qualquer modo, nós, que fazemos televisão, temos que ter a consciência de como o papel do telejornalismo é importante.

COMO VOCÊ PERCEBE O SEU PAPEL PESSOAL NA SOCIEDADE? VOCÊ É UMA PRODUTORA E UMA DIFUSORA DA INFORMAÇÃO? UMA INTÉRPRETE DA INFORMAÇÃO? UMA CRÍTICA OU FISCAL DO GOVERNO, UMA PROVOCADORA DE ACONTECIMENTOS, UMA DEFENSORA DOS SEM-VOZ, DA POPULAÇÃO? UMA FORMULADORA DA AGENDA PÚBLICA, UMA FORMADORA DE OPINIÃO?

Como disse, vejo o papel do jornalista como o de uma testemunha que conta para o público o que está acontecendo. Conta e explica, como testemunha. Muitas vezes denuncia, fiscaliza, defende. Mas não vejo o jornalista como um crítico, ou um fiscal, ou um defensor. Ele tem que ser, antes de tudo, o repórter, o que apura, ouve os diversos lados da história para que a sua reportagem ajude o público a tirar as suas conclusões. O jornalista precisa estar sempre preocupado em buscar a verdade. Então, é necessário checar, verificar as informações, ser independente. O que ele vai informar pode mexer com a vida das pessoas. Ele precisa ter consciência da sua responsabilidade. E um detalhe importante: não é só apurar bem. É também transmitir bem, com clareza, para que as pessoas entendam, principalmente na TV, onde não se tem a chance de ler de novo ou pedir para o apresentador ou repórter repetir a informação. Em alguns casos, deve entrar a figura do comentarista, que ajuda o público a compreender o acontecimento.

VOCÊ CONSIDERA QUE A MÍDIA TEM UM PAPEL DECISIVO NA FORMAÇÃO DA OPINIÃO PÚBLICA OU VÊ OUTRAS INSTITUIÇÕES COM ESSE PAPEL?

A mídia é a principal fonte de informação do público. Com os diversos meios que há hoje em dia, o público tem um amplo campo de informação. Mas a mídia não é a única formadora de opinião. A Igreja, nos seus mais diversos credos, também exerce um papel importante. Há outras instituições que também têm grande importância, embora não atinjam diretamente o grande público. Mas à medida que o país for crescendo, se desenvolvendo, elas terão um papel cada vez maior. É o caso das universidades, por exemplo. É nas universidades que nasce o novo país, é nelas que aprendemos a entender o Brasil e o mundo em que vivemos, o passado, os erros, os acertos. A mídia tem e continuará tendo, acredito, um papel decisivo na formação da opinião no Brasil. O importante é que a imprensa seja livre, que abra espaço para as mais diversas manifestações do pensamento. Sendo assim, a mídia será a janela para que as outras instituições levem suas idéias e suas propostas ao grande público. Para dar um exemplo da TV como janela, lanço mão ainda uma vez da Globo News: nos nossos programas, temos aberto espaço para professores, cientistas, historiadores, enfim, os mais diversos profissionais, que ajudam o público a conhecer e a entender os mais diversos assuntos.

O JORNALISTA TEM CREDIBILIDADE ENTRE POLÍTICOS, INTELECTUAIS, JUNTO AO PÚBLICO EM GERAL?

Como em todas as profissões, acredito que não dá para generalizar. Credibilidade se conquista com o tempo, com o trabalho, com a responsabilidade com que se faz jornalismo. Então, eu diria que há muitos jornalistas com credibilidade entre os políticos, os intelectuais e o público. Jornalistas, jornais e telejornais. Vou dar um exemplo: quando criamos a Globo News, dividimos o canal em duas partes. Uma delas ficaria a cargo de jornalistas experientes, com anos na tela da Globo, em programas como por exemplo o *Espaço Aberto*, até hoje no ar. Já o pessoal de vídeo dos telejornais – apresentadores e repórteres – seria todo novo em televisão: ou recém-formado ou tendo entrado há pouco tempo no mercado de trabalho. A maioria tinha acabado de sair da faculdade, estava no primeiro emprego. Como conquistar credibilidade? Havia algumas exigências: eles precisavam ter uma boa formação, estar sempre muito bem informados sobre o que estava acontecendo no Brasil e no mundo, e os apresentadores, além do estúdio, tinham que fazer reportagens, ir para a rua. Nos bastidores, os profissionais que fizeram a Globo News eram muito experientes, com anos não só de jornalismo, mas de telejornalismo. A experiência deles garantiu o sucesso do projeto e da formação dos nossos profissionais. Conseguimos que eles crescessem profissionalmente e conquistassem credibilidade.

Até hoje, a maioria dos nossos profissionais de vídeo é formada na Globo News. Muitos começam como estagiários. O nível de exigência é tão grande que existe, eu me arrisco a dizer, uma seleção natural. O próprio canal ganhou credibilidade com o tempo, com as coberturas e programas que faz. E, repito, é assim na vida, não apenas no jornalismo.

Lillian Witte Fibe

Lillian Witte Fibe

*Entrevista a Alzira Alves de Abreu feita
no Rio de Janeiro em 9 de abril de 1997 e atualizada em maio de 2005.*

Aluna de Perseu Abramo

ONDE E QUANDO VOCÊ NASCEU, O QUE FAZIAM SEUS PAIS E QUE CURSOS VOCÊ FEZ?

Nasci na cidade de São Paulo, no dia 21 de outubro de 1953. Meus pais tinham curso secundário, meu pai era contador. Quanto a mim, fiz faculdade de jornalismo na USP.

POR QUE JORNALISMO?

Escolhi jornalismo bem cedo. Eu me lembro de ter cerca de 12 anos, a professora perguntar para a classe quem já sabia o que queria ser quando crescesse, e eu, com a minha mãozinha levantada, sozinha, dizer: "Eu sei! Quero ser jornalista!" Eu não conhecia nenhum jornalista, não havia jornalista na família, mas um dia me deu um estalo que era isso o que eu queria ser. Acho que naquela idade escolhi jornalismo porque tinha verdadeiro horror de pensar em ficar trancada dentro de um escritório para o resto da vida. Minha mãe tinha trabalhado em escritório, meu pai trabalhava em escritório, e a imagem que eu tinha era de um serviço muito chato, muito sufocante. Eu achava que a vida de repórter era uma vida de sair na rua, de falar com as pessoas, enfim, imaginava que um jornalista teria uma vida pouquíssimo burocrática. Tenho horror de qualquer burocracia.

SUA FAMÍLIA A INCENTIVOU A ESTUDAR?

Sem dúvida. Tenho dois irmãos – o caçula é engenheiro de produção e a mais velha é publicitária, embora não exerça a profissão –, e os três fizemos curso superior porque minha mãe achava que era superimportante, achava que o estudo era o único patrimônio que ela podia nos dar. Éramos classe média baixa. Sempre tivemos carro, tínhamos casa própria, mas meus pais faziam sacrifício para pagar escola particular para os três, e sempre pagaram. Fiz o primário e o ginásio no Colégio Benjamin Constant, que era um colégio alemão, e fraco, e no científico, por decisão própria, resolvi ir para um curso mais puxado, que me preparasse para o vestibular. Minha mãe, ao contrário, defendia a tese de que nós tínhamos que fazer um segundo grau técnico, que além de nos habilitar a prestar vestibular já nos desse uma profissão. O curso técnico que o Benjamin Constant tinha era secretariado, e eu tinha horror da idéia de ser secretária, não podia nem imaginar. Tive que chorar muito lá em casa, mas afinal consegui comover meu pai. Convenci-o de que eu devia ter atendida a minha vontade de competir num vestibular muito difícil e fui para o Curso Pasteur, que na época se chamava Equipe. Prestei quatro vestibulares, entrei nos quatro e obviamente escolhi a USP.

Você diz que estudou num colégio alemão. Qual a origem do seu nome?

Witte, da minha mãe, é alemão, Fibe, do meu pai, é italiano errado. Meu avô nasceu em Florença, chegou ao Brasil como imigrante muito pobre, disse no porto que se chamava Vittorio Fibbi, o brasileiro entendeu Fibe, e ficou a família inteira com o nome errado. Além do alemão e do italiano, também tenho sangue espanhol, da minha avó paterna, que nasceu em Granada. Dizem, aliás, que pareço com ela, que puxei a parte espanhola da família.

Como você construiu sua vida profissional, desde os primeiros tempos até hoje?

Sempre fui muito afoita para ter minha independência financeira. Ao contrário da maioria das moças da minha idade na época, década de 70, eu queria a minha independência e não tinha o menor objetivo de casar, nem pensava nisso. Tinha obsessão por ser independente. Portanto, no segundo ano da faculdade, ainda no curso básico, quando ninguém trabalhava, saí para procurar emprego, na cara de pau. Por sorte, naquele ano – era 1973 – a *Folha de S. Paulo* tinha acabado de inventar uma coisa que eles chamaram de bolsa de trabalho: davam um estágio para estudantes por três meses, pagando apenas um *pro labore* que era um salário mínimo – não o mínimo do jornalismo, o mínimo mínimo, mesmo. Agarrei correndo essa chance, que tinha sido inventada por Perseu Abramo, e fui trabalhar na *Folha*. Perseu Abramo, na minha opinião, foi um dos melhores jornalistas da história do Brasil. Cláudio Abramo e Perseu Abramo são dois dos meus ídolos. Infelizmente, os dois já morreram.

Quando cheguei à *Folha* para começar o estágio, e o diretor de redação perguntou em que editoria eu gostaria de trabalhar, eu disse: "Não tenho a menor idéia, nem pensei. Só sei que quero trabalhar". Ele: "Tem esporte, tem suplemento feminino, tem editoria de economia, de política e de educação". Como eu era estudante e lia muito sobre educação, vestibular, greves estudantis etc., respondi: "*Tai!* Gosto de educação". Por sorte – aí foram os astros que começaram a trabalhar a meu favor –, o editor de educação na época era o próprio Perseu Abramo. Fiquei três meses na mão dele e fiz uma verdadeira faculdade de jornalismo. Perseu, aliás, até morrer, foi professor de jornalismo na PUC de São Paulo. Aprendi em três meses muito mais do que em quatro anos de USP. Um dia, ele me fez ir de madrugada à *Folha*, para saber como é que se rodava jornal; noutro dia, me fez ir em outro horário, para ver a montagem das páginas – ou seja, me fez conhecer todo o processo de produção do jornal. Foi quem me apresentou a uma lauda, me ensinou como numerar lauda, como colar uma lauda na outra... Datilografia era a única coisa que eu sabia, porque tinha tido aula no ginásio. Mas abracei aquilo tudo com uma garra absolutamente fenomenal.

Depois de três meses trabalhando com Perseu, por acaso, surgiu uma vaga na editoria dele. A editoria de educação era bem pequenininha, tinha quatro ou cinco repórteres, uma das moças foi embora, e ele disse: "Estou com uma vaga. E gostei do seu trabalho. Você quer ser contratada?" Àquela altura o *Diário de São Paulo* já tinha me procurado, também para a editoria de educação. Eu nem tinha comentado com Perseu, porque achava que o meu estágio estava terminando. Contei então essa história, e ele ainda brincou: "Então diga lá para o *Diário* que você vai ficar aqui". Acabei ficando na *Folha*, nesse meu primeiro emprego, de agosto de 1973 a junho-julho de 1975. Foram dois anos em que aprendi muito com Perseu, até o fim. Eu o adorava, demorei anos para deixar de lhe pedir conselhos profissionais.

Aluna de Mario Henrique Simonsen

Em 1975, quando tanto eu como Perseu percebemos que na *Folha* seria difícil, naquela conjuntura, eu desenvolver a minha carreira, tive um convite para ir trabalhar na *Gazeta Mercantil*, na editoria de finanças. Na época estava nascendo o novo modelo da *Gazeta Mercantil*, que era um jornal antigo, mas que praticamente inexistia, ninguém lia.[1] Mudou a direção, e os novos diretores estavam

---

[1] Sobre a reforma da *Gazeta Mercantil*, ver também o depoimento de Roberto Müller Filho em *Eles mudaram a imprensa*, op. cit.

232   Elas ocuparam as redações

precisando de repórteres novos – portanto, com baixos salários – para fazer o dia-a-dia de algumas editorias. Fui cair logo de cara na de finanças, que era a mais difícil de todas. Eu não sabia o que era banco, não sabia o que era *overnight*, não sabia o que era economia. O caderno de economia da *Folha*, eu passava, deixava fechado, não tinha o menor interesse. Meu sonho era trabalhar em política. Cheguei a pedir para ir para a editoria de política da *Folha*, mas não consegui. Quando me convidaram para finanças na *Gazeta*, eu disse: "Olha, eu não entendo nada de economia..." O que eles responderam foi que o importante não era ser economista, era ser jornalista, era ter gosto pela notícia, ter entusiasmo, perceber o que era novidade e saber explicar para o leitor. Pensei: já que eles insistem, vou tentar. E nunca mais saí de economia, desde 1975 até me transformar em âncora do SBT.

Na *Gazeta Mercantil*, em 1975, fui então cobrir Bolsa, *overnight*, caderneta de poupança, títulos públicos, coisas que eram absolutamente grego para mim. Tive que aprender no tapa o que era isso. Lia muito antes de sair para a rua para fazer uma reportagem, e depois reescrevia muito as matérias. Depois de um ano, em maio de 1976, fui morar em Brasília. Minha mania de independência continuava, e achei que aquele era um jeito bom de sair da casa dos meus pais, porque eles eram superconservadores e, se eu me mudasse para um outro apartamento em São Paulo, eles não iam admitir. A sucursal da *Gazeta Mercantil* em Brasília estava começando a ser montada, conversei com o diretor, e ele me disse: "Estou precisando demais de gente em Brasília. Se você quiser, fechamos já, imediatamente". Também achei que era interessante ir porque estávamos no auge da ditadura, e sempre que a gente ia pesquisar, perguntar por alguma coisa em São Paulo, nos reportavam a Brasília: "Ah, não sei, isso depende do Conselho Monetário Nacional, depende do Ministério da Fazenda..." Era o auge da centralização, Simonsen era o ministro da Fazenda.[2] Eu tinha curiosidade de conhecer esse centro de poder onde se decidia tudo. Afinal me mudei para Brasília, e morei lá de 1976 a 1979.

Nesse período, fui setorista do Simonsen e tinha aulas diárias de economia com ele. Saí afiadíssima em economia, porque ouvir 10, 15 minutos, que fossem, do Simonsen por dia já era uma coisa absolutamente maravilhosa. Didático à beça, paciente, respeitava muito os jornalistas, principalmente aqueles que ele percebia que no dia seguinte não deturpavam as suas declarações. Era impressionante. E olhe que ele não gostava muito de mim, não. Dizia que me achava muito inquisidora. Naquela época de ditadura você não podia enfrentar muito as

---

[2] Ver neste volume o depoimento de Míriam Leitão, nota 8.

autoridades, elas não estavam acostumadas com isso, e eu sempre fui muito curiosa mesmo. Enquanto não sentisse minha curiosidade satisfeita, não parava de perguntar. Mas enfim, ele me respeitava demais. E eu achava o máximo ter aula com ele todo dia. Era *aula* mesmo. Nós tivemos uma fase de esperar o Simonsen na calçada: os setoristas do Ministério da Fazenda, todo dia, no fim da tarde, o esperavam na calçada, e ele falava sobre CIP, sobre crise do petróleo, sobre déficit em conta corrente, balanço de pagamentos...

Nos três anos em que morei em Brasília, sempre como setorista do Ministério da Fazenda, trabalhei um ano no *Jornal do Brasil*, entre 1977 e 1978. Ou seja, saí da *Gazeta Mercantil* e depois voltei. Eu trabalhava sozinha, e às vezes tinha que cobrir quase que três coletivas simultaneamente: do Simonsen no ministério, do Rischbieter na Caixa Econômica, e do Paulo Lira no Banco Central. Até hoje não sei como fui capaz de fazer isso. Todos os jornais na época estavam percebendo a importância do noticiário econômico e estavam recrutando mais gente, e então eu, principalmente na época do *JB*, estava concorrendo com dois ou três setoristas do *Globo*, que podiam dividir o trabalho. Mas eu me virava, cobria as três coletivas simultâneas e mandava. Não levava furo, não admitia levar furo. Foi uma fase muito divertida, muito gostosa. Eu adorava tudo: adorava correr, adorava me matar de trabalhar. Além do mais, com muita freqüência eu gerava e produzia manchetes para o jornal do dia seguinte. Isso também era gostoso. Jornalista adora isso, se sente gratificado.

Há outra coisa que quero contar: na faculdade, em São Paulo, fui aluna do Vlado Herzog. Quando ele morreu, em outubro de 1975,[3] nós fizemos greve e perdemos o semestre por falta. No primeiro semestre de 1976, portanto, quando eu já devia estar formada, ainda estava no último semestre da faculdade. Tive que terminar a faculdade na ponte-aérea Brasília-São Paulo. Além da correria toda de Brasília, tinha que apresentar os trabalhos finais do curso. Os professores me ajudaram muito, foram compreensivos, e deu tudo certo.

Afinal, em 1979, me mudei de volta para São Paulo, para me casar. Naqueles três anos, quando vinha a São Paulo, uma vez por mês, eu namorava com meu marido, que aliás foi meu primeiro namorado, e que também é jornalista, Alexandre Gambirasio. Eu o conheci na *Folha*, no meu primeiro emprego. Ele era secretário de redação, era chefe do meu chefe, e foi ele, aliás, que não me deu oportunidade na editoria de política... Brinco até hoje que foi por causa dele que

---

[3] Vladimir Herzog, diretor de jornalismo da TV Cultura de São Paulo, morreu sob tortura nas dependências do DOI-Codi em 25 de outubro de 1975. Ver *DHBB*.

fui parar em economia. Quando cobro isso, ele brinca que foi graças a ele que fui parar na televisão, já que só fui para a televisão porque fazia economia... Nós começamos a namorar quando eu já tinha saído da *Folha*, estava em Brasília. Eu vinha a São Paulo, nos encontrávamos com a turma, e foi aí que começou.

Quando voltei para São Paulo para casar com Alexandre, ele já tinha saído da *Folha*, trabalhava nos Diários Associados, e eu continuei na *Gazeta Mercantil*. Nessa época acumulei as editorias de agropecuária, *commodities* e matérias-primas. Para fazer *commodities*, que para mim era outra palavra grega, a *Gazeta* me mandou para Chicago e Londres, para eu conhecer os principais mercados de grãos e de metais. Ainda em Brasília, por sorteio da Associação dos Jornalistas Econômicos, eu tinha ganhado uma bolsa para fazer um curso de mercado de capitais, oferecido em conjunto pela Bolsa do Rio e pela Bolsa de Nova York. Fiz então esse curso em Nova York e emendei, fui para Chicago conhecer as Bolsas de grãos, e para Londres, conhecer as Bolsas de metais. Ao voltar, continuei a trabalhar na mesma área.

Em agosto de 1980 tive o meu primeiro filho, e em maio de 1982 nasceu minha filha. Em outubro de 1982, quando eu estava em casa, no fim do período de licença-maternidade, me liga o diretor da *Gazeta Mercantil*, Roberto Müller Filho. Estou eu ali pensando em fralda, envolvida com bebê, quando ele diz: "Preciso muito que você aceite o seguinte convite"... Quem o conhecia o Müller, e eu o conhecia fazia tempo, sabia que quando ele vinha com uma frase como aquela era para *não* dizer não. Era uma quarta-feira, e ele me disse o seguinte: "Na segunda nós vamos estrear um programa na TV Bandeirantes, e quero muito que você o apresente".

Na TV: de moça do dólar a âncora

O programa se chamava *Dinheiro*, era diário, durava quatro minutos e ia ao ar de madrugada. Era um tempo comprado pela *Gazeta Mercantil*, portanto nunca cheguei a ser funcionária da Bandeirantes, era funcionária da *Gazeta*. Minha incumbência era assistir à reunião das cinco e meia da tarde no jornal, onde todos os editores vendiam o que tinham de melhor para o editor da primeira página, selecionar as principais notícias da *Gazeta Mercantil* do dia seguinte e apresentá-las no programa. Eu então fechava o jornal, passava em casa, dava de mamar para a Cristina, que era bebezinha, trocava de roupa e ia para a Bandeirantes fazer o programa de madrugada. Nós fomos, na época, os primeiros a dar a cotação do dólar na televisão. Ninguém fazia isso. Tanto que as primeiras pessoas que começaram a me reconhecer na rua perguntavam: "Você não é a moça do dólar?" Comecei a ficar conhecida porque a cotação do dólar era uma coisa que todo mundo queria saber, e as televisões ainda não tinham despertado para isso.

Minha estréia no programa foi catastrófica, foi um horror, porque eu não pude me preparar e tremia da cabeça aos pés de nervoso. Logo no primeiro dia, eles disseram: "Você está muito nervosa, e hoje a gente deixa você fazer o programa gravado". Quando fui gravar, errei na primeira vez e pedi para voltar. Chegou um assistente de estúdio, daquelas pequenas autoridades, e literalmente disse assim: "Se você errar de novo, nós vamos ao vivo, porque não vamos mais ter tempo de estúdio". Aí foi que eu tremi mais ainda. Acabou que saí gritando na televisão...

Eu tinha uma ordem do Müller, que era a seguinte: eu podia assistir à TV Globo, desde que fosse para aprender como *não* fazer o programa. Ele tinha horror do jeito que a Globo dava as notícias na época, achava tudo pasteurizado, robotizado. Eu tinha que ser humana, tinha que conversar com o telespectador. Tinha que falar quatro minutos, o que em televisão é uma eternidade, e sem texto! Tinha que ter anotados apenas alguns itens que eu não queria esquecer de citar; podia anotar os números, que eu não era obrigada a decorar; agora, o texto, tinha que ser um texto conversado, o que é muito mais difícil. Imagina! A câmera só em mim, o tempo inteiro, eu com zero de recurso de imagem, zero de ilustração. Todas as minhas ilustrações eram os caracteres dos números de dólar, de Bolsa, de *overnight,* de caderneta de poupança, de déficit de balança comercial – ou melhor, superávit, na época.

Fiquei fazendo esse trabalho na Bandeirantes, para a *Gazeta Mercantil*, de outubro de 1982 a dezembro de 1983, até que, em janeiro de 1984, a Globo me chamou para ser repórter de economia, inicialmente no *Jornal da Globo*. Acho que eles gostaram, porque fiz uma primeira reportagem e na segunda já me pediram para fazer para o *Jornal Nacional*. Fiquei fazendo essas externas na Globo, sem nunca antes ter pego um equipamento de televisão na mão ou saído para a rua. Eu só tinha experiência de televisão de estúdio, e experiência de externa é outro mundo. Posso dizer mesmo que entre 1983 e 1984 comecei a descobrir uma nova profissão, porque a televisão é um novo mundo: o texto é completamente diferente, o jeito de você se comunicar é completamente diferente, tudo é necessariamente muito mais superficial. Isso é uma coisa, aliás, contra a qual eu luto muito até hoje, porque quero explicar os detalhes para as pessoas, quero que elas se sintam satisfeitas com as minhas explicações, e nem sempre consigo.

Fiquei na Globo, fazendo reportagens de economia para o *Jornal Nacional*, entre 1984 e começo de 1985, quando Tancredo Neves estava morrendo. Fui cobrir a posse em Brasília ainda pela Globo, foi aquela confusão e fiquei lá vários dias. Nesse momento, a *Gazeta Mercantil* já estava me procurando. Roberto Müller

Filho disse que eu estava sendo subaproveitada na Globo, que eu estava sendo apenas uma repórter, quando eu sabia fazer muito mais do que mostrar uma lata de tomate do supermercado para o telespectador, e que ele tinha coisas melhores a me oferecer. Conseguiu me convencer a voltar para a *Gazeta*, para fazer o *Dinheiro* na Bandeirantes e mais um programa, *Sete Minutos*, que ia ao ar aos domingos e tinha a pretensão de dar o resumo dos fatos econômicos da semana que acabava, projetando uma agenda para a semana seguinte. Esse programa ia ao ar antes do *Crítica e Autocrítica*, de entrevistas, que o Müller fazia e que durou muito tempo. Quando Funaro, que era muito amigo do Müller, assumiu o Ministério da Fazenda[4] e o levou para ser seu chefe de gabinete, Müller me mandou ancorar o *Crítica e Autocrítica* no lugar dele. Passei então a acumular o programa diário com o *Sete Minutos* e depois com o *Crítica e Autocrítica*, aos domingos. Esse período no *Crítica e Autocrítica* foi muito bom para mim. Profissionalmente, foi rico, porque fazer entrevistas na televisão não é tão fácil quanto se pensa: era preciso ter ritmo, coordenar uma mesa de quatro perguntadores... Aprendi bastante nessa época, em matéria de quando interromper o entrevistado, deixar o entrevistado falar etc. Isso durou até 1987.

Em 1987, a Globo ia lançar um programa chamado *Globo Economia*, que iria ao ar depois do *Jornal da Globo*, com duração de cerca de três minutos. Fui convidada para fazê-lo e aceitei. Eu tinha atrás de mim aquele cenário que lembrava um azulejo com um gráfico, e que resultou na imitação do Jô Soares – até hoje me chamam de "Lillian Bife Quibe" por causa da imitação do Jô no programa de humor dele. Em 1988/89, Boni resolveu acabar com o *Globo Economia* e embuti-lo no *Jornal da Globo*, e tive que passar a fazer uma coisa mais enxuta. Comecei também a fazer comentários de economia para o *Jornal Nacional*. Em março de 1990, Collor toma posse, faço aquela antológica entrevista com Zélia Cardoso de Melo,[5] da qual todo mundo se lembra até hoje, e aos

---

[4] Dílson Funaro foi o segundo ministro da Fazenda do governo Sarney, de agosto de 1985 a abril de 1987.

[5] Fernando Collor de Mello tomou posse na presidência da República em 15 de março de 1990, e no dia seguinte a ministra da Economia, Zélia Cardoso de Melo, anunciou um plano econômico que surpreendeu o país, sobretudo pelo bloqueio dos saldos em conta corrente e caderneta de poupança que excedessem 50 mil cruzados. No dia 17, Lillian Witte Fibe e Carlos Monforte entrevistaram ao vivo a ministra Zélia, tentando esclarecer dúvidas da população. A entrevista teve grande repercussão pelo tom incisivo de Lillian Witte Fibe e pela insegurança demonstrada pela ministra. Ver *Jornal Nacional: a notícia faz a história*, op. cit., p. 224-228.

poucos vou sumindo das câmeras da Globo. Não sei por quê, não me pergunte por quê, mas comecei a ser menos usada. Continuava a fazer meus comentários para o *Jornal da Globo*, mas para o *Jornal Nacional*, por exemplo, nunca mais ninguém me chamou.

Em dezembro de 1990, quando a concorrência soube que o meu contrato com a Globo estava vencendo em março de 1991, começou a me procurar: "Olha, nós estamos percebendo que você não aparece mais na Globo, queríamos conversar, porque achamos que aqui nós podemos aproveitá-la melhor..." Fui conversar. O primeiro que me chamou foi Dante Matiussi, na época diretor de jornalismo da Record. Dante tinha muita prática de televisão, tinha trabalhado muitos anos na Globo, na fase áurea do jornalismo da Globo. "Não entendo como as pessoas na Globo não percebem, salta aos olhos que você e o Nascimento são os melhores âncoras da TV brasileira, vocês são o melhor casal! Vem para a Record!" A Manchete também me procurou. Alice-Maria tinha saído da Globo e era diretora de jornalismo lá.[6] Não sabia ainda direito o que queria que eu fizesse, mas seriam comentários sobre economia. O último a me procurar foi o SBT, com a mesma história. Para resumir, entre os três convites, optei por ser âncora do SBT no jornal que eles iriam lançar, que ia se chamar *Jornal do SBT*. O jornal teria uma edição curtinha antes do *Jô Soares Onze e Meia* e outra edição de meia hora depois do Jô.

Fiquei no SBT dois anos e a-do-rei! Adorei ser âncora, adorei ser editora-chefe do jornal, me divertia. Era tudo o que eu queria fazer na vida. Foi nesse momento que deixei de tratar só de economia. Embora o meu forte, até hoje, continue sendo o jornalismo econômico, nesse momento, em 1991, passei a ter que me preocupar com internacional, com política, com esporte, com cultura, com todas as outras editorias. Foi um período muito bem-sucedido da minha vida. Fui muito feliz naqueles dois anos de SBT, foi absolutamente genial a minha experiência lá. Era outro mundo. Eu conhecia o mundo da Globo, cheio de equipamentos, e no SBT não havia equipamento, não havia recursos, não havia nada. Só para dar um exemplo, a primeira edição do meu jornal ia ao ar às 11 da noite, e a partir das nove não havia mais ninguém na sucursal de Brasília, porque ela era proibida de pagar hora extra para os funcionários. Se o presidente da República morresse, eu tinha que entrar com uma nota pelada, como a gente chama no jargão de televisão, uma nota ao vivo simplesmente dizendo "morreu o presidente" e ponto. Eram recursos precariíssimos, mas nós trabalhávamos com muita

---

[6] Ver neste volume o depoimento de Alice-Maria.

garra, todo mundo empenhado em melhorar a audiência da emissora, uma coisa bem apaixonada, bem poética. Aprendi demais naqueles dois anos.

Só que naqueles dois anos de SBT parece que eu estourei nas pesquisas de opinião, principalmente nas pesquisas qualitativas. O SBT encomendou uma pesquisa sobre os telejornais, fui convidada para assistir à exposição da dona da agência, e lembro dela dizendo: "É a primeira vez na minha vida que faço uma pesquisa sobre um produto em relação ao qual as pessoas não querem que mude nada, a não ser o horário. Elas têm certeza que o SBT vai fazer isso, vai botar o jornal num horário melhor. Afora isso, elas não querem mais nada, adoram tudo o que vêem". Tenho a impressão de que foi por causa dessa pesquisa – porque, assim como a agência fazia pesquisas para o SBT, fazia para outras emissoras – que a Globo me procurou, surpreendentemente. Levei o maior susto, pensava que nunca mais teria chance de voltar para a Globo, do jeito que tinham corrido as coisas a partir da posse do Collor, mas a Globo me procurou, perguntando o que eu queria fazer. Achei estranhíssimo, mas, em todo caso, fiquei de pensar, porque era um convite de uma empresa grande, profissionalmente podia ser interessante.

Eles me ofereceram, inicialmente, ser editora-chefe do *Fantástico* ou fazer um programa de manhã, feminino, que estavam pensando em lançar. Não me entusiasmei por nenhuma dessas idéias. Disse: "Acho que o meu público é mais o noturno, e eu gostaria de continuar fazendo uma coisa parecida com o que estou fazendo no SBT, que é o jornal da noite". Ainda me enchi de cuidados extras: "Mas sei que tem gente fazendo o jornal da noite e não quero tirar o emprego de ninguém". Fiz essas ressalvas, e Alberico[7] me confidenciou que já tinha pensado em opções para o William Bonner e a Fátima Bernardes, que apresentavam o *Jornal da Globo*. Achava que o William combinaria muito com o jornal *Hoje*, e que o *Fantástico* precisava da Fátima. Disse que eu não me preocupasse com os meus colegas. Eu disse então que o *Jornal da Globo* precisaria ser transferido para São Paulo, porque eu moro em São Paulo. A Globo comprou essa proposta fechada, topou tudo. Mudamos então o *Jornal da Globo* para São Paulo, e fui ser editora-chefe e âncora do jornal, a partir de março de 1993.

Em março de 1995, recebi convites importantes de duas emissoras: a Record e a Bandeirantes. As duas queriam me mudar de horário. Achavam que eu estava escondida de madrugada na Globo, e me queriam no horário nobre. A Globo insistiu muito para que eu ficasse, me acenando com a possibilidade de estudar a tal mudança de horário. Eu queria mesmo mudar, porque estava me desencon-

---

[7] Alberico de Sousa Cruz, diretor-geral da Central Globo de Jornalismo de 1990 a 1995.

trando da minha família. Fiquei cinco anos nesse horário de madrugada, e saía muito acelerada, demorava muito para relaxar. Eu ia dormir às quatro da manhã, era obrigada a acordar ao meio-dia, e a essa hora as crianças, que estudavam à tarde, já tinham saído para a escola; ia para a academia de ginástica, saía para trabalhar por volta de cinco da tarde, e elas ainda não tinham voltado. Eu me desencontrava completamente de marido e filhos.

Em novembro de 1995, Evandro Carlos de Andrade, que tinha assumido o jornalismo da Globo, me liga e diz que quer que eu cubra as férias do Chapelin, durante 40 dias, no *Jornal Nacional*, junto com Cid Moreira. Fiz essa experiência e em janeiro voltei para São Paulo, para o *Jornal da Globo*. Aí aconteceu uma revolução, eles optaram por tirar locutores e botar só jornalistas à frente da apresentação de todos os telejornais, locais e de rede. Evandro me chamou e disse que tinha decidido que, se eu quisesse, seria âncora do *Jornal Nacional*. Era uma coisa que me criava um problema familiar grave, porque eu teria que ficar longe da família de segunda a sexta, mas achei que, primeiro, era irrecusável e, segundo, era uma mudança de horário importante para mim, ainda que não me resolvesse o problema familiar. Resolvi fazer essa experiência, e em março de 1996 passei a apresentar o *Jornal Nacional* junto com William Bonner. Em 1998 voltei mais uma vez para o *Jornal da Globo*, e lá fiquei até maio de 2000.

De 2000 a 2002, fui para o portal Terra, como diretora responsável pelo jornal em banda larga intitulado *Jornal da Lillian*, com vídeo e interatividade. Nesse período fui também comentarista econômica da Rádio Bandeirantes. Em 2003 e 2004 "tentei" descansar e fiz *freelancers* e palestras sobre temas variados para clientes idem. Afinal, em 2005 me tornei âncora do site *UOL News*, que é o canal de notícias em banda larga do portal UOL, pertencente ao grupo Folha. E acabo de assinar contrato para ser editora-chefe e apresentadora do *Jornal 21*, canal UHF do grupo Bandeirantes, presente hoje em 18 capitais, sendo que em Brasília a retransmissora é emissora aberta.

A fonte, a informação e a notícia

COMO É QUE VOCÊ TRABALHA? COMO É QUE VOCÊ SELECIONA SUAS FONTES DE INFORMAÇÃO?

Tenho fontes de 30 anos, que fiz a partir do momento em que fui para a *Gazeta Mercantil*, em junho de 1975. São fontes de mercado financeiro, banqueiros... Se eu lhe mostrar o estado da minha agenda de telefone... É claro que eu tenho agenda eletrônica, tenho agenda no computador lá em casa, mas da de papel eu não me desfaço, por segurança, de maneira nenhuma. Para você ter uma idéia, meu filho está um homem, e a agenda tem o telefone da pré-escola dele, quando ele tinha três anos! Se roubarem a agenda, ninguém vai saber usar, porque só eu consigo entender.

VOCÊ ESTABELECE RELAÇÕES DE AMIZADE COM SEUS INFORMANTES?

Se eu for amiga de um ou dois deles é muito. Sempre tive um certo cuidado com essa história de amizade com fonte.

COMO É QUE VOCÊ CONTROLA A SUA FONTE, AS INFORMAÇÕES QUE ELA LHE DÁ?

A fonte que mente para mim uma vez não mente nunca mais, porque deixa de ser minha fonte, risco da minha agenda, bloqueio, nunca mais quero ouvir falar. Mesmo que eu não chegue, necessariamente, a embarcar na mentira dela. Sou muito desconfiada e não me lembro de ter caído em armadilha. Quando tenho fontes nas quais não confio 100%, checo a informação em duas ou três outras fontes. Mas mentiu para mim, se eu descobrir, se eu perceber, se eu desconfiar, mentiu só uma vez.

QUANDO VOCÊ COMEÇOU A TRABALHAR EM TELEJORNAL, O TEMPO FICOU MAIS CURTO PARA CONTROLAR A INFORMAÇÃO?

Eu diria que não. Na época em que eu trabalhava em jornal talvez fosse mais ingênua, mas mesmo então sempre fui orientada pelos meus chefes a ser desconfiada, principalmente na área de economia. Meus editores sempre diziam: "Tem certeza? Checa com fulano, checa com sicrano". A *Gazeta Mercantil* sempre teve o cuidado de ouvir várias partes. Fui muito condicionada a ter sempre esse cuidado.

ACONTECE DE UMA FONTE PROCURÁ-LA PARA PASSAR UMA INFORMAÇÃO?

É muito raro. A gente brinca que quando a notícia cai do céu é porque tem alguma coisa. Nenhuma notícia cai do céu. É tudo muito ralado, muito suado, muito difícil. Estou convencida de que, no jornalismo, para dar certo, além de ter sorte e talento, a pessoa tem que suar muito a camisa, tanto na hora da reportagem quanto na hora da redação. Sem suar muito a camisa, sem se matar para ter uma notícia, você não consegue a notícia exclusiva, boa e importante.

Tenho anos de jornalismo e hoje, se eu ligo para um ministro e ele não me atende na hora, ele me liga de volta rapidamente. É preciso conversar com o poder, mas sempre filtrando a informação. Isso vale para a informação que vem de Brasília como vale, principalmente, para a que vem do mercado financeiro. No mercado financeiro, o jornalista com muita freqüência encontra gente que tenta operar através dele. Com esse sujeito, também, eu falo uma vez, até tento falar uma segunda vez, para ver se estou certa ou se estou desconfiada em excesso. Mas quando percebo que ele está comprado ou vendido em ouro, e que portanto está tentando me convencer de que o ouro vai subir ou vai cair, corto da minha lista de fontes completamente. A mesma coisa quando percebo que o sujeito está interessado em me manipular. Aí, realmente, eu não posso perder o meu tempo. Minha produtividade depende da qualidade da notícia que eu consigo, e só vou gastar o meu tempo com gente que me dê resultado.

VOCÊ JÁ DEIXOU DE DAR UMA INFORMAÇÃO PORQUE ELA PODERIA CRIAR UMA CRISE POLÍTICA?

Infelizmente, já. E várias. Por exemplo, banco quebrado. Para falar só de casos resolvidos, eu sabia, e todos os jornalistas, pelo menos os que cobrem a área econômica, também estavam sabendo, que o Comind e o Auxiliar estavam virtualmente quebrados. Eu tinha essa informação, mas não podia dar para o público, porque aí os dois quebravam no dia seguinte. Eu tenho esse dilema de consciência, francamente, até hoje. Nunca tive conta nem no Comind nem no Auxiliar, por coincidência, mas, se tivesse, possivelmente teria me prevenido e tirado o meu dinheiro. Eu tinha esse privilégio, que eu não podia dividir com o telespectador. É uma tremenda injustiça! Só depois que apareceu o Proer[8] é que a notícia de um banco quebrado pôde aparecer na imprensa, porque havia 99% de certeza de que quem tinha dinheiro lá não ia perder tudo, porque o Proer ia salvar o banco e o depositante não ia ser prejudicado. Antes disso, a gente tinha que ficar quieta sabendo de coisas que não eram só boatos, eram certezas. Isso é muito chato, é um dilema de consciência que eu tenho.

QUANDO VOCÊ FOI PARA A TELEVISÃO, IMAGINO QUE RECEBESSE UMA GAMA ENORME DE INFORMAÇÕES DURANTE O DIA. COMO É QUE VOCÊ DEFINIA A INFORMAÇÃO QUE IA SE TRANSFORMAR EM NOTÍCIA?

No *Jornal Nacional*, realmente, sobrava muita notícia. No *Jornal da Globo*, até porque eu era editora-chefe – no *Jornal Nacional* eu participava da edição, mas não era editora-chefe –, nem que fosse de uma maneira muito resumida, eu

---

[8] Ver neste volume depoimento de Cláudia Safatle, nota 7.

procurava dar as principais notícias do dia e me antecipar aos jornais do dia seguinte. O *Jornal Nacional* é muito espremido por tempo, e o critério era dar absoluta prioridade ao que nós chamamos de *hardnews*. Nossa *missão*, se é que se pode definir assim, era conseguir enfiar, acomodar, naquele exíguo espaço de tempo, as principais notícias que iam estar nas primeiras páginas dos jornais do dia seguinte. Era mais ou menos o critério de um editor de primeira página de um jornal escrito.

OS JORNALISTAS DA IMPRENSA ESCRITA COSTUMAM DIZER QUE ASSISTEM AO *JORNAL NACIONAL* ANTES DE FECHAR OS SEUS JORNAIS...

Sim. A primeira página dos jornais reflete muito o *Jornal Nacional* da véspera. E quem faz o *Jornal Nacional* tem que trabalhar com os jornais do dia, para ver o que não foi dado, o que é preciso explorar mais, o que não deve ser dado, porque já saiu.

Mudanças na imprensa

VOCÊ PERCEBE MUDANÇAS NA IMPRENSA DESDE QUE COMEÇOU A TRABALHAR? MUDOU SÓ A TECNOLOGIA, OU MUDOU A QUALIDADE DA INFORMAÇÃO?

A velocidade da mudança tecnológica foi realmente quase comparável à velocidade da luz, foi uma coisa que ninguém podia prever. Alguns anos atrás ninguém imaginava, por exemplo, que hoje a máquina de escrever seria obsoleta. Mas, do meu ponto de vista como jornalista, estou sempre mais preocupada e mais interessada em melhorar o conteúdo.

Comecei a trabalhar em jornal em 1973, por azar, no auge da ditadura. Nunca trabalhei em jornal que tivesse censor dentro da redação, não peguei essa época, mas peguei, por exemplo, a época em que Hugo Abreu[9] pediu a cabeça do Cláudio Abramo para Octavio Frias, dono da *Folha de S. Paulo*. Era uma época muito difícil. Eu estava na editoria de educação, e o diretor da Escola de Comunicações e Artes da USP se queixava de que os jornalistas escalados pelos grandes jornais para cobrir a greve dos alunos estudavam eles próprios na faculdade e, portanto, necessariamente, fariam uma reportagem parcial. Mas isso foi uma coisa que o meu editor sempre me proibiu de fazer. Perseu Abramo deu ordem: "Cobertura absolutamente imparcial". Eu, aliás, nunca tive nenhuma vocação

---

[9] O general Hugo Abreu foi chefe do Gabinete Militar do governo Geisel de 1974 a 1978. Ver *DHBB*.

para ser líder estudantil. Tenho uma grande vocação democrática, mas nunca fiz política estudantil na faculdade porque não sabia como fazer e não tinha jeito. Então eu ia lá realmente para cobrir a greve, voltar e redigir um texto contando o que tinha acontecido. Mas era muito difícil, aquela época. A epidemia de meningite em São Paulo foi censurada! Eu estava na *Folha*, e não se podia dar a notícia! O que era um contra-serviço, uma coisa absolutamente maluca! Obviamente, nesse aspecto, a diferença de lá para cá é da água para o vinho.

HOJE NÃO EXISTE MAIS UMA CENSURA EXTERNA. MAS EXISTE UMA CENSURA INTERNA NA MÍDIA?

Cada vez menos, graças à concorrência. Quem quiser fazer censura se vê premido pela vergonha de ver no dia seguinte, ou no mesmo dia, em outras emissoras de televisão, a notícia escancarada. Essa é uma das grandes vantagens da democracia e da concorrência. É inútil, hoje em dia, você tentar tapar com a peneira um processo de *impeachment* do presidente Collor, por exemplo, porque vai estar escancarado em todos os jornais do dia seguinte.

A PROFISSÃO DE JORNALISTA SE TORNOU HOJE MAIS FEMININA?

Sim. Não sei dizer por que isso acontece, mas é inegável o crescimento do número de mulheres nas redações.

O NÚMERO AUMENTOU, MAS E QUANTO À POSIÇÃO HIERÁRQUICA? AS MULHERES TÊM POSIÇÕES DE CHEFIA, OU AINDA SÃO OS HOMENS QUE DETÊM O PODER?

Confesso que não sei responder. Agora que você me perguntou, estou pensando que quando eu trabalhei na Globo, todos os editores-chefes de jornal, de manhã até de noite, eram homens. Mas não sei se isso era uma discriminação.

VOCÊ VÊ ALGUMA DIFERENÇA NA ORIGEM SOCIAL DA GERAÇÃO DE JORNALISTAS QUE COMEÇOU COM VOCÊ E DA GERAÇÃO QUE ESTÁ CHEGANDO HOJE?

Não vejo muita diferença. Vejo que chega de tudo nas redações, os pobres e os de classe média alta, os que falam inglês fluentemente e os que não tiveram chance de aprender, o que também traduz uma diferença social.

E EM TERMOS DE FORMAÇÃO, HÁ DIFERENÇA?

A qualidade do trabalho deles não é nenhuma Brastemp, não... Antes de serem muito treinados, quando chegam verdinhos da faculdade, não são muito melhores do que eram os do meu tempo.

O papel do jornalista

QUANDO ESCOLHEU TRABALHAR NO VÍDEO, O QUE VOCÊ CONSIDERAVA MAIS IMPOR-
TANTE NO SEU TRABALHO?

Como disse, sempre tive uma verdadeira obsessão pelo conteúdo e pela
notícia. Acho até que eu deveria me preocupar mais com a forma, mas na televisão já há tanta gente cuidando disso que sempre preferi delegar essa tensão e me
preocupar o tempo inteiro com o conteúdo. Gosto mais, tenho mais vocação
para isso. Sou muito jornalista.

Na televisão, quem apresenta um jornal e quem apresenta um programa
que não seja do departamento de jornalismo são pessoas de perfil completamente
diferente. Nós costumamos dizer que no jornalismo a estrela é a notícia, e não o
apresentador. Existe até uma convenção informal, por exemplo, de não usar uma
roupa que distraia a atenção do telespectador. Se eu sou a apresentadora do
telejornal, meu brinco não pode chamar mais atenção do que a notícia. Tenho
que estar sempre bem arrumada, porque o veículo exige, mas não posso obscure-
cer, não posso empanar o brilho da notícia. O importante é a notícia, não sou eu.
Se eu estiver bonita, bem maquiada, bem vestida, e não der uma notícia precisa,
estou frita. Não necessariamente vice-versa.

QUANDO VAI APRESENTAR UM TELEJORNAL, VOCÊ ESTÁ MAIS INTERESSADA NO PÚBLICO
OU NA OPINIÃO DOS SEUS PARES?

Ah, no público, tenho absoluta certeza. Meus critérios de seleção de redação são, acima de tudo, o diálogo com o público e o serviço que estou prestando
a ele naquele momento. Isso para mim é absolutamente sagrado. Meus pares
gostariam de ouvir coisas completamente diferentes. Isso não é nenhum idealismo,
não, é uma coisa pragmática. Não adianta eu falar para os meus pares num veículo
que está falando para 75 milhões de pessoas. Se eu me preocupar em falar para os
meus pares e não falar para o público entender, a curto prazo eu estou frita.

QUAL É O PAPEL DO JORNALISTA NA SOCIEDADE? ELE É UM PRODUTOR, UM DIFUSOR DA
INFORMAÇÃO?

É um formador de opinião. Sou certamente uma formadora de opinião.
Não tenho a menor dúvida. As pessoas querem saber, ainda que seja nas entreli-
nhas, ainda que seja na expressão do olhar, o que eu penso, para então tirarem as
suas conclusões.

Você é uma intérprete da informação?

Também. Tenho obrigação de ser.

O jornalista deve ser um crítico, um fiscal do governo?

Ah, sim. Essa é uma obrigação da imprensa, na democracia.

O jornalista pode provocar um acontecimento?

Raramente, eu diria. O jornalista mais cobre o fato acontecido do que cria um fato.

O jornalista deve ser um defensor dos sem-voz?

Procuramos ser. Com sinceridade, com franqueza, procuramos ser. E vamos procurar, cada vez mais, fazer a defesa do consumidor, a defesa do sujeito realmente mudo, impotente, indefeso.

Isso é uma coisa nova, por exemplo, em relação ao período da ditadura?

Sim. Se você lembrar que na *Folha* nós fomos proibidos de alertar as pessoas de que havia uma epidemia de meningite... Isso hoje seria impossível, graças à democracia. Na democracia você é obrigado a prestar esse serviço.

O jornalista hoje é também formulador da agenda pública?

Não. Não consegue ser. Se eu pudesse fazer a agenda pública, por exemplo, teria feito uma agenda de reformas constitucionais muito mais ágil do que se fez.

Na formação de opinião, os jornalistas têm hoje um papel mais importante do que os intelectuais?

Junto à massa, sim. Os intelectuais são encontrados com mais freqüência na academia, e os jornalistas, num veículo de massa. Logo, formamos mais opinião. Embora, talvez, estejamos menos preparados do que os intelectuais para fazê-lo.

Você lê muito? Estuda?

Leio muito menos livros do que gostaria de ler. Acho muito importante para o jornalista ler, por exemplo, Machado de Assis, Nelson Rodrigues, por causa da fluência, por causa do bom texto, por causa do português. Leio muito menos esses autores do que gostaria porque acordo, tenho que ler todos os grandes jornais, e aí já está na hora de trabalhar. Eu diria que acordo trabalhando e vou dormir trabalhando. No fim de semana, no tempo em que minha filha me deixa ficar livre, também tenho que ler os jornais todos, o que me ocupa pelo menos três horas. Não consigo ler de uma vez só, porque sou interrompida pelas crianças, porque as crianças querem comer, porque elas ainda querem, de vez em quando, me ver. Fora isso, tenho que ler a *Vanity Fair*, a *Vogue*, a *Newsweek*, a *Time*, a *Business Week*, a *Fortune*... Leio jornais e revistas demais, sou obrigada a ser muito atualizada, e com isso me sobra muito pouco tempo para ler livros, inclusive de economia.

VOCÊ JÁ PENSOU EM EXERCER UMA OUTRA PROFISSÃO FORA DA IMPRENSA? SER PROFESSORA, POLÍTICA, EMPRESÁRIA...

Acho que não sei fazer mais nada além de ser jornalista. Sei que, se precisasse, eu seria uma boa professora, mas não posso nem pensar, hoje em dia, em trocar meu salário pelo de uma professora. Quando eu era criança, queria ser professora. Depois mudei de idéia e resolvi ser jornalista, achando que ia ser muito mais pobre, porque jornalista ganhava muito mal. Tive muita sorte na vida e hoje em dia tenho um salário razoável. Quanto às outras hipóteses de que você falou, política, nem pensar! Dona de empresa, eu quebraria, não tenho vocação, não tenho talento. Creio que não teria talento para ser mais nada.

O QUE VOCÊ TERIA MAIS A DIZER DA SUA PROFISSÃO, PARA ENCERRARMOS ESTA NOSSA CONVERSA?

Acho que o jornalismo é um pouco cruel, ao expulsar muito cedo as pessoas do mercado de trabalho. Percebo que as empresas, hoje, estão abrindo mão com muita facilidade da experiência dos jornalistas de mais idade. Quando, na verdade, nós deveríamos beber na experiência deles, até porque são mais cultos que nós, têm mais vida que nós, viram o suicídio do Getúlio Vargas, enfim, têm mais bagagem pessoal, cultural e histórica, mais prática de selecionar a notícia, de pensar na suíte, de perceber o que é uma grande história. Não sei por que essa gente está sendo expulsa do mercado. Não sei se os jovens estão um pouco arrogantes demais, achando que sabem tudo: "Ih, aquele cara é um velho, está cansado, já não vai mais correr, não vai mais ter energia..." O fato é que é muito difícil, hoje, encontrar uma empresa dando emprego a uma pessoa de mais de 50 anos – estou falando de cargo de chefia, claro. Quem assume cargo de chefia não está saindo da universidade, está vindo do mercado de trabalho, mas tem, no máximo, 40, 45 anos. As pessoas que têm experiência estão sendo visivelmente encostadas para dar lugar a esses jovens.

SERÁ QUE OS JORNALISTAS MAIS VELHOS NÃO ACOMPANHARAM AS MUDANÇAS RÁPIDAS QUE ESTÃO OCORRENDO?

Na maioria dos casos acompanharam as mudanças, sim, até por questão de sobrevivência. Tiram de letra computador, são rápidos, são bons jornalistas, têm bom texto, têm sensibilidade para a notícia, porém são encostados, tanto no jornal escrito quanto na televisão. Isso é uma coisa que salta aos olhos, e é uma coisa cruel.

Fátima Bernardes

Fátima Bernardes

Entrevista a Alzira Alves de Abreu e Christiane Jalles de Paula feita no Rio de Janeiro em 17 de dezembro de 2004.

Do balé à TV: uma carreira rápida

QUAL A DATA E O LOCAL DE SEU NASCIMENTO, QUEM ERAM SEUS PAIS?

Nasci em 17 de setembro de 1962, no Rio de Janeiro. Meu pai, Amâncio da Costa Bernardes, é suboficial da Aeronáutica reformado, e minha mãe, Eunice Gomes Bernardes, é dona-de-casa. Tenho uma irmã que é química farmacêutica, casou-se na França e mora lá. É professora universitária e trabalha com pesquisa.

POR QUE VOCÊ ESCOLHEU JORNALISMO? VOCÊ NÃO FAZIA BALÉ?

Acho que o balé foi um sonho de criança. Eu até imaginava que talvez, algum dia, pudesse ser bailarina. Mas, como tenho por característica uma exigência muito grande comigo mesma, quando percebi que jamais chegaria onde eu imaginava, desisti do balé, e o sonho acabou. Mas desde muito pequena eu também dizia que ia ser jornalista. Minha mãe conta que, para eu ficar quieta, ela me dava uma gravura qualquer e dizia: "Escreve uma redação sobre isso". Uma vez, ela lembra que só tinha o desenho de uma girafa, e mesmo assim eu fiquei lá escrevendo. Nós não tínhamos máquina de escrever em casa, mas eu gostava de brincar que estava digitando. Se você me perguntar por que esse gosto, não sei. Ninguém na família escrevia. Nós tínhamos o hábito de ler jornal em casa? Tínhamos. Minha mãe gosta muito de ler. Embora não tenha se formado professora, que era o sonho dela, sempre leu muito.

Hoje em dia, eu avalio que eu tinha, também, um olhar um pouco diferente. Lembro que ia a uma festa com todo mundo, e na volta os comentários da minha mãe, do meu pai e da minha irmã eram muito parecidos, enquanto eu sempre tinha visto alguma coisa que ninguém mais tinha notado. "Mas onde estava isso?" "Estava lá." Talvez o meu olhar fosse um pouco mais curioso, um pouco mais inconformado. Mas ainda assim não sei de onde veio o gosto por jornalismo. Eu não tinha uma fonte de inspiração. Eu queria era contar histórias, sempre gostei de contar coisas para as pessoas. Esse era o pensamento mais inicial. Depois, na faculdade, vieram outras coisas. Comecei a perceber o poder da função do jornalista, a capacidade que nós temos de fazer da nossa função uma prestação de serviço. Mas isso já foi muito posterior. O movimento inicial, que me levou a me inscrever na faculdade de jornalismo, não sei de onde veio. Sei que eu queria ser jornalista.

Fiz vestibular para a UFRJ em 1980, e essa foi a minha única opção. Eu só podia cursar uma universidade pública, porque não tinha condição de pagar. Como a Uerj não tinha jornalismo, só tinha relações públicas, e como da UFF minha mãe morria de medo, porque nós morávamos no Méier e era muito longe, só restava a UFRJ. Eu rezava para passar no vestibular e passei. Terminei o curso em 1983.

E COMO VOCÊ COMEÇOU A TRABALHAR EM JORNALISMO?

Comecei graças ao balé. Eu já não fazia mais parte do grupo de dança de que tinha participado durante toda a minha adolescência, mas a dona da academia onde eu trabalhei, e onde eu ainda fazia aula, me pediu para acompanhar um grupo de alunas que ia dançar num espetáculo do Projeto Aquarius, patrocinado pelo jornal *O Globo*. Isso seria num domingo, e na sexta-feira seguinte eu iria fazer prova para estagiar no próprio *Globo*. Cheguei lá com as alunas e fui recebida por um jornalista que trabalhava no departamento de promoções. Conversei, disse que estava terminando a faculdade, que ia fazer a prova para o estágio, que estava superansiosa, porque estava estagiando numa agência de publicidade, mas não era o que eu queria – eu falo muito, não é –, e sei que no dia seguinte ligaram do departamento de promoções para a academia, dizendo que ia começar um torneio de escolas, que um repórter tinha quebrado a perna, e que eu poderia tentar, em vez da prova para o estágio, fazer uma matéria sobre o tal torneio; se ela ficasse OK, eu poderia continuar fazendo frilas e recebendo. Eu precisava muito trabalhar e pensei: vou tentar.

O torneio era de futebol de salão. Sempre gostei de esportes, lia, acompanhava. Fui assistir ao jogo numa escola, fiz o texto e entreguei. A matéria saiu até assinada! Foi um susto, uma página do Caderno de Bairro! Não era ainda um texto extremamente jornalístico. Como se tratava de um evento promovido pelo jornal, fiz um texto dizendo como o torneio estava legal, como as escolas estavam animadas etc. Na época, quem coordenava os Jornais de Bairro era Milton Temer. Ele tinha fama de que arrancava a página da máquina, amassava e jogava no lixo. Quando perguntou: "Quem é Fátima Bernardes?", achei que eu não ia nem levantar a mão... Mas ele disse: "Olha, nós estamos querendo uma coisa mais ou menos assim, com boxes, que dê uma cara de noticiário esportivo a um torneio que é escolar". Estávamos em setembro, e o torneio se encerraria com as aulas, em dezembro. Em fevereiro começaria um outro, de vôlei de praia, depois haveria um de vôlei de quadra... Passei o ano de 1984 inteiro fazendo frilas para o departamento de promoções. No fim desse ano me levaram para os Jornais de Bairro mesmo. Aí sim, tive que começar a cobrir rua, lixo, buraco. Afinal, em março de 1985, fui contratada.

Nos Jornais de Bairro, nós éramos a cozinha do jornal. Todo mundo era foca, mas hoje todo o nosso grupo está aí trabalhando. Foi Milton Temer quem me chamou no início, mas não foi ele quem me contratou; foi Renan Miranda, que o substituiu na editoria. Éramos uma equipe de uns vinte e poucos repórteres começando. Sônia Biondo era a chefe de reportagem. Fiquei trabalhando ali até que, um belo dia, eu estava sentada, batendo umas matérias, peguei o jornal para ler e vi que nos classificados havia um anúncio grande: "Curso de telejornalismo na TV Globo". Pensei: puxa, vou me inscrever! Os Jornais de Bairro me davam uma certa flexibilidade de horário, eu não tinha a mesma carga horária do pessoal da geral, e achei que poderia ser interessante, porque eu nunca nem tinha visto um equipamento de televisão. Mas não foi só chegar e me inscrever. Quando fui me informar, soube que tinha que fazer um concurso, porque havia 400 inscritos e 25 vagas. Fiz e passei.

Na época, meu chefe de reportagem já era Dênis de Moraes, que ficou meio reticente, porque existia um acordo: funcionário da TV Globo não ia para o jornal e vice-versa. Eu disse: "Gente, mas é um curso! Eu não estou indo trabalhar lá!" Só que, quando fiz o curso, percebi que aquele era o veículo em que eu poderia me desenvolver melhor. Gostei do dinamismo. Eu estava num jornal com fechamento semanal e já estava querendo aquela coisa mais ágil do fechamento diário. Tinha feito algumas coberturas para o pessoal da geral, tinha feito uma capa para o Segundo Caderno, estava supercontente, porque minha amiga de dupla tinha acabado de conseguir uma vaga no *Globão*, como a gente chamava, e eu imaginava que iria pelo mesmo caminho... Pensava: quero ir para o *Globão* também, quero fechar jornal todo dia, não quero essa calma de fechamento semanal. Quando vi, no curso, que a matéria que eu tinha gravado de manhã meia hora depois poderia estar no ar, ou, se fosse ao vivo, estaria no ar imediatamente, pensei: é isso, eu gosto disso, quero fazer televisão! Só que eu estava nos Jornais de Bairro... Como é que ia ser? Tirei férias no jornal e me ofereci para ficar um mês na TV. Quando cheguei, me mandaram acompanhar o trabalho do *Fantástico*.

E ASSIM VOCÊ ENTROU NA TELEVISÃO.

Não foi muito fácil. Como repórter, no *Fantástico*, eu não fiz nada. Imagine, só tinha feras! Helena de Grammont, Glória Maria... Pensei: meu Deus, o que é que eu estou fazendo aqui?! Eu tinha medo das reuniões de pauta. Afinal, no último dia, a chefia de reportagem me deu um equipamento para eu fazer uma matéria sobre solidariedade. Em um dia, o que é que eu ia fazer? Fiz um *flash* no meio da rua: pedi carona na Cidade Universitária e mostrei a dificuldade de transporte para quem estudava no Fundão. O editor-chefe do programa, José Itamar de Freitas, olhou e disse: "Você não é boba, não. Vou conversar com Alice-Maria".[1] Alice me chamou, e me colocaram para cobrir férias na editoria Rio, fazendo matérias locais – que é por onde as pessoas devem começar.

EDITORIA RIO SIGNIFICA QUE VOCÊ FOI TRABALHAR NO *RJ-TV*?

Sim, na terceira edição, que ainda existia, depois do *Jornal da Globo*. Ia ao ar quase de madrugada. Depois de dois meses trabalhando como prestadora de serviços, acumulando com o jornal, recebi um convite para ser contratada pela Globo. Pedi então demissão no jornal e em março de 1987 comecei como repórter no horário de seis da noite a uma da manhã, fazendo mais reportagens na área cultural. Logo depois, passei para seis da manhã a uma da tarde, com um noticiário mais factual, de rua mesmo, sobre o que estava acontecendo no dia. Que era o que mais me agradava. Foi assim a minha chegada na televisão.

E COMO FOI A EVOLUÇÃO DA SUA CARREIRA?

De 1987 a 1989, aprendi a fazer reportagem mesmo. Como isso acontece? Você começa fazendo matérias para os jornais locais e vai aprendendo, porque há uma diferença entre o noticiário local e o noticiário de rede. Às vezes o assunto é o mesmo, mas é preciso saber transformar aquela notícia local em algo que tenha interesse para a rede, é preciso saber fazer com que uma coisa que aconteceu no Rio de Janeiro possa interessar pessoas de outras regiões do país. Até conseguir fazer isso, você passa por um aprendizado. Ainda engatinhando, comecei a botar

---

[1] Ver neste volume depoimento de Alice-Maria.

matérias no *Hoje*, alguma coisa no *Jornal da Globo*, alguma coisa no *Fantástico*, e fiz minha primeira matéria para o *Jornal Nacional*. Mas logo no segundo semestre de 1987, a apresentadora do *RJ-TV* terceira edição teve neném, eles fizeram dois pilotos comigo e me colocaram na apresentação do jornal. Lembro de conversar com meu chefe na época, Herval Braz, e perguntar a ele: "Isso não está indo muito rápido? Não tenho muita pressa, não... Eu queria continuar fazendo reportagem". Ele disse: "Mas você vai fazer reportagem!"

Nesse momento, fim de 1987, Alice também me chamou e me deu o melhor conselho da minha história: "Não se acomode com o conforto do estúdio. O futuro da televisão é o profissional multifunção: o repórter tem que pautar, tem que apurar, tem que fazer a sua reportagem e tem que ser capaz de editar. Que bom se ele também puder apresentar esse material. Mas não se acomode!" Como eu nunca quis sair da rua mesmo, continuei trabalhando nas duas frentes, como repórter e como apresentadora. Tanto que fiquei dois anos apresentando um jornal local, mas quando fui apresentar um jornal de rede, eu já era um rosto conhecido como repórter.

DEPOIS DO *RJ-TV* VOCÊ FOI PARA ONDE?

Para o *Jornal da Globo*, em 1989. E foi a partir daí que eu passei a entrar firme na rede, tanto como apresentadora do *Jornal da Globo*, quanto como repórter do *Jornal Nacional*, porque continuei fazendo rua. Se em 1989 eu tivesse parado de fazer rua, teria perdido as melhores coisas que fiz, que aconteceram depois, principalmente a partir de 1991, 92. Fiz, por exemplo, a cobertura do Fórum Global, no Aterro do Flamengo, no Rio, durante a Eco-92, cobri as Olimpíadas de 1992 e 96, as Copas de 1994 e 2002, a eleição americana de 2004... Se tivesse ficado só no estúdio, dificilmente teria sido indicada. Acho que foi muito interessante ter podido transitar entre a reportagem, a edição e a apresentação. Hoje, todos os apresentadores têm a característica de serem também editores ou ex-repórteres. Mas acho que quem acabou ficando mais com a marca da reportagem, da rua, fomos eu e Ana Paula Padrão. Os outros acabaram ficando mais com a marca da edição, do trabalho de bastidor.

DEPOIS DO *JORNAL DA GLOBO*, POR ONDE VOCÊ PASSOU ATÉ SE TORNAR APRESENTADORA DO *JORNAL NACIONAL*, JUNTO COM WILLIAM BONNER, SEU MARIDO?

Em 1992, quando voltei das Olimpíadas, ainda fiquei um pouquinho no *Jornal da Globo*. No fim do ano, a mesma pessoa que coordenou o trabalho na Olimpíada, Luiz Antonio Nascimento, que é uma pessoa genial, estava assumindo o *Fantástico* e me convidou para ir junto. Fiquei de 1993 a 1995 como apresentadora do *Fantástico*. Em 1996 saí e fui ser editora-chefe do *Hoje*. Voltei para o *Fantástico* em 1997, e aí engravidei. Na volta da minha licença-maternidade, em 1998, é que eu fui para o *Jornal Nacional*.

Notícias, responsabilidade social e serviço

QUAL A DIFERENÇA, DO PONTO DE VISTA JORNALÍSTICO, ENTRE TRABALHAR NO *FANTÁSTICO* E TRABALHAR NUM TELEJORNAL?

O *Fantástico* é uma revista, que se permite ter desde a denúncia que foi ao ar esta semana, sobre a queima do material dos arquivos da ditadura,[2] até Ivete Sangalo vestida de Papai Noel. É um programa dominical, que mistura entretenimento e jornalismo. Agora, do ponto de vista jornalístico, se o repórter recebe uma pauta de economia, ou de saúde, ele vai agir da mesma forma que no telejornal. A diferença vai estar no tempo, que, no *Fantástico*, lhe permite dissertar um pouco mais sobre determinadas coisas. Se ele for fazer uma matéria de comportamento, por exemplo, poderá enveredar por um caminho que, no *Jornal Nacional*, nós não tomaríamos. O *Fantástico* permite realmente um pouco mais de liberdade, em termos da atuação do repórter. Já quando você vai para o dia-a-dia, tem que extrair aquilo que realmente é o *lead* da matéria e não pode ficar de fora. Não há espaço para muito mais. Acho que nós acabamos encontrando uma solução boa no *Jornal Nacional*, que são as séries. Elas não obrigam o público a vê-las como se fossem uma novela – porque aí, eu acho que elas não seriam lícitas –, cada matéria é uma matéria completa, um aspecto de um fato mais amplo, mas no final o assunto é tratado de uma forma mais profunda, o que é a grande dificuldade quando se vai falar de algo importante num telejornal diário.

Acho, em suma, que a grande diferença entre o *Fantástico* e o *Jornal Nacional* está na apresentação. A própria roupa que a Glória Maria usa, eu jamais poderia usar no *Jornal Nacional*. Nesse aspecto o *Fantástico* é um pouco

---

[2] Em 12 de dezembro de 2004 reportagem do *Fantástico* mostrou restos de documentos sigilosos que haviam sido incinerados na Base Aérea de Salvador. Os documentos eram provenientes de órgãos de inteligência da ditadura militar, e sua existência sempre fora negada pelas Forças Armadas e pela Secretaria de Segurança da Bahia.

mais solto, mas nas pautas jornalísticas, não há diferença. A matéria sobre os arquivos da ditadura feita pelo Eduardo Faustini para o *Fantástico* no domingo e a suíte que nós fizemos para ela no *Jornal Nacional* na segunda-feira não foram conflitantes.

Quando eu saí do *Fantástico* e fui para o *Jornal Nacional*, o que aconteceu? Ouvi muito do público na rua – o que é interessante, para lhe dar referência – comentários do tipo "você está tão séria...". Ora, num programa como o *Fantástico*, de duas horas e meia, você tem assuntos leves para noticiar. Pode anunciar um show, por exemplo, e dar um sorriso. Num jornal factual, depende muito do dia. Às vezes não sobra espaço nem para respirar, quanto mais para sorrir! Eu respondia: "Mas, gente! Vamos prestar atenção no que eu estou noticiando!" Quando eu vou para a Copa do Mundo, é claro, posso ter um outro tipo de comportamento.

A imprensa escrita, às vezes, gosta de criticar o noticiário de televisão. Mas para a imprensa escrita é muito confortável, porque existem os cadernos, e então você pode ter uma reportagem de comportamento isolada num caderno, que não vai estar conflitante com a que está no caderno de política. O nosso caderno é, simplesmente, começar a ler outra notícia. Isso dá um choque, às vezes. Mas o *Jornal Nacional* é um jornal como qualquer outro. Tem que ter de tudo um pouco. O ideal seria que esse *mix* permitisse dar sempre um pouco de cultura, esporte, saúde, mas há dias em que o noticiário não permite.

Você concorda que o *Jornal Nacional* mudou de orientação nos últimos anos? A impressão é que a partir de 2002 ele passou a ter uma preocupação maior com formação de cidadania, com responsabilidade social...

Acho que ele mudou antes disso. Um noticiário é criado com a missão de dar notícia. Mas acho, realmente, que durante um tempo o *Jornal Nacional* se desviou dessa sua característica principal, que é a de noticiar o que de mais importante acontece no Brasil e no mundo, e começou a ir muito para um lado de comportamento, de notícias leves. Ficou meio perdido, num campo que não era o dele, que poderia ser o do *Fantástico*, ou o do *Globo Repórter*, ou o do *Hoje*, do *Jornal da Globo*, até do *Bom Dia Brasil*, mas que não era o de um noticiário de rede para o horário nobre. Ele se afastou do *hard news* – quando digo isso, quero deixar claro que essa é uma avaliação totalmente pessoal, sem nenhum juízo de valor em relação às pessoas que o editavam assim e que acreditavam que esse seria um perfil para o jornal.

CONVERSEI COM EVANDRO CARLOS DE ANDRADE SOBRE ISSO.[3]

Essa fase se deu antes do Evandro. Na chegada dele, o jornal começou a se perguntar "o que é que eu sou?". A equipe começou a avaliar e viu o seguinte: o *Jornal Nacional* dá notícias e, além disso, reportagens sobre a atualidade. Nós todos, como jornalistas, temos que ter um comprometimento social, uma responsabilidade social em relação ao que publicamos. Não temos que dar um assunto leve por ser um assunto leve. Mas existem exemplos, dentro do que se vê no dia-a-dia, que podem ser mostrados e, de uma certa forma, podem somar, colaborar. Então, do que é que o jornal não pode abrir mão? Da notícia. Ele não vai deixar de dar uma notícia para dar algo sobre "Brasil bonito" ou sobre "Identidade Brasil". Mas ele pode abrir espaço para que também se discuta a cultura, para que se valorizem os diferentes aspectos culturais do país. Nós fizemos uma série maravilhosa, com o repórter Marcelo Canellas, sobre danças e manifestações folclóricas brasileiras, resgatando coisas que às vezes estão perdidas e que são legais. Por que temos que mostrar só a escola de samba do Rio, e não podemos mostrar um assunto que é importante para uma outra comunidade? Um Brasil com o tamanho do nosso!

Acho que o *Jornal Nacional* passou então a ter o seguinte comportamento: de um lado, uma obrigatoriedade, uma obsessão com a questão da notícia, com trazer aquilo que é importante; de outro lado, uma preocupação, não só com a responsabilidade social, mas também com a questão do serviço. Ou seja, não dá para você fazer o *Jornal Nacional*, que chega a mais lares do Brasil até que o rádio, e não falar em dengue. Acho, particularmente, que a dengue deveria ser um assunto dos jornais locais, mas como eles não têm o peso do *Jornal Nacional*, usamos sete minutos nossos para fazer um trabalho sobre a dengue. Não podemos abrir mão disso, é quase um compromisso, mesmo. As pessoas na rua em geral nos dizem que sabem que vão encontrar no *Jornal Nacional* o que elas têm que saber. Ou seja, o que é assunto importante, o que vai ser importante na discussão do dia seguinte, na vida delas, elas sabem que o *Jornal Nacional* vai dar. Nós dizemos coisas como: "Olha, o prazo do CPF está acabando, isento tem que se recadastrar..." As pessoas esquecem. Nós não podemos deixá-las esquecer, e então damos uma reportagem. Acho que o jornal mudou nesse aspecto: em nenhum dia, nas nossas reuniões de pauta, nós nos esquecemos do que esse serviço representa.

---

[3] Ver seu depoimento em *Eles mudaram a imprensa*, op. cit.

OU SEJA, VOCÊS ESTÃO PRESTANDO UM SERVIÇO PÚBLICO QUE TALVEZ COUBESSE A OU-
TROS AGENTES PRESTAR.

Estamos. O ideal seria que fosse diferente? Seria. Mas se não é, nós agimos.

ESSA NOVA ORIENTAÇÃO FOI DADA POR QUEM?

Não houve uma orientação. As coisas, às vezes, não são tão propositais, são experimentais. Com relação à meta da notícia, por exemplo, posso dizer que, com a chegada do Evandro, com a presença do Schroder[4] e com a ida do William[5] para o jornal, formou-se um triângulo. Os três tinham essa idéia, de que o *Jornal Nacional* era um jornal de notícias e tinha que ser importante. Tinha que ser como naquela foto na capa do *Globo*, mostrando todo o Congresso parado para ver o que o *Jornal Nacional* ia dar. E o jornal seria importante a partir do momen-to em que tratasse das notícias do dia de uma forma correta. Essa era a meta. Sem nunca pensar em audiência, porque se tinha a convicção de que o público que assiste a telejornal quer notícia. Só que essa busca constante "pelo que de mais importante está acontecendo" se refletiu na melhora da audiência. Não imediata-mente, mas a longo prazo. Foi uma coisa impressionante. Nós víamos que os telejornais estavam tendo um movimento inverso ao da grande maioria dos pro-gramas de televisão. Estava havendo uma perda natural, diante do surgimento de novidades como internet, TV a cabo, DVD etc. Mas lembro do Evandro dizen-do, no meio da redação, que o *Jornal Nacional* era um caso quase único de recu-peração de audiência. Mais do que de audiência, de prestígio. Porque as denúnci-as passaram a chegar ao *Jornal Nacional*. Antes elas iam para órgãos de imprensa escrita, mas quando as pessoas perceberam que o *Jornal Nacional* tinha voltado à sua vocação, que é noticiar, elas começaram a chegar.

Quanto à questão de abrir espaço para matérias de serviço, ou de respon-sabilidade social, de uma forma ou de outra, isso sempre existiu. Talvez se tenha hoje uma preocupação maior, na hora de pautar, em pensar de que forma colocar a matéria, não como um corpo estranho, mas como algo que é importante estar num jornal. Todos os jornais têm suas colunas de defesa do consumidor. Nós também podemos ter um espaço. Mas não obrigatório. Se acontecer a morte de

---

[4] Carlos Henrique Schroder foi diretor de produção (1990-1995), diretor de planejamento (1995-2001), e desde 2001 é o diretor-geral da Central Globo de Jornalismo.

[5] William Bonner apresentou o *Jornal Nacional* de 1996 a 1998 ao lado de Lillian Witte Fibe, e o faz desde 1998 ao lado de Fátima Bernardes. Em 1999, tornou-se editor-chefe do jornal.

alguém importante, o jornal vai se modificar. Por outro lado, se acontecer uma mudança importante no país – como, por exemplo, o crescimento do terceiro setor, do voluntariado –, isso vai se refletir no jornal. Em 2002, por exemplo, resolvemos fazer três VTs mostrando o trabalho do voluntariado. Sônia Bridi adora essa área, abraçou a idéia, e fizemos três reportagens com exemplos maravilhosos, de pessoas que estão trabalhando, modificando, exercendo os seus direitos e cobrando. Foi o "Brasil bonito", que depois ganhou todos os prêmios: Embratel e Unesco. Na semana seguinte, chegou uma reportagem, vinda não me lembro de que estado, e nós dissemos: "Puxa! Se tivesse chegado semana passada, seria a quarta reportagem da série, porque está perfeitamente dentro do espírito". William propôs: "E por que não voltamos a colocar a vinheta? Quando surgir um exemplo assim, voltamos com a vinheta do 'Brasil bonito'". Pronto, pegou. Sempre que surge algum assunto que se encaixe nos padrões do mote inicial, a vinheta volta.

Na verdade, as coisas foram evoluindo de maneira muito natural. Quando Evandro faleceu, Schroder assumiu o seu lugar, e para o lugar de diretor editorial veio Ali Kamel,[6] que tem a mesma visão sobre a vocação do *Jornal Nacional*. Não houve, em todo esse tempo, uma decisão, ou uma ordem para mudar. Foi-se experimentando, foi-se conversando nas discussões de pauta... Nós recebemos, por exemplo, muita produção das afiliadas. Por que não tentar dar aquele material? Não fazendo um VT pequenininho, uma coisa desimportante, mas dizendo "isso é importante e tem que ser bem filmado"? Acho que ganhamos muito na qualidade da imagem. Essa era uma característica do jornalismo do *Fantástico*, que tinha produções bonitas, mas nós passamos a dar mais crédito aos câmeras, porque o trabalho deles complementa o da apuração e, se bem feito, funciona muito bem.

Acho, como disse, que as séries também permitiram que aprofundássemos os assuntos. Isso foi idéia do Amauri Soares, quando ele foi para o *Jornal Nacional*.[7] Uma das primeiras foi sobre economia, com a Míriam Leitão viajando pelo Brasil todo. Há temas que são muito áridos. Se uma pessoa não lê uma reportagem de 20 páginas na *Exame*, ela não vai assistir a uma de sete minutos no *Jornal Nacional*. Mas vai assistir a cinco VTs de dois minutos e, no final, vai ter uma boa visão. A única coisa, como Evandro sempre comentava, é que a série não pode ter característica novelesca, ou seja, você só complementar a matéria no dia seguinte, porque isso é uma traição. A pessoa às vezes tem um curso no dia seguinte, traba-

---

[6] Ali Kamel tornou-se diretor-executivo da Central Globo de Jornalismo em 2001.

[7] Amauri Soares foi editor-chefe do *Jornal Nacional* de 1995 a 1996.

lha naquela noite. Portanto, temos que dar temas com começo, meio e fim. Isso foi um grande achado para tratar de assuntos importantes, difíceis, como reforma do Judiciário, reforma da Previdência, reforma fiscal. Não dá para falar nisso em um minuto e meio, mas dá para dividir. Acho que isso também ajudou muito o jornal.

COMO A DIREÇÃO DA REDE GLOBO REAGIU A ESSAS MUDANÇAS?

Eles não interferem diretamente no nosso dia-a-dia, embora acompanhem tudo. William tem muita liberdade e sabe que em caso de dúvida pode consultar o Schroder ou o Ali Kamel. Ali desce para a redação todo dia para acompanhar o fechamento do jornal. Mas é só. No dia-a-dia, não temos contato direto com a direção da empresa.

VOCÊ DIZ QUE AS MUDANÇAS FORAM GRADATIVAS, MAS É ENGRAÇADO, A IMPRESSÃO É QUE ELAS OCORRERAM PRINCIPALMENTE A PARTIR DE 2002, NA ELEIÇÃO DO LULA. PARECE QUE AÍ HOUVE UMA MUDANÇA DE ORIENTAÇÃO EM TODA A REDE.

Ah, sim. Na eleição anterior, de 1998, havia vários entraves na lei eleitoral, e nós simplesmente não cobrimos a campanha como Evandro e todo mundo gostaria de ter feito. Demos as pesquisas que eram publicadas e mais nada, praticamente, porque era muito importante não ter nenhum tipo de problema. Mas a partir de 2002, acho que todos nós já estávamos amadurecidos para cobrir a eleição de outro jeito. Houve discussões prévias, eu nem participei disso, mas sei que as negociações foram acompanhadas pelo departamento jurídico, para que tudo fosse feito da maneira que a lei eleitoral permitia. E aí foi possível cobrir. Fizemos mais de 70 VTs sobre política, sem nenhum tipo de reclamação. Usamos os dados do IBGE de 1990 a 2000 e fizemos uma radiografia do que foi aquela década, e das projeções para a década seguinte, para que cada um visse o que tinha sido feito e o que era preciso fazer. A partir dali também fizemos entrevistas ao vivo com os candidatos.

Foi muito difícil entrevistar os candidatos no *Jornal Nacional*, porque você tinha um tempo, tinha que perguntar, tinha que permitir que o entrevistado falasse, tinha que ter respostas, tinha que ser, como qualquer jornalista sonha e pretende ser, isento e equilibrado... E isso com os quatro candidatos, em dias diferentes! Acho que foi possível, porque tudo foi extremamente profissional. Estudamos muito, trabalhamos muito previamente, para que as perguntas fossem todas equilibradas – o problema é que você só fazia a primeira pergunta imaginada; a partir da resposta, você tinha que ter segurança para poder continuar.

De toda forma, foi possível mostrar que dá para cobrir uma eleição com isenção, noticiando, depois, as pesquisas. Mas acho que a nossa maior colaboração foi mostrar os candidatos, fora do horário eleitoral, sendo argüidos. E até certo ponto surpresos por estarem sendo argüidos, e não respondendo a uma pergunta só.

É claro que essa orientação veio da empresa, que disse o seguinte: "Temos que cobrir a eleição. Temos um papel diante deste país, já que entramos em 99,7% dos lares e que cerca de 80% têm na televisão a única fonte de informação sobre a eleição". Na segunda rodada, nós quisemos fazer uma coisa diferente das entrevistas na bancada e abrimos para as pessoas do público ligarem, ou mandarem e-mails, e as perguntas foram sorteadas. Foi uma questão de amadurecimento, de aprender a fazer e de saber que dá para fazer.

NA VERDADE A REDE GLOBO TINHA FICADO MUITO MARCADA POR AQUELA HISTÓRIA DO DEBATE ENTRE LULA E COLLOR NA ELEIÇÃO DE 1989.[8] SEM DÚVIDA, EM MATÉRIA DE COBERTURA DE ELEIÇÃO, DE 1989 PARA 2002 HOUVE UM AMADURECIMENTO, DA EMPRESA E DOS JORNALISTAS.

Claro, de todo mundo. Há um mérito nosso, dos jornalistas, também. A empresa tinha confiança que as pessoas que estavam na bancada, na edição, na direção, eram capazes de entrevistar ao vivo. Se nós ainda estivéssemos com um modelo de telejornal antigo, em que as pessoas vinham do rádio, como locutores – sem querer criticar, também –, como é que seria? Não daria. No fundo, tudo é muito recente. Estamos falando de um telejornal de 35 anos e de uma televisão que é um pouco mais velha. O que é isso, para você saber o peso das coisas? Até o olhar de quem fala em televisão é complicado! Você olha, e as pessoas dizem: "Hum, aquele olhar... Já entendi tudo". Meu Deus do céu, a gente não pode nem olhar!

Como você trabalha?

COMO É QUE VOCÊ TRABALHA, HOJE?

Hoje o meu trabalho é na edição – exceto, por exemplo, quando vou fazer a cobertura da eleição do Bush: aí, vou trabalhar como repórter. Mas no meu dia-

---

[8] Em 14 de dezembro de 1989 realizou-se na televisão o último debate entre os candidatos Luiz Inácio Lula da Silva e Fernando Collor de Mello antes do segundo turno das eleições presidenciais. No dia seguinte, o *Jornal Nacional* apresentou uma edição do debate que foi acusada de favorecer Collor. Ver *DHBB* e *Jornal Nacional: a notícia faz história*, op. cit.

a-dia, não. Chego à TV Globo às duas horas, óbvio que já com os jornais lidos, internet vista, Globo News etc. Ao chegar, vou para uma reunião onde o jornal do dia é apresentado pelo William, que chegou às dez da manhã. Em seguida, fazemos uma reunião de pauta para os próximos jornais. Depois, faço um trabalho voltado para a internet: que cara vai ter o jornal online naquele dia; que assuntos vamos destacar, quais serão as nossas enquetes, o fórum do dia, o desafio do *Jornal Nacional*. É um trabalho de seleção, uma parte meio burocrática, mas tenho que fazer. Escrevo então as chamadas que vão ao ar à tarde. Meu contato maior, nesse momento, é com os editores, daqui do Rio e dos estados, para saber o que eles já estão recolhendo de informação dos repórteres que estão na rua. Tenho que saber o que está garantido, porque não posso, às seis da tarde, chamar uma matéria que não vá ficar pronta. Se naquele dia houver um factual forte, tudo bem. Se não, vou ter que puxar pela atualidade. Quando estamos mostrando uma série, é ótimo, porque os VTs já estão prontos, e nós os vemos antes.

Depois disso, às quatro da tarde, tenho 45 minutos de glória: cabelo e maquiagem, que tenho que fazer logo, porque depois não dá tempo. Seleciono a roupa, visto e volto. Chegam os VTs que vêm das praças, e por volta das cinco horas começa a geração. Vamos ver o que chega, e aí começa o desespero. Porque, por exemplo, pode acontecer de num VT o repórter só ter ouvido uma versão, não ter ouvido a outra: "Espera aí: nós estamos acusando essa empresa!" Parece bobagem, mas acontece. "Ah, a gente tentou falar com eles, mas não conseguiu..." Aí nós começamos: "Vamos tentar de novo, vamos insistir. Diz que o William vai falar". É a hora de ver os buracos. Ou então vem uma reportagem que está muito longa, desequilibrada, em que o fim está fora do lugar, ou que você não compreende. Essa é a hora em que William, a editora adjunta, Márcia Menezes, e eu avaliamos. Muitas vezes Ali Kamel, que a essa hora já está na redação, diz: "Não, a matéria está torta". O editor responsável recebe a nossa orientação, a matéria volta e é gerada de novo. É um horário de avaliação do que está chegando e do que está faltando.

Fico a tarde inteira com a internet aberta, para ver o que chega. Por quê? Porque nós não podemos publicar nada que saia na internet sem checagem própria. Não podemos simplesmente ver uma nota e botar no jornal; podemos ver uma nota e disparar um processo de apuração. E eu faço muito isso, porque às vezes o editor foi para a ilha de edição e não tem como saber. Digo: "Vamos checar com o Ministério dos Transportes se a liberação dessa verba está certa ou não". Muitas vezes eu vou precisar falar com eles; outras vezes, não, porque é só uma confirmação. Temos uma equipe de produção e apuração que trabalha à tarde, numa saleta ao nosso lado, que faz esse trabalho. E temos ainda as equipes que estão nas praças e afiliadas.

O que é importante dizer é que esse jornal que estou descrevendo só vai ser fechado no ar. William e eu temos na mesa de trabalho um computador que realmente funciona, não é cenário. O jornal vai sendo complementado na hora, mesmo. Às vezes não dá nem para escrever. Essa semana que passou, houve o caso do desfecho do seqüestro de um ônibus em Atenas, que eu estava noticiando. Quando eu ia começar a falar, ouço a editora dizer: "Liberaram todos. Os dois seqüestradores se renderam". Fui lendo a matéria e, no final, disse: "E agora há pouco os reféns foram libertados..." Tinha que dizer! William às vezes diz: "Esta é uma informação que acabou de chegar às nossas mãos". Hoje já dá para fazer isso, não precisamos ficar tão engessados.

Uma coisa legal que nós temos é que toda segunda-feira recebemos um grupo de oito até dez universitários. É um projeto de aproximação, chamado Globo Universidade, que inclui também nós irmos até as universidades. Eu, por exemplo, fui à PUC, à UFRJ, William foi às universidades de São Paulo. A idéia é falar sobre o que é o *Jornal Nacional,* dizer como ele é feito, mostrar que o dono da empresa não tem um contato diário, não diz o que entra ou não entra – como você perguntou –, que no dia-a-dia o trabalho fica na mão de uma equipe etc. É muito legal quando os estudantes nos visitam, porque eles acompanham tudo, até o jornal ir para o ar. No fim eu sempre pergunto se eles acham que valeu a pena, se aprenderam alguma coisa. Um dia, uma menina virou para mim e disse: "Valeu, para eu ver que não quero isso por nada deste mundo! Quero ser jornalista, mas *isso, essa loucura,* eu não quero!" Achei maravilhoso!

POR QUÊ?

Porque ela disse que não conseguiria lidar com aquele desespero do fechamento. Porque a nossa questão é o tempo! Pode chegar uma notícia maravilhosa, e se você só tem 30 segundos, ela tem que entrar em 30 segundos! Eles viram o William, por exemplo, lendo a página e cortando o texto que vinha depois, para poder subir um assunto que tinha acabado de sair. Eles viram que, além de tudo, é preciso fazer um exercício mecânico, de quebra-cabeça. Aí essa menina disse: "Para mim, não! Vou trabalhar, mas em outra área!" Eu disse: "Viu como valeu?"

Essa história foi ótima, porque hoje em dia eu vejo todo mundo querer ser apresentador de jornal. O jovem não quer mais ser jornalista, quer ser apresentador, acha que tem *glamour,* coisa que eu não sei bem direito onde começou e que distorce muito a nossa função. Até hoje, é muito difícil as pessoas acreditarem que nós trabalhamos desde a produção da notícia. Muitos estudantes de jornalismo acreditam que temos uma equipe imensa só para cuidar da nossa imagem... Quando eles vêem que é você quem separa a sua roupa, que é uma pessoa só que faz ao mesmo tempo cabelo e maquiagem, que aquilo é um nada diante do resto do seu trabalho, se espantam. Acho que essa é a função principal e mais bacana dessa troca com a universidade.

COMO VOCÊ LIDA COM OS SEUS INFORMANTES? PARA VOCÊ, HÁ ALGUMA DIFERENÇA ENTRE FALAR COM UM POLÍTICO, OU COM ALGUÉM DA ÁREA ECONÔMICA, OU COM UM INTELECTUAL?

Há alguns cuidados que você tem que tomar. No caso de um intelectual, de um artista, acho que você pode ter um outro tipo de comportamento, mas no caso de um político, você tem que ter um distanciamento. No meu dia-a-dia, hoje, isso é mais fácil, porque, como disse, tenho uma equipe de produção e apuração. Se for preciso falar com um assessor, alguém da equipe fala diretamente. Eu só vou precisar entrar se for para falar com um ministro. E é lógico que, aí, a força do veículo em que eu trabalho facilita muito. Não sou eu, Fátima Bernardes, quem está falando. É Fátima Bernardes, vírgula, do *Jornal Nacional*, o que é outra coisa. Mas acho que tem que haver um distanciamento, sim. Eu, particularmente, acho que não dá para ser amiga. Não tenho nenhuma proximidade com as pessoas com as quais preciso falar no trabalho.

UMA DAS COISAS QUE SE PERCEBE NA IMPRENSA BRASILEIRA É QUE, AO FINAL DO REGIME AUTORITÁRIO, COMEÇOU UM TIPO DE JORNALISMO QUE FOI CHAMADO DE INVESTIGATIVO. ISSO TEVE MUITO A VER TAMBÉM COM O QUE OCORREU NOS ESTADOS UNIDOS, WATERGATE ETC. MAS ESSE TIPO DE JORNALISMO ALGUMAS VEZES SE TRANSFORMOU EM DENUNCISMO, OU SEJA, NA PRÁTICA DA DENÚNCIA SEM COMPROVAÇÃO. QUANDO UM POLÍTICO OU UM PROCURADOR TELEFONA PARA VOCÊ E FAZ UMA DENÚNCIA, COMO É QUE VOCÊ FAZ? BOTA NO AR?

Não. Nós temos repórteres que têm um pouco mais de experiência nessa área, e que vão investigar, sigilosamente – porque, imagina, *eu* fazendo uma investigação em determinados lugares! Fica bem mais difícil para mim do que para uma pessoa que não tem uma imagem reconhecida. Mas a nossa avaliação é de que toda denúncia tem que ser investigada por nós. Recentemente, por exemplo, recebemos uma fita acusando uma pessoa de ter dado dinheiro para um traficante. Fomos ouvir a fita. Uma voz dizia: "Não, porque você sabe que fulano me deu aquele dinheiro, não é". Ora, qualquer um pode pegar um telefone e dizer: "Olha, a Fátima Bernardes me deu um dinheiro". Como é que você pode saber, se a fita não tem a minha voz? Então, esse é um primeiro critério: uma coisa é você ter a voz do próprio acusado, numa situação que pelo menos supostamente o incrimine; outra coisa é o acusado ser citado. Aí você não tem como saber, porque quem cita poderia estar citando qualquer um, até o presidente da República. Nós sempre vamos com a investigação até a hora em que o caso está completamente cercado, por todos os lados.

MAS ÀS VEZES VOCÊS NÃO TÊM MUITO POUCO TEMPO PARA INVESTIGAR?

Nunca se pode dispensar a investigação. Não se tem nenhuma pressa nesse tipo de coisa. Até porque, se uma pessoa faz algo chegar à sua mão, ela não vai passar aquilo adiante. Se ela vazar para outro, se mostrar que está com pressa de botar no ar, pode ter certeza de que a denúncia não tem tanta força assim. Você tem sempre que fazer uma coisa embasada, tem que ouvir o departamento jurídico, porque senão, inocentemente, você pode cometer uma infração – pode ficar com um material com o qual não poderia ter ficado, ou ter tocado, ou ter mexido, pode ter na mão alguma coisa à qual você não poderia ter acesso... Você precisa ver se aquilo é certo; se chegou um material escrito, você precisa saber a quem tem que entregá-lo, em que tempo. Até nós colocarmos a coisa no ar, demora, porque não é a denúncia que vai municiar o *Jornal Nacional* no dia-a-dia. A denúncia é uma coisa especial, que pode até ir para o *Fantástico*, por exemplo, para outro programa. E de qualquer maneira ela só vai entrar quando tiver sido investigada. Essa é uma exigência do Schroder, do Ali, como já era do Evandro. A investigação vai até o esgotamento, até nós realmente acreditarmos que a denúncia está correta. Aí ela pode ir ao ar.

Nós discutimos essas questões diariamente. Nos casos de operações policiais, por exemplo, temos como norma, se a pessoa for apenas suspeita, não mostrar o rosto; só mostrar de quem já está indiciado ou respondendo a processo. Ultimamente a Polícia Federal tem feito operações constantes, e é sempre aquela cena: uma pessoa sem camisa sendo algemada. Algumas pessoas já têm ficha corrida, outras não. Mas o pessoal filma todo mundo. Se, de 40, nós mostrarmos um que não tinha culpa, nós erramos.

REALMENTE A POLÍCIA, HOJE, ESTÁ FAZENDO O SEU TRABALHO COMO SE FOSSE UM GRANDE ESPETÁCULO. PERCEBE-SE QUE ELA CHAMA A MÍDIA PARA ACOMPANHAR AS PRISÕES.

Ela chama todo mundo, avisa. Nós achamos, por exemplo, nessa questão das operações policiais, que temos que dar a continuidade, porque, se uma pessoa for apontada e não tiver culpa, temos que botá-la de novo no ar, dizendo que ela foi absolvida, ou que nada foi provado contra ela. Na questão das denúncias, nos grandes casos que temos podido dar, temos segurado, temos ido até o limite. Se é realmente uma exclusividade, e o denunciante deu aquilo apenas para nós, não temos por que ter pressa.

Há uma diferença entre receber uma denúncia e ter tempo para investigar, e receber o aviso de uma operação policial. Nesse caso, há uma hora marcada.

Exatamente. Mas em qualquer caso temos que estar alertas. Por exemplo, muito tempo atrás houve um saque. Noticiou-se. No dia seguinte, houve três saques. E começou-se a perceber que o saque começava a acontecer quando chegava uma câmera. Então foi decidido – nessa época eu ainda não estava no *Jornal Nacional* – que não se iria mais noticiar isso. Uma coisa é: tombou um caminhão, e todo mundo está pegando a carga. Isso, você vai mostrar. Mas outra coisa é um saque organizado, com hora marcada para começar. Aí nós não damos. Temos que estar o tempo inteiro alertas, e não só aqui no Rio como em cada estado, em cada afiliada. Temos encontros constantes de discussão com as afiliadas, para vermos como fazer para não sermos usados em determinados momentos. Sabemos que corremos esse risco.

A função do jornalista

Para você, o que é ser jornalista?

Costumo dizer – coitados dos meus filhos, da minha família – que ninguém é jornalista só no horário de trabalho. Vou, por exemplo, à escolinha das crianças, e quando percebo estou pensando numa pauta. Quando vou ao médico, e ele diz qualquer coisa, penso: gente, isso dava uma pauta! É uma coisa meio obsessiva. Ser jornalista é ser jornalista o tempo inteiro, não só na hora em que você apura, ou escreve, ou apresenta. É uma questão de alma, da forma como você olha o dia-a-dia, a vida. Uma forma de eu descansar, realmente, seria viajar para fora do Brasil e não ler nem ver nem ouvir nada. Porque aqui, depois que entrei no jornalismo, mesmo de férias, nunca mais li jornal do mesmo jeito, nunca mais vi televisão do mesmo jeito ou ouvi rádio do mesmo jeito. Fico pensando, querendo mudar o noticiário do rádio... É difícil, porque é isso o tempo inteiro.

Não sei se estou muito influenciada pelo veículo em que trabalho, mas acho que o jornalista também tem que ter um compromisso muito grande com a forma de levar a informação. Não basta levar, você tem que ter a certeza de que ela chegou. Não posso apenas pensar que "eu contei isso", e me eximir da minha responsabilidade. Tenho que pensar que "eu contei isso" e saber que você foi capaz de captar o que eu contei. Essa é a nossa preocupação. A acusação que em geral se faz ao telejornalismo é de superficialidade. Não compactuo com isso. Se dez linhas de um telejornal chegarem a alguém, isso é importante. Quando vejo o meu caseiro, por exemplo, lendo sobre o Afeganistão, porque ele viu uma reportagem na televisão que o fez se sentir capaz de entender o que se passa, fico contente. Porque antes, ele não se sentia capaz; era um assunto que não dizia respeito à vida dele. Mas quando, um dia, graças à televisão, ele percebe que aquela história tem começo, meio e fim, que ele é capaz de entender aquilo, e me pergunta: "Mas esse Osama Bin Laden é aquele mesmo que os Estados Unidos ajudaram?", e vai ler a respeito, isso me prova que aquelas dez linhas valeram. É isso que a gente quer. Da mesma forma, quando eu falo em déficit público ou em custo Brasil, o importante é fazer com que as pessoas entendam o que eu digo a elas. Acho que é isso o que mais me motiva.

QUER DIZER QUE VOCÊ FALA BASICAMENTE PARA O PÚBLICO, E NÃO PARA OS SEUS PARES.

Falo para o público, e falo também para os meus pares! Uma coisa é fazer um jornal ou uma revista direcionada, outra é falar tanto para a pessoa que nos serviu há pouco um cafezinho quanto para você, que é uma pesquisadora. É uma missão difícil. Para começar, é difícil para os entrevistados do jornal. Às vezes, você chega para o entrevistado e pede: "Olha, se o senhor falar desse jeito, nem todo mundo vai entender, e seria tão bom se as pessoas entendessem". Ele diz: "Mas eu vou parecer tolo diante dos meus pares". Você explica: "Mas veja bem, quem o conhece, sabe que o senhor não é tolo. Então, vamos tentar abrir, vamos tentar democratizar esse conhecimento, dar às pessoas o direito de entender". Às vezes, numa matéria médica, o médico não quer falar sem os seus termos, porque ele estudou para dizer aquilo. Você tem que insistir: "Olha, mas se o senhor falar desse jeito, a gente não vai estar prestando o serviço que poderia". É uma dificuldade, é um exercício, é uma preocupação. Porque o problema é exatamente este: não basta que a informação chegue; ela tem que ser compreendida.

COMO É QUE VOCÊS TESTAM SE A INFORMAÇÃO ESTÁ CHEGANDO E SENDO ENTENDIDA?

Primeiro, porque as pessoas assistem ao jornal. Elas não assistiriam se não se sentissem parte dele. Outra maneira de testar é mais direta. Todo mundo convive com todo mundo. Para começar, as próprias pessoas da equipe trazem a sua reação. Eu, pelo menos, converso com as pessoas, e outro dia fiquei sabendo que ninguém tinha entendido nada do que tínhamos dito sobre determinado assunto. Eu disse: "Não entenderam?! Então temos que voltar a esse tema! Vamos ver de que forma podemos tratar isso de novo". Isso é diferente de preocupação com audiência. É preocupação, realmente, em se fazer compreender. De que adianta falar e as pessoas não entenderem? No jornal, o leitor tem a chance de reler. Na televisão, não. Há palavras que as pessoas não entendem, há algumas construções que não dá para fazer.

COMO É VOCÊ PERCEBE SEU PAPEL NA SOCIEDADE? VOCÊ É UMA PRODUTORA E UMA DIFUSORA DA INFORMAÇÃO? É UMA INTÉRPRETE DA INFORMAÇÃO? É UMA CRÍTICA OU FISCAL DO GOVERNO? É UMA PROVOCADORA DE ACONTECIMENTOS? É UMA DEFENSORA DOS SEM-VOZ, DA POPULAÇÃO?

Não gosto de me ver como intérprete. Não gosto de um noticiário comentado, no sentido de personalizado, de eu dizer que acho aquilo lindo, ou feio, ou horrível. Isso foge do que eu imagino que é a minha função. Acho que eu tenho acesso a determinadas informações às quais as pessoas em casa não têm, e que a minha missão é levar o maior número possível dessas informações a elas. Portanto, quando você me pergunta se eu sou uma produtora e difusora da informação, acho que sim. Mas acho que não preciso interpretar a realidade, porque, embora eu saiba que as pessoas têm dificuldade de entender um monte de coisas, também sei que elas são capazes de ter uma percepção e uma análise próprias desde que recebam a informação. Acredito que posso dar uma informação múltipla, variada, e deixar que a pessoa chegue à conclusão que desejar.

Provocadora? Me agrada muito me ver como provocadora de qualquer discussão, de qualquer comentário. Esse lado me encanta. Defensora? Em alguns momentos a gente acaba ocupando esse espaço. Talvez não precisasse, não devesse; talvez o papel fundamental da imprensa não fosse esse. Mas, nos dias de hoje, no país em que vivemos, o jornalista ainda é um defensor. Ainda há muito espaço deixado pelo poder público, de que não dá para abrir mão. A partir do momento em que o meu trabalho é uma prestação de serviço – e acredito nisso –, não posso deixar de fazer algo que tenha um peso social.

Quanto a ser fiscal do governo, também acho que sim, no sentido de apresentar o que está sendo feito ou não está sendo feito. Acho que essa é uma função nossa; acabamos fazendo isso mesmo. Se eu quero dar uma matéria sobre manutenção de estradas, ou sobre reforma de escolas, por exemplo, e ligo e pergunto quanto do orçamento já foi gasto, e fico sabendo que foram gastos 2%, e nós estamos em dezembro, ao passar essa informação, acho que estou fiscalizando. E é por isso que eu acho que não preciso dizer: "Que absurdo, não é, gente, esta escola caindo aos pedaços?" Isso não quer dizer nada para ninguém. Se eu digo que tantos milhões foram reservados para a manutenção de escolas, e que até agora foram gastos tantos por cento, a pessoa que conclua se aquela percentagem foi boa ou não! É muito melhor isso do que dizer que eu acho um absurdo, ou dizer: "Ah, eu também passei numa estrada horrorosa". O que é que as pessoas têm a ver com isso? Não gosto de jornalismo de bordão.

VOCÊ ACHA QUE O JORNALISTA, HOJE, FORMULA A AGENDA PÚBLICA?

Acho que em vários momentos, sim, o jornalista põe assuntos na pauta do dia. Será que essa também não é um pouco a nossa função? Que cidadão, sozinho, pode pôr um assunto em pauta? Determinados temas acabam repercutindo. Essa questão da queima de documentos, por exemplo. Isso não virou um assunto? O próprio ministro não disse que isso vai agilizar a abertura de todos os arquivos? O Tortura Nunca Mais pode ficar lá tentando, trabalhando, mas se vem algo tão contundente, não há como negar. Eles podem dizer tudo, que alguém entrou na base, o que for, mas o fato é que aquilo aconteceu, está ali.

O JORNALISTA, HOJE, É RESPONSÁVEL PELA FORMAÇÃO DA OPINIÃO PÚBLICA? OU OUTRAS INSTITUIÇÕES SÃO RESPONSÁVEIS POR ISSO?

Acho que nós temos poder de influência, sim. Uma vez aconteceu uma coisa estranha comigo. Eu estava na fila para votar, e uma moça me perguntou em quem eu ia votar, porque ela não tinha candidato. Isso não é um pouco assustador? No caso da televisão, ainda é mais complicado, porque existe uma mitificação em relação à figura de quem está no vídeo. As pessoas já têm aquele pensamento de que o jornalista é muito bem informado, sabe das coisas, sabe quem é bom e quem não é... Quando o jornalista está no vídeo, ele ainda tem um outro peso, porque há uma confusão com o artista. E aí existe um poder de influência grande, que você sente nas coisas mais banais, como corte de cabelo, roupa, cor do batom. Existe um interesse em relação a tudo isso. E por isso a gente evita se manifestar. Eu, por exemplo, evito qualquer depoimento público, mesmo nas mais inocentes situações. Já ouvi pessoas dizerem que gostariam de saber qual a escola dos meus filhos, para botar os seus. Ora, o que é que me fez botar as crianças naquela escola e não outra? Visitar várias escolas. Coisa que qualquer pai e qualquer mãe podem fazer.

VOCÊ ENTÃO ACHA QUE O JORNALISTA TEM CREDIBILIDADE, JUNTO AO PÚBLICO EM GERAL?

Acho não, tenho certeza. Nós trabalhamos exatamente com essa coisa, que não é palpável, mas é o nosso maior bem. Penso nisso em qualquer ação minha no dia-a-dia, nas coisas mais banais, desde não furar fila até...

SENÃO ANCELMO GOIS COBRA...

Exatamente! Outro dia ele botou na coluna que eu fiquei na fila: "Parabéns! Ficou na fila, com três crianças". Eu digo: "Não é o óbvio, isso?" Ancelmo está em cima, é um fiscal da cidadania. Mas eu acredito, realmente, que as pessoas que me vêem acreditam no que eu digo. Que aliás é fruto do trabalho de um monte de gente. As pessoas acreditam nesse trabalho, e não posso trair isso, de forma alguma. Uma coisa interessante é que eu acho que as pessoas passam a acreditar mais em você a partir do momento em que você pede desculpas, diz que errou, como nós fazemos no *Jornal Nacional* atualmente.

OU SEJA, É PRECISO CULTIVAR A CREDIBILIDADE.

Claro. Na televisão você tem tanto apetrecho, é preciso tanta coisa para colocar um jornal no ar, que o resultado pode parecer muito produzido. Mas, na verdade, o que eu observo é que a credibilidade, o respeito, são tanto maiores quanto mais natural você é. Nesse sentido acho que televisão é um veículo, na área de jornalismo, muito transparente. É como se ela não permitisse ao jornalista enganar muito tempo as pessoas. As pessoas ficam presas ao que o jornalista está dizendo quanto mais natural, mais desarmado ele for. Vejo isso pelos repórteres que mais admiro. Sempre brinco com os estudantes com quem converso, dizendo que o que mais me agrada é as pessoas dizerem que eu sou como elas imaginavam. Porque eu não sou uma atriz, não tenho que interpretar uma notícia, mas também não tenho que abrir mão de me deixar tocar ou de respirar diferente por causa dessa notícia. Se eu interpretar, acho que, no primeiro dia, as pessoas vão gostar; no segundo, vão cansar, não vão acreditar mais: "Pôxa, toda vez que ela lê sobre tal coisa, faz esse ar..." Vão notar o artificialismo.

Acho que realmente, na televisão, o que faz com que a mensagem chegue de forma mais direta é o jornalista ser verdadeiro na hora em que transmite, acreditar no que está dizendo, se despir de qualquer pose: "Eu sei tudo e estou aqui para transmitir". Não. Se as pessoas perceberem o quanto foi difícil conseguir aquela informação, o quanto aquilo foi trabalhado, o quanto a gente teve dúvidas e quantas vezes reescreveu, essa vai ser a melhor forma de a credibilidade se manter. Não sei se isso que estou dizendo é palpável, não tenho o menor embasamento real para dizer essas coisas, mas é nisso que eu aposto. Não numa figura poderosa e absoluta, mas em alguém que seja normal. Sempre tento evitar qualquer tipo de mistificação em relação à minha função. Que é dura *pra caramba*. Dúvidas: você vai para casa cheia de receios, se realmente devia ter colocado no ar uma imagem que colocou... Tantas coisas na cabeça... Acho que é isso que tem que passar, que é dessa forma que as pessoas vão continuar confiando e vendo o que eu faço. Sou muito apaixonada pelo que faço, e quero que elas vejam. Acredito que nós, jornalistas, temos o que oferecer. Mas não que sejamos melhores que ninguém.

VOCÊ ACREDITA QUE O PÚBLICO QUE ASSISTE AO SEU JORNAL SE IDENTIFICA COM ELE?

Acredito, sim. Principalmente quando ele se vê no jornal, quando damos voz às pessoas para falarem. Houve uma época em que a pessoa dizia: "Gostei", e pronto, acabou. A criatura nem chegava a concluir a frase, já estava cortada. E a cobertura também era muito centrada em Rio e São Paulo. Aí começamos a pensar, quando fazemos matérias nacionais, em deixar as pessoas falarem. Não há nada com que você se identifique mais do que alguém falando como você fala. Dar espaço para as pessoas falarem cria muita proximidade. A pessoa pensa: se ali é um lugar onde eu posso falar, ali é um lugar para onde eu posso telefonar, para onde eu posso dar uma notícia, para onde eu posso reclamar. Brinco que parece que eu vou ser prefeita, porque reclamam comigo de tudo... Não estou me candidatando, mas é legal isso. É importante que as pessoas se vejam falando, ouçam sotaques. É tão bom ouvir sotaques diferentes! Por que todos os repórteres têm que falar igual na televisão? Não têm, e não falam, é só observar. E isso é que mostra que você, *realmente*, está em todos os lugares. Se você tiver todo mundo com sotaque de São Paulo ou do Rio, que diferença faz estar lá na praia do Nordeste? Ninguém percebe que aquilo é outra coisa.

Mulheres jornalistas

VOCÊ ALGUMA VEZ TEVE PROBLEMAS NO TRABALHO, PELO FATO DE SER MULHER?

Não. Nunca me senti de alguma forma preterida. Trabalho numa equipe bem mista, com muitas mulheres. Hoje, onde eu ainda sinto mais a presença do homem é na área da técnica. Por exemplo, temos pouquíssimas editoras de VT. Mas eu, particularmente, talvez pelo momento em que cheguei ao mercado, nunca tive problema de querer estar ao lado de homem ou de mulher. Quero estar ao lado de quem tenha a mesma disposição e vontade que eu tenho.

EMBORA AS MULHERES, NAS ÚLTIMAS DÉCADAS, TENHAM ENTRADO MACIÇAMENTE NA IMPRENSA, ELAS NÃO LEVAM PARA A AGENDA PÚBLICA TEMAS QUE INTERESSAM DIRETA-MENTE À MULHER. COMO VOCÊ VÊ ISSO?

Acho que nós trouxemos alguns temas, sim. A violência contra a mulher, tratada numa série, foi uma pauta feminina. Aborto, que também estamos tentando tratar, é uma pauta feminina. A pauta da violência contra a mulher é muito delicada para a televisão, porque expõe muito as pessoas. Tem que haver uma confiança muito grande de que a pessoa vai ser preservada, você tem que mostrar a ela que ela não estará sendo vista. Mas conseguimos tratar. No caso do aborto, há a questão da Igreja, que dificulta muito. Enquanto estou falando, estou tentando pensar nas nossas reuniões de pauta. Será que nós não trazemos realmente assuntos de interesse da mulher?

Uma coisa que muita gente diz é que a mulher jornalista tem um olhar diferente. Não acho que haja isso, não. Lá no jornal, por exemplo, uma avaliação de uma matéria de polícia feita por uma mulher é igual à de um homem. Tanto faz. E nós temos repórteres homens que fazem, até muito bem, pautas que seriam em tese mais femininas.

UMA DAS COISAS QUE SE OBSERVA, HOJE, É QUE AS MULHERES ESTÃO EM TODAS AS REDAÇÕES E TODAS AS EDITORIAS, MAS, COM RARAS EXCEÇÕES, NÃO CHEGAM A OCUPAR CARGOS DE CHEFIA. POR QUÊ?

Não sei. Mas isso não é só no jornalismo. Nas empresas também. Há mulheres em cargos de gerência, mas em cargos de direção são sempre as mesmas que aparecem nas reportagens, quando se fala em executivas: Maria Silvia Bastos Marques... Antes, as mulheres diziam: tenho que trabalhar, tenho que estar no espaço. Talvez, agora, elas tenham que passar para um outro tipo de luta, concorrer às chefias. Mas acho que a nossa dupla jornada dificulta um pouco isso. Por exemplo, hoje, se eu recebesse um convite para virar uma editora-chefe do *Jornal Nacional*, não poderia aceitar. Não teria a disponibilidade de estar, diariamente, de dez – o que significa que a atividade profissional começou antes, óbvio – às 21:30h na televisão. Há outras coisas que acabam ficando comigo. Por exemplo, hoje, quem é que teve que levar as crianças, para receber o relatório da escola? Eu. No meu caso, talvez eu pudesse ter uma babá que fizesse isso. Mas talvez eu não abra mão dessa função. Acho que hoje a divisão de trabalho em casa já é melhor –

ou seja, já dá para contar com o marido em várias coisas –, mas não é igualitária. A disponibilidade de muitas mulheres ainda não é igual à dos homens, porque ainda se tem aquela concepção de que, quando eles saem de casa para trabalhar, acabou. É a missão deles. E não tem divisão, não tem babá ou empregada que resolva isso, porque um dia a empregada também vai ter problema com o filho dela e vai precisar faltar. Não tem jeito.

Por outro lado, acho que o querer também pesa. Neste momento, como acabei de dizer, não desejo para mim, de jeito nenhum, uma função de chefia. Não me sinto com a disposição que esse tipo de comprometimento exigiria, já tenho um grau de comprometimento muito alto na minha vida. E acho que com muitas mulheres acontece a mesma coisa. Às vezes se ouve o caso de um marido que decidiu, porque a mulher teve uma ascensão magnífica, trocar os papéis, mas isso é raro. Em geral, por exemplo, quando há uma reunião fora do horário, os homens sempre podem ir, porque têm uma retaguarda; as mulheres, nem sempre. Acaba que as oportunidades vão se direcionando. Mas acho que, a partir do momento em que nós quisermos muito, isso muda. Hoje, eu não quero mudar. Meus filhos estão com sete anos...

MAS DAQUI A DEZ ANOS...

Aí a gente volta a conversar!

ÍNDICE ONOMÁSTICO

A

Abramo, Cláudio 230,242
Abramo, Perseu 229-231,242
Abreu, Hugo 242
Alaor (fotógrafo) 32
Albuquerque, Manoel Maurício de 204
Albuquerque, Roberto Cavalcanti de 134
Alencar, Marta 33, 36
Alice-Maria Tavares Reiniger 221, 223, 225, 227, 237, 252
Almeida, Eduardo 134
Álvares, Élcio 81-82
Amaral, Zózimo Barrozo do 85
Amorim, Paulo Henrique 64
Andrade, Evandro Carlos de 65, 216, 239, 256
Andrade, José Carlos de 140
Andrade, Luís Edgar de 209, 211
Araújo Netto, Francisco Pedro de 24
Arida, Pérsio 161
Arinos de Mello Franco, Afonso 28
Assis, Joaquim Maria Machado de 49, 245
Athayde, Austregésilo de 23
Azevedo, José Carlos 135

B

Bacha, Edmar 134
Balzac, Honoré de 43
Barreto, Afonso Henriques de Lima 44
Barreto, Luiz Carlos 48
Basile, Sidnei 84, 154
Bastos, Evandro de Oliveira 33
Batista, Léo 205
Beltrão, Maria 219
Beraba, Marcelo 175
Berardo, Rubens 36
Bernardes, Fátima 257, 259, 261, 263, 265, 267, 269, 271
Bethânia, Maria 35
Bial, Pedro 210, 220
Bin Laden, Osama 266
Aloysio Biondi 182
Biondo, Sônia 251
Bittar, Rosângela 77, 110, 113
Bittencourt, Edmundo 44
Bom Dia Brasil 92-93, 100, 214, 219, 255
Bonfim, Beatriz 27
Boni (José Bonifácio de Oliveira Sobrinho, dito) 236

Bonner, William 238-239, 253, 257

Bracher, Fernão 161

Braga, Rubem 42

Braga, Saturnino 110

Braga, Teodomiro 112, 114

Brandão, Guguta 21

Brandimarte, Vera 67, 158

Brasil Hoje 181

Brasil Legal 99

Braz, Herval 253

Bridi, Sônia 258

Brisola, Dirceu 58

Brito, José Antônio Nascimento 158

Brito, Manoel Francisco do Nascimento 22

Brizola, Leonel de Moura 30, 109

Brossard, Paulo 140

Brum, Lincoln 205

Bulhões, Geraldo 111

Burnet, Lago 44

Bush, George W. 171

Buzaid, Alfredo 55

C

Cabral, Sérgio 27

Caderno B 25

Calheiros, Renan 111

Callado, Antonio 40

Camargo, Hebe 125

Campos, Cidinha 212

Campos, Roberto de Oliveira 134

Canellas, Marcelo 256

Caneca, Frei 42

Canguçu, Umbelina Sena 22

Cantanhêde, Eliane 5, 8, 50-80, 109, 111-113, 140-141, 160, 167, 174

Cardoso, Fernando Henrique 70, 72, 75, 158, 172

Cardozo, Joaquim 29

Carlos, Newton 35, 37-38

Carneiro, Dionísio Dias 86

Carpeaux, Otto Maria 34, 35

Cartoon JS 33

Carvalho Jr., Horácio de 29

Casé, Geraldo 207

Casé, Regina 99

Casoy, Boris 184

Castejón Branco, João Batista 27-28

Castello Branco, Carlos 54, 141

Castro, Amilcar de 30, 32

Castro, Celso 67-68

Castro Ruiz, Fidel 24

Castro, Tarso de 35

Cavalcanti, Sandra 48

Cavalcanti, Severino 173

Cavalleiro, Teresa 210

CBN 93

Chagas, Carlos 75, 141

Chapelin, Sérgio 239

Chaves, Aureliano 61

Cidade Livre 135

Clark, Walter 205

Collor de Mello, Fernando 61, 110-111, 236, 260

Collor de Mello, Pedro 61, 112-113

Collor de Mello, Rosane 111

Coojornal 180, 182

Corrêa, Marcos Sá 85, 109

Correio Braziliense 66, 140

Correio da Manhã 27, 44, 206, 209

Costa, filho, Odylo 23, 43

Costa, Hélio 212

Costa, Licurgo 46

Covas, Mário 62, 75, 109

Crítica e Autocrítica 236

Cruvinel, Tereza 5, 8, 75, 132-151, 155, 174

Índice Onomástico

Cruz, Alberico de Souza 214-215
Cultura JS 33
Cunha, Meg 210

D

D'Araujo, Maria Celina 67-68, 134
Davidovich, Elias 39
Delfim Netto, Antônio 95, 155-156, 159
DF Repórter 59
Dia, O 11, 27, 114, 241
Diário, O 81, 231
Diário Carioca 20, 24, 29-31, 33, 216
Diário da Noite 107
Diário de Notícias 13, 36, 46
Diário de São Paulo 231
Diário Oficial 22
Diário Popular 108
Dias, Etevaldo 61, 110, 117
Dickens, Charles 45
Dines, Alberto 42, 47
Dinheiro 234, 236
Dinheiro Vivo 182
Diniz, Waldomiro 168
Dirceu, José 168
Donato, Sílvia 24

E

Em Tempo 180
Erlanger, Luiz 140
Escobar, Carlos Henrique 139
Espaço Aberto 219, 226
Estado de S. Paulo, O 8, 108
Estrada, Maria Ignez Duque 24
Eudes, José e Edson Khair 137
Exame 258

F

Faerman, Marcos 138

Falcão, Cleto 111
Fantástico 55, 212, 238, 252-255, 258, 264
Farias, Paulo César, dito PC 54
Faustini, Eduardo 255
Feith, Roberto 212
Fernandes, Edésio 154
Fernandes, Hélio 22, 28
Ferreira, Alberto 25
Fibe, Lillian Witte 5, 8, 228-247, 257
Figueiredo, João Batista de Oliveira 59
Figueiredo, Wilson 22-23, 27, 118
Financial Times 92
Flora, Leda 12, 77
Folha de S. Paulo 8, 42, 69, 71, 94, 154,
   157-158, 164, 181, 184, 187, 230, 242
Folha Dirigida 36
Fontes, Lourival 46
Fontoura, Walter 56
Foucault, Michel 138
Fraga, Armínio 158, 174
Franco, Célia de Gouvêa 67
Franco, Crepory 51
Franco, Gustavo 76, 86, 160
Franco, Itamar 65, 81, 172
Franco, Wellington Moreira 109
Freire, Paulo 18
Freitas, Antônio de Pádua Chagas 27
Freitas, Galeno de 36
Freitas, Jânio de 24, 35
Freitas, José Itamar de 209, 252
Frias de Oliveira, Octavio 69, 242
Frias Filho, Otavio 184, 187
Frota, Sílvio 156
Funaro, Dilson 236

G

Gabeira, Fernando 109, 121
Gambirasio, Alexandre 233
Gaspari, Elio 91

Gazeta, A 67-69, 82, 84, 92, 112, 114, 154, 156-157, 161, 175, 234-236, 239-240
Gazeta de Alagoas 112
Gazeta Mercantil 67-68, 73, 82, 84-86, 91-92, 114, 153-154, 156-158, 161, 163, 166, 175, 181, 234-236, 239-240
Geiger, Paulo 39
Geisel, Ernesto 60, 67-68, 70, 134, 156, 167
Gerhardt Santos, *Artur* Carlos 81
Globo, O 8, 11-13, 27, 64-65, 73-74, 85-86, 91, 123, 140-142, 158, 161, 164, 216, 236, 250
Globo Economia 236
Globo Repórter 210, 255
Globo News 8, 139, 142, 210, 216-223, 225-227, 261
Glória Maria 252, 254
Gois, Ancelmo 14, 269
Gomes, Hilton 207, 218
Gomes, Márcio 219
Gontijo, Ricardo 33
Goulart, João Belchior Marques, dito *Jango* 27, 30
Graça, Milton Coelho da 32
Grammont, Helena de 252
Greenspan, Alan 171-172
Gross, Expedito 216
Guerra, Alcenir 161
Guerreiro, Ramiro *Saraiva* 85
Guevara, Ernesto, dito *Che* 35
Guima 206-207, 209
Guimarães, Celsinho 205
Guimarães, Ulysses 140
Guimarães, Woile 214
Gullar, José Ribamar *Ferreira* 31
Gutemberg, Luiz 59, 75

H

Hardy, Thomas 43

Henfil (Henrique de Souza Filho, dito) 35
Henning, Hermano 212
Herzog, Vladimir 233
Hipólito, dom Adriano 137
Hoje 253-255
Holanda, Tarcísio 206
Hora do Povo 181
Houaiss, Antônio 39
Humberto Rosa e Silva, *Cláudio* 111, 117

I

Ipanema, Marcelo 204
IstoÉ 67

J

Jaccoud, D'Alambert 54
Jakobskind, Mário Augusto 138
Jardim, Reynaldo 25, 33, 36-37
Jatobá, Luiz 206-207, 209, 217
Jô Soares Onze e Meia 237
Jobim, Danton 20
Jobim, Nelson 76
Jornal da Globo 205-208, 235-239, 241, 252-253, 255
Jornal da Lillian 239
Jornal da Record 217
Jornal das Dez 219
Jornal de Brasília 135, 139
Jornal de Vanguarda 37
Jornal do Brasil 22-25, 27-28, 30-32, 41, 52-57, 59-60, 67, 73, 77, 82, 85, 98, 109, 114, 140, 142, 158, 204, 209, 233
Jornal do SBT 237
Jornal dos Sports 33-35
Jornal Nacional 205, 207-208, 212-215, 221, 235-237, 239, 241-242, 253-265, 269, 271
José (jornal) 59

Índice Onomástico

Jovem Pan 216
Juhl, Ana Maria 158

K

Kamel, Ali 91, 258-259, 261
Khair, Edson 137
Koogan, Abrahão 39
Kramer, Dora 5, 8, 106-131, 174
Kubitschek de Oliveira, *Juscelino* 135

L

Labarthe, Mônica 218
Lacerda, Carlos Frederico Werneck de 22
Lacerda, Sergio 22
Lachter, Estela 28, 33, 36
Lacombe, Amélia 39
Lage, Nilson 139
Lago, Henrique 219
Lázaro, André 139
Leal, Simeão 20
Leal, Victor Nunes 41
Leitão, Maria Helena 52
Leitão, Míriam 5, 8, 78-105, 108, 124, 154-155, 232, 258
Leme, dom Sebastião 21
Lemos, Carlos 24, 111
Lemos, J. B. 59
Lemos, Sérgio 34-35
Levinsohn, Ronald 40
Lima, Fernando Barbosa 36
Lima Sobrinho, Alexandre José *Barbosa* 17
Lima, Jorge de 41
Lindenberg, Ângela 210, 219
Lira, Paulo 233
Lobão, Edison 208
Lobo, Cristiana 142
Lobo, Luiz 204
Lopes, Adriano 134

Lopes, Francisco (*Chico*) 158, 161
Lopes, Rui 157
Lopes, Tim 42
Lorca, Federico Garcia 41
Lucena, Eleonora de 5, 8, 178-199
Luxemburgo, Rosa 135

M

Machado, Paulo de Almeida 57
Machado, Renato 216
Magalhães, Antônio Carlos 70
Magalhães, Rosa 219
Maia, Deodato 31
Maia, João 69
Maia, José Agripino 62
Malan, Pedro Sampaio 76, 134, 172
Malta, Dácio 113-114
Maluf, Paulo Salim 59-61, 72, 75, 121
Manchete 34, 212, 216-217
Marcelo Netto 80
Marinho, João Roberto 215
Marinho, Roberto 65, 140
Mario Rodrigues *Filho* 33
Marques, André 54
Marques, Maria Silvia Bastos 271
Martini, Eduardo 134
Martins, Adolfo 36
Martins, Antonio 140
Martins, Dudu 108
Martins, Fernando 134
Martins, Hélcio 30
Marx, Karl 82, 171
Matiussi, Dante 237
Médici, Emílio Garrastazu 72, 81, 95, 134
Meira, Mauritônio 31
Meireles, Cecília 41
Melo, Zélia Cardoso de 64, 236
Mendes, Lucas 212

Menezes, Márcia 261
Michiko 207
Miranda, Renan 251
Molina, Matias 158
Mondrian, Piet 33-34
Monforte, Carlos 236
Monjardim, Jayme 216
Monteiro, Amauri 27
Montoro, Franco 105
Moraes, Antônio Ermírio de 86
Moraes, Dênis de 251
Moraes, Euzi de 81
Moraes Neto, Francisco de Paula
  Prudente de 30
Morais, Jomar 109
Morais, Tetê 34, 36
Moreira, Cid 37, 209, 218, 239
Moreira, Orlando 212
Moreno, Jorge Bastos 140
Moreno, Nahuel 135
Mota Jr., Gonzaga 48
Motta, Sérgio 162
Motta Neto, Leonardo 139
Movimento 58-59, 110, 137, 181
Muhana, Letícia 218
Müller, Gilda 37
Müller Filho, Roberto 154, 157, 231, 234-235

N

Nascimento, Carlos 237
Nascimento, Luiz Antonio 253
Nassif, Luís 182
Nassar, Sílvio Julio, dito Julinho 208
Negreiros, Jaime 27
Negreiros, José 59
Nery, Sebastião 75, 206

Neves, Lucas Moreira 21
Neves, Tancredo de Almeida 60-61, 235
Noblat, Ricardo 59, 61, 66-67, 110, 140
Nogueira, Armando 204-205, 209, 214-215
Noite e Dia 216
Nolasco, Sônia 30
Novais, Marcos 216
Nunes, Augusto 62-63

O

Observatório da Imprensa 42, 48
Opinião 58-59
Ottoni, Décio Vieira 31
Oviedo, Lino Cesar 72

P

Padilha, José Eduardo 33-34
Padrão, Ana Paula 253
Palocci, Antônio 160, 172
Panfleto, O 30
Pasquim, O 83
Passarinho, Jarbas 53
Passarinho, Sandra 212
Paternostro, Vera Íris 218
Paulistano de Orleans Santana, Luiz 31
Pedrosa, Vera 33
Pericás, Bernardo 91
Pinheiro, Flávio 86
Pinheiro, Wianey 215
Pinto, Celso 67, 158
Pinto, José Nêumane 63
Playboy 105
Poder Jovem 36-37
Pólvora, Hélio 30
Pontes, Marcelo 109, 113-114, 158, 175-176
Pontual, Jorge 209

Índice Onomástico

Prado, Maria Clara do 158

Proust, Marcel 43

Q

Quadros, Jânio da Silva 110

R

Rádio Espírito Santo 81

Rádio Bandeirantes 239

Rádio Jornal do Brasil 25

Rádio Mulher 108

Rádio Record 108

Rádio Transamérica 181

Ramos, Antônio Carlos Pereira 136

Rampazzo, Gilnei 63

Rego, Gustavo de Moraes 68

Repórter Esso 205

Rezende, Eliseu 65

Rezende, Otto Lara 42, 204

Ribeiro, Aníbal 205

Ribeiro, Edson 208

Ribeiro, Roberto Janine 44

Richa, José 110

Ricupero, Rubens 172

Rio, João do 22

Rischbieter, Karlos 233

RJ-TV 252-253

Rodrigues, Célia 33

Rodrigues, Fernando 69

Rodrigues, Nelson 39, 245

Rosa, João Guimarães 83

S

Safatle, Cláudia 5, 8, 67, 152-177, 241

Sales, Apolônio 17

Sandroni, Cícero 23

Sandroni, Laura Austregésilo de Athayde 23

Sangalo, Ivete 254

Santiago, Ronivon 69

Santos, Aloísio 157

Santos, Arnaldo 156

Santos, José Carlos Alves dos 65

Santos, Nelson Pereira dos 31

Sarney Costa, José 110

Savaget, Edna 206-207, 209

Savasini, José Augusto 159

SBT 217, 232, 237-238

Schroder, Carlos Henrique 257-259, 264

Schwartzman, Simon 102

Serra, José 73, 76, 116, 129, 160

Sete Minutos 236

Sette, Ricardo 64

Show da Cidade 206, 209

Silva, Artur da Costa e 53

Silva, Celso Sousa e 26

Silva, Golbery do Couto e 60

Silva, Luiz Inácio Lula da 137, 156, 167, 214, 259-260

Silveira, Antônio Azeredo da 85

Simonsen, Mario Henrique 90, 102, 154-156, 231-233

Soares, Amauri 258

Soares, Jô 236

Soares, José Eduardo de Macedo 29

Sol, O 33-34, 36

Souza, Jorge Luis de 84

Souza, Pompeu de 30, 56, 216

Squire 37

Strozenberg, Armando 40

Suassuna, Luciano 65

Sued, Ibrahim 123, 141

Suplicy, Eduardo Matarazzo 65

T

Tagliaferro, Magdalena 18
Tavares, Júlio Cesar de Souza 136
Telejornal Pirelli 205
Temer, Milton 251
Tenório, Carlos Alberto 27
Times 165
Tinhorão, José Ramos 206-207
Tio Patinhas 34
Torre, Paulo 82
Totti, Paulo 175
Tribuna, A 22, 82
Tribuna da Imprensa 22, 27-29
Trigueiro, André 220
TV Bandeirantes 234
TV Brasília 139
TV Continental 36
TV Gazeta 85
TV Globo 217, 235, 251, 261
TV Manchete 216
TV Nacional 208
TV Record 217, 237
TV Rio 37-38, 205-206
TV Tupi 108, 205

U

Última Hora 11, 20, 27, 35
Ultranotícias 205-206
UOL News 239
USA Today 94, 164, 192

V

Valor Econômico 8, 158-159, 163, 174-175
Vargas, Getúlio Dornelles 22, 246
Vasconcelos, Eunice 18
Vasconcelos, Renata 219
Veja 74, 77, 85-86, 91, 105
Veloso, Caetano 34-35
Velloso, João Paulo dos Reis 134
Ventura, Mary 20, 28
Ventura, Zuenir 29, 139, 204
Veríssimo, Luiz Fernando 42, 142
Veríssimo, Suzana 77
Versiani, Cláudio 67
Versolato, Ocimar 114
Versus 135, 137-138
Viana, Nilson 209
Vieira, Cláudio 61
Vieira, Humberto 207-208

W

Waack, William 220
Wainer, Samuel 20
Walcacer, Theresa 208
Wasmosy, Juan Carlos 72
Werneck, Rogério 86

X

Xexéo, Artur 142

Z

Zappa, Regina 113
Zero Hora 180-181, 191
Ziraldo Alves Pinto 35